· 名师大讲堂 ·

CHINESE and WESTERN
AESTHETICS
and
ART

中西美学与艺术

周至禹　著

重庆大学出版社

序

什么是美？这是一个难以清楚解答的问题，任何一个明确的定义都可能会遭到质疑，从而产生另外一种主张。尤其是在当代，美学已经不仅仅是研究美的问题。关于美学的文字，从古到今多如牛毛，从哲学家、社会学家到科学家，人们都在努力研究和解答，各种解答从不同角度汇成了美学的江河，让每一种美的主张都成为支流。古希腊的柏拉图（Plato）说，美是理念；中世纪的圣·奥古斯丁（St.Augustine）说，美是上帝无上的荣耀与光辉；俄国的车尔尼雪夫斯基（Чернышевский）说，美是生活；德国的鲍姆嘉通（Baumgarten）认为："美学的对象就是感性认识的完善（单就它本身来看），这就是美；与此相反的就是感性认识的不完善，这就是丑。"同样是德国的黑格尔（Hegel）认为，'美是理念的感性显现"；西布利（Sibley）认为，拥有一定的美感经验，才能正确做出美感判断；席勒（Schiller）说，美是自由与自主的具象化；而古希腊的柏拉图早在《大希庇阿斯》的结尾就断言"美是难的"。因此，美的本体之根深深扎在人的活动之中。由于民族、时代、阶级、个人的差异，人们的审美标准各异，所以每个人对美的定义与理解都可能会有所不同。也只有当人用审美态度去看事物时，美才可能产生。

哲学家将美学研究变成哲学的任务之一。美学（philosophische Ästhetik）作为西学的一门人文学科，脱胎于西方哲学和诗学，由德国哲学家、美学家鲍姆嘉通于1750年提出，并称其为aesthetic（感性学），也就是美学。美学（aesthetics）与拉丁语aesthetic（感性学）和希腊语asthetik（感知感觉）有着渊源的关系，指向了感性这一关键词。鲍姆嘉通明确了美学研究的主题是感性，却应该以理性为基础，因此，需要哲学思辨作为美学研究的功夫。

撰写了第一部美学著作的鲍姆嘉通关于美学的主要观点集中在两个方面：（1）他把美学规定为研究人感性认识的学科。他认为人的心理活动分知、情、意三个方面。研究知或人的理性认识有逻辑学，研究人的意志有伦理学，而研究人的情感即相当于研究人的感性认识则应有感性学。（2）他认为，"美学对象就是感性认识的完善"。最终，美学就是艺术的哲学，是以艺术为主要研究内容，并从心理学入手研究审美经验和审美心理的学说。

美学原理首先讲述美的起源，从人类文化学视角看美如何产生，人是如何认识到美的；其次，需要从审美现象学讲述人如何面对美、欣赏美，细析审美的开始、审美过程以及审美结果；第三，从审美类型学角度厘清美的基本类型，细分各种美的特点；第四，从审美文化学方面分析不同文化所具有的不同的审美观念和表现形式，进一步理解为什么会有这样的观念和形式；第五，从形式美原理入手阐释超越文化和时空的美的视觉表现法则；第六，从美学的历史梳理美学产生和发展的原因和过程并呈现其规律。其中，审美现象学、审美类型学、审美文化学、形式美法则四个方面作为教育体系中的美学原理显得尤为重要。

广义上的美学研究一切人的感性思维、感性认知、感性心理。感性思维也称形象思维，是一种有逻辑思维参与的，以感官印象或活动为主的思维活动。美在深层层面有着其动机和理由，以及有了审美判断后的行为取向和实践意志。审美活动处处都在影响着我们的政治、经济和文化。而狭义上的美学研究审美活动，也就是专门研究能够引起美感、丑感的那部分感性思维。美学要研究美的问题，而美又有自然美、社会美、科技美、艺术美等一系列审美范围，把所有审美对象的特征提取出来又有了诸多审美范畴：优美、崇高、悲剧、喜剧、荒诞、丑，审美时需要调动多种心理要素：感觉、直觉、想象、情感、领悟，所以美学又与心理学有关。

美学被解释为研究人与世界审美关系的一门学科，即美学研究的对象是审美活动。而审美活动是人的一种以意象世界为对象的人生体验活动，是人类的一种精神文化活动。美在审美关系中存在，它既离不开审美主体，又有赖于审美客体。美是精神领域抽象物的再现，美感的世界纯粹是意象世界。并且，理性—感性—非理性，这是西方审美价值取向古今演变的一个深层逻辑线路。古典美学的集大成者黑格尔通过《美学讲演录》呈现了自己的美学思想，他对艺术的性质和特征、艺术发展的历史类型和各门艺术的体系，进行既是逻辑的又是历史的分析。逻辑方面，他建立了一个庞大的有关艺术的唯心主义哲学体系；历史方面，他开创了艺术社会学的研究，展示了宏伟的历史观。黑格尔认为，艺术美高于自然美。黑格尔把美的本质定义为"美是理念的感性显现"，美是理念与客观对象的融合。艺术是帮助人认识心灵的最高旨趣的东西。美的艺术的领域就是绝对心灵的领域。心灵的最高原则是自由。

古典美学追问美的客观本质，衍生出美的定义、美的来源、美的范畴、美的对象、美的等级等问题。审美几乎是象征或寓言形式的，个人的主体性服从于最高的理性目的。黑格尔是古典美学的集大成者。美学就此被彻底体系化。康德（Kant）认为，美学研究的是人类审美和亦可能的问题，其中美的本质问题可以被归类到"审美"问题的子问题中。这是日神精神的美学研究。现代美学将美转移到主体上，问"美感"的本质，出现了审美的心理、美感的范畴、美感的交流等问题。此时的审美活动主要是浪漫的、个性的、解放的。更狭义上的美学结合到了各种社会实践，有科学技术美学、生态美学、园林美学、法美学、美学政治学、审美心理学、艺术美学、文学美学、伦理美学等。

18世纪也是艺术界和科学界的人开始讨论美的时代，艺术史家温克尔曼（Winckelmann）说古典美是最伟大的美，而科学界则尝试用实验来论证美。康德认为，"美是那不凭借概念而普遍令人愉悦的东西"，美感是彻底主观的。他认为美感具有一种"普遍必然的主观性"。对第二个问题，他认为美感没有"私趣"，也就是美感不存在对人类"兴趣"的讨论，因此，审美活动与人的兴趣活动截然不同。美，在于观察者的"感受"，而不在于"事物本身"。康德认为，美是一种"自由"，而不是一种"自然"。人的"喜好"是一种"自然"，而"审美"是一种"自由"。与利益的无关性，让美有别于其他的判断。美是完全自由的，是没有限制的。审美体验也可以被看作一个"唤醒"的过程。审美判断，也是审美态度，是一种"心理感受"，因此是不能用科学来证明的。能讲明对与错的，就称不上"审美判断"。比如，地球是圆的，桌子是方的。能用科学来证明对与错的说法，都称不上美的判断，更与"品味"或者"审美"毫无关系。

与过分理性的哲学表述相对应，我更喜欢诗性的美学表达，尼采（Nietzsche）的哲学表述富于诗性，离开理性—感性的价值阶梯而狂奔，抱着马头痛苦的尼采，总是用疯疯癫癫的语言诉说哲学和美学。尼采认为，"把一个事物感受为美的，这必然是一种错觉"。"只有作为一种审美现象，人生和世界才显得是有充足理由的。"开启了狄奥尼索斯式的美学哲思之后还有弗洛伊德（Freud）、罗兰·巴特（Roland Barthes）、米歇尔·福柯（Michel Foucault）等对美的解说，不仅诗性，且跨学科。一个社会或文明的哲学理论决定了人们有什么样的美学方法论，而美学理论是对该文明文化结晶的语言再现，体现了该文明的民族性和民族特征，而个人性建立在这个基础上。一个民族的文明程度取决于他的美学理论的深化程度，这个民族的文明史和美学史是否互为表里，取决于该民族如何对其作为人的自然本性（动物性）进行否定和批判。并且，每个时代都在创造独具特色的社会实践图景、社会风尚与习俗，从而也使直接反映社会实践现实的社会美具有了时代的特征，并被各具特色地表述出来。比如从古希腊古罗马元气之美到中世纪宗教信仰之美，再到文艺复兴运动人文之美，在启蒙运动理性之美中达到极致，继而走向浪漫主义运动真诚之美，达到现代艺术运动抽象之美，又在当代艺术中获得多样性的表达。

法兰克福学派的美学思想家阿多诺（Adorno）说得准确："美是无法下定义的，但是全然不要美的概念也不行。这是严格意义上的自相矛盾。"现代艺术思潮主要是挖掘丑的审美意义。审丑始于对喜剧的研究。其中包含两个重要的范畴：滑稽和荒诞。滑稽来自对戏剧和丑两个范畴的融合，荒诞接近悲剧的范畴。在当代，美学的对象远远大于美，并且在解构美，重建美。一切事物的美学化，是当今一个普遍的现象。日常生活审美化的背后，是现代性产生了一种大众的美学化，将所有形式的文化都进行了提升。所有事物都有所含义，所有事物都有附加的美学价值，鲍德里亚（Baudrillard）说过，当所有事物都美学化时，事物就无所谓美丑，艺术自身也就消失了。……在今天的美学领域中，美王好坏和真假的价值判断失效了，每种价值和价值碎片都是暂时的闪耀，然后消失于空虚，形成了当今文化的形状。但是，超美学也能帮助我们避免美学错觉，因为，这个时代的当代艺术让美丑问题变成了空的问题，也让真与非真变成了空。在艺术领域中艺术价值逻辑割裂，在艺术市场中商业价值也存在着割裂，并且这二者有着一定的联系。当代艺术处于美丑之外，市场本身也置身于好坏之外。于是，我们不再有任何美学新信念，我们不再信奉任何美学信条，或者不信奉所有美学信条。

中国古代的道家认为：天地有大美而不言。美的古字形像戴着头饰站立的人，本义指漂亮、好看。许慎《说文解字》认为，美是个会意字，从羊，从大。段玉裁作注："羊大则肥美。"羊肉味道鲜美，因而人们常常将"美"字拆成"羊""大"，说"羊大为美"。中华民族数千年的思想史和文化史提供了丰富的美学散论，需要通过梳理将之体系化和现代化。学者王国维提供的重要概念意境，便是中国美学原创的概念。美是意象，美不在物，也不仅在心，美在心与物的关系。心借物表现情趣，美要经过心灵的创造。美是人基于自然的创造。"美在客观"，"美是人的意识、情感活动的产物或外射表现"，"美的本质是人的本质的对象化，自然的人化，是目的性和规律性的统一，真与善的统一，是自由的形式"。"美是指能引起人们美感的客观事物的一种共同的本质属性。"艺术是审美存在的主要呈现者。美是整体的和谐，以美为破法之器。向内追之于受想行识，向外追到大千世界。美无法彻底安顿。审美运作超越知识。向内照见自性光明，意识到每一个人都本自俱足，无须外求，便是用审美提升幸福感。

如何对人进行审美培育，美学又与教育学息息相关。它和艺术紧密联系，又被哲学浸养。探究"美是否可以下定义"，到"美是如何产生的"，再到"美的社会属性"，与其陷入当代琐碎的学术体系中时往往会被理性、规范、框架等一系列原则绞杀掉最后的激情，不如走入自然和艺术中切身地获得高峰体验，也可以在对事物的操持中获得心流，讨论艺术，尤其是拿出一种艺术载体来具体讨论美是一件相对容易进行的事情。美不仅仅局限于对物的客观评价，它还有我们主观延展出来的情感。审美是具备客观性与延展性的。

艺术本身在于"体验创造"，而美学在于"反思讨论"。因此，最好通过对艺术作品的体验和创造过程对美进行反思。美学原典可以提供一些理论概念的理解，但是与其落在概念里，不如活在主体对形象性、现实性的感受认知中。美学就是用哲学手段探讨审美现象和审美主体、审美对象的美感本质。美（beauty），从对象上探究美的本质是永远无解的，需要以人产生美感的机制才能。美学不是一个孤立的学科，只堕入逻辑思辨和对错之争，永无尽头。主体为什么会对某种事物或形式产生美感，就是为什么某物会让某类人或某人产生美感，以及某物何以让某人产生美感。它建立在逻辑分析和历史经验素材的基础上，对各种社会思想和方法与社会实践起的反作用才是它的价值所在。当与审美密切相关的社会行为和思潮造成社会生态失衡时，就是美学应该站出来的时候。这是审美研究的社会意义所在，也是美育的价值所在。人只有物质追求始终是空虚的，还需要精神追求和生活趣味，审美有更深刻的政治意义。文化是人的根本存在，是人类灵魂的基因。审美是人类都有的心理活动，虽然最终的结果不同，但是机制是相同的，人性是相同的，它是建立人与人之间联系的桥梁。

人们在任何可能之处寻求美。审美能满足人的精神需求，获得一种存在的喜悦和精神境界的提升，促进人性的完善，提升个人修养，从而追求更有意义、更有价值、更有情趣的人生。审美观也是随着经历变化的。人的一生都是在美感指引下进行的，需要教堂的宏伟与庄严抵御一切庸俗，需要文学的锋芒和诗意抵御一切无用的口号，需要音乐的多情与忧伤抵御一切枯朽的情感，需要雕像的恒久与真实抵御一切苍白的虚伪……无法想象人活在一个没有美感的世界。艺术与美是解脱生活困苦的良药，美是不可言说的，文字词语的表达不能渗透尽美的精华。因此，维特根斯坦（Wittgenstein）说：当意思无法说清时，就得处之以缄默。

周至禹

2022年10月15日

目录

185

第3章
深沉与仰望：
沐浴教堂的艺术之光

297

第4章
丰盈与永恒：
邂逅博物馆的艺术瑰宝

第 1 章

诗意与哲思：艺术审美的直觉理性

▶ 感官和认知的艺术关系

美学既是一门思辨的学科，又是一门感性的学科。美学与心理学、语言学、人类学、神话学等有着紧密联系。对此我有深刻的体会，却难以用语言做清晰的表述。就如同我知道如果站在黑暗中的窗前，朝海上望去，只是一片黑暗而已。可是，我仍然无法描述那黑暗的情景。但我聆听一种声音，在心中会留下一丝安慰。这让我想起艾略特（Eliot）的一句话：让你所到之处洒满阳光，你便知道这是有意义的一天。那么，我以为我的心灵也以我的话语作为足迹，定会走到黑暗中海边的沙滩上。

取悦感官是正常的，我无法想象我没有感官的享受，阳光洒在我的身上，我的皮肤感觉到了温煦，这就像古希腊运动员赤裸着身体站在奥林匹亚的土地上所感觉的一样，周围坡上的橄榄树正葱绿着，有轻微的山风吹拂，呼吸着新鲜的空气，这时心情是舒畅的。所以古希腊雕刻，反映出一种平和、自然、健康的美。我力图体会古希腊时代简单而清贫的生活环境，显然，柏拉图一定不保有丰富的物质，在柏拉图的房间中，可能也没有描绘古希腊世俗生活的希腊画瓶，这种画瓶充满世俗生活的感官快乐。而柏拉图所创立的哲学重理念世界而轻感性世界，重概念而轻具体事物，重本质而轻现象，重理性而轻非理性。虽然柏拉图追求理念的美，但是希腊艺术呈现出健康的身体之美，表现出一种平衡的、健全的生活态度，因此安闲、恬静、清明、优雅、和谐，与雕刻中显现的英雄和智者的精神达到一种高度的平衡，可是这个时期极为短暂，仅限于公元前5世纪至公元前4世纪。

此刻在黑暗中我站立在爱琴海边，听着耳边传来的海涛声，穿过时空，向那个时代送去无限的敬慕。古希腊文化带来的贡献不只是对自然律的发现，同时也延伸到对个人内在生活及成长的认识。希腊哲学最重要的概念就是"认识你自己"（know thyself），这句话铭刻在阿波罗神庙上，我2020年初曾专程去希腊德尔菲参观阿波罗神庙。对于希腊人来说，理性不仅仅是计算机般的逻辑计算，也是奠基于优雅及平衡法则之上的整合分析与直观认识。

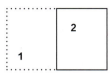

1 爱琴海边 周至禹摄 2020
2 安吉利科 《天使报喜》 1450

基督教的禁欲主义与佛教的色即是空，让人们进入闭目塞耳的清修境地，让人面壁，囚禁在一个窄小的空间，一无所有。禁食刺激的食物，认为任何刺激感官的东西或行为都是不正常的、庸俗的、危险的、低级的、不洁的，而只有精神灵性是高尚的。荒野中的修士，莽山中的隐士，都是同诱惑做斗争者。我注意到中世纪很多修士是艺术家，例如文艺复兴早期的佛罗伦萨修士安吉利科（Angelico）在修道院宁静和超脱的生活中画下《天使报喜》。我曾经在埃及西奈半岛的摩西山圣凯瑟琳修道院看到过历代修士所画的宗教画。与现在物质极其发达的消费社会相比较，可以看出物质对哲学的极大影响，当今的生活哲学恰恰相反，重感性世界而轻理念世界，重具体事物而轻概念，重现象而轻本质，重非理性而轻理性。

美是永恒的，放置在博物馆里的这些绘画有其永远存在的价值，用当代艺术的角度否定它们是愚蠢的没有意义的行为。在人类历史的长河中，每一个艺术家，每一幅美丽的画，构成了人类文明发展的脉络。福楼拜（Flaubert）说过：呈现艺术，退隐艺术家。可是当我们看着这一幅幅画，艺术家也纷纷呈现出来，因为艺术家的主张和相互之间的关系，都对绘画是一种很好的辅助阐释。虽然，我们看到的还是他的画，不是他的人。杜尚（Duchamp）反过来说，只有艺术家，没有艺术。是的，观念重要之后，艺术不重要了。艺术的态度变得重要起来。可是我还是喜欢看这绘画，呆呆地看，以至于没有更好的形容词来给学生讲解。真正意义上的视觉艺术是需要看而不是讲解的，言词是多么贫乏啊！可是我还是会感慨地说：莫奈（Monet）真勤奋啊，虽然不是勤奋就能够成为艺术家，但是没有持续的实践哪里来的这美丽的画？所以我可以大言不惭地说，莫奈还是在描绘视觉，而自然就摆在那里，但是我又惭愧地知道，即使自然摆在那里，我也还是画不出来。

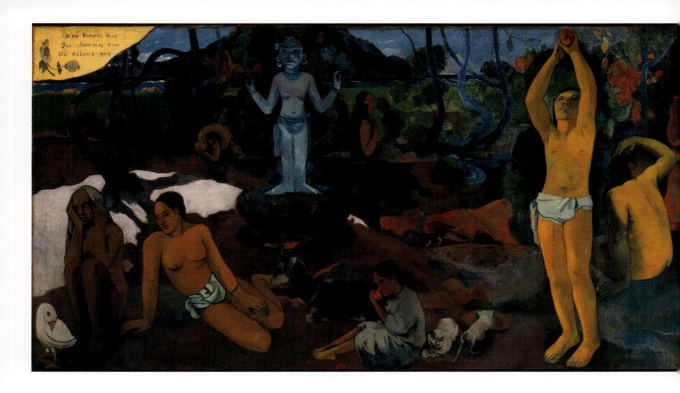

在绘画里，也有一种神秘的东西是无可言说的。这种东西也存在于哲学、伦理学、美学等，所谈论的，如生命的意义等，都是事实之外的东西。 需要我们通过其他的方式进行顿悟和意会，而语言只能言说和语言同构的东西，能分析的东西，而神秘领域中的一切都是不可分析的。神秘领域中的一切都是必然的，而语言只能言说偶然的东西（事实）。例如，人应当遵从绝对的价值。这种无可言说的东西，我们从高更（Gauguin）的《我们从哪里来？我们是谁？我们往哪里去？》中感受到了，就像高更一样，仅仅也局限于发问，我们无法回答，所有的回答都是事实。不可言说的还有很多很多，只有永远地存在心中，而无法化为语言和思想。

我们对什么感觉无法说出？我们又对什么必须处之以缄默？的确，在《艺术的色彩》授课中，我曾经查阅了很多资料，企图寻找更多的词汇来形容色彩，但是我发现，这种寻找基本是徒劳的，关于色彩，我们的语言极度贫乏，我们的表述是不可靠的，就像我无法说出色彩如何与人的情感对应，因为即使是康定斯基（Kandinsky）在《论艺术的精神》中所论断的，也是并不科学的。在形容莫奈的色彩时，我没有办法准确地描述莫奈的色彩，无法说出我心中对"在场"的感觉。所以，我必须经常地无话可讲，这也许是相同的"缄默"。可能即使是莫奈本人，也无法将自己的调色明确地说出，因为这只是感觉的自然结果，与面对的事实无关，而感觉是千差万别的，就像现在，我对面前的绘画和你们感觉的不同。但是当我缄默的时候，我乐于呈现。

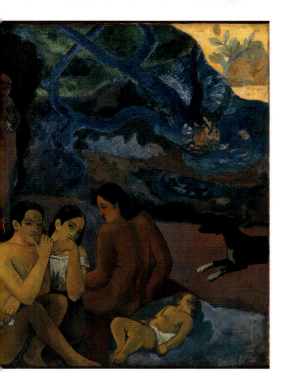

而每一张绘画本身，自在地向人们显现出它所具有的魅力，可以代替语言的表达。的确，美学不是实证的科学，无法用精确的语言加以表达，而且"伦理学是不可说的"，而美学同伦理学是同一个东西。伦理学是对生活意义的探索，也就是正确的生活方式的探索。但是，说出"正确"这个词的时候，我们难道没有犹豫吗？对维特根斯坦而言是"正确"的生活，对他人就是合适的吗？世界的意思必在世界之外，是因为它们是哲学的一部分，抑或其不可说另有缘由？也许关于美学的人文思考也是可以言说的，只不过其言说的方式，不同于也不应归化于事实的说话方式而已。可是，这种言说是准确的吗？

1　高更　《我们从哪里来？我们是谁？我们往哪里去？》　1897
2　阿波罗神庙　周至禹摄　2020

005

有些问题，比如当代艺术的标准判断，是比较难以明确而具体地加以回答的。因为技术标准的放弃代之以思想和观念，就增加了阐释和解说的分量，一方面要求艺术家是思想家、哲学家，另一方面则是需要批评家更为多样的解读。艺术现象变得复杂了，不可以简单地加以论定，艺术更加理性了，但是感性依然更高级地存在于艺术表现中。德国艺术家博伊斯（Beuys）关于"人人都是艺术家"的论断，其意义在于有意识地让我们的生活艺术化，让社会行为艺术化，而不在于结果和终端一定要产生一个艺术品出来。这艺术在于过程的观看和感受，在于用审美认识观照自然物和人工物。但是人人又不可能都成为艺术家，这也是十分明了的事情，只是说艺术不再是少数精英的事情。

现实的渴求是一种毒药，越是渴求毒性越深。艺术不过是获取一种生活的能力，而不是一种生存的能力，虽然，生存的必要是现实的。艺术是人发明的一种玩意儿，这种玩意儿曾经是人类对精神追求的时候所使用的利器。可是艺术真不是一个什么神圣重要的玩意儿，那只是人自己对自己的吹捧。因为艺术并无明确严格的标准，充满了各种人云亦云的因素，我知道还是杜尚说得对："人之为人的那个大脑，对于我来说比它做出的东西要更有兴趣。"任何动了脑子的精神都是有趣的，而这种有趣都是逆反思维拓展出来的效果。当艺术展现思维机智的时候，我们会感觉到生活的乐趣，用这样的眼光去观察，我们会觉得美丽高雅呈现为一种具体可见的形象，就有一种赏心悦目的感觉。

当代艺术其实涉及了更加广泛的领域。在哲学、社会发展史、思想史、人类学等方面逐渐涉猎，对艺术问题的认识就会更为深厚和开阔，也会具有更为新颖的角度，这样就会把艺术当文化问题来看，而不是仅仅就美术说美术。也不再是追求一种所谓"正确"的论说，而是用自己的眼光去看作为第三者存在的艺术品，看出一种独特的意味来，并且用自己的更加诗化的语言表达出来。学问不是板着脸孔，也可以平易地娓娓道来。让自己说得好、写得好，让大家喜欢听、喜欢读。语言是多么重要啊，人不仅在交流中获得了知识的快乐，也被语言本身所陶醉。

人性有幽暗与光亮的两面，因此造就了卑微与崇高。虽然如今崇高渐渐迅速消解，让位于精致华丽的利己和平庸。因此，在这个红尘滚滚的时代，保持审美自治是重要的。我服从自己的内心和自我认定的价值标准，无论从内容上还是形式上都力求美的表达。当普遍的价值与标准失效，自我认定便成为唯一的衡量。我不喜欢画完整的坛坛罐罐，而喜欢刻画有破碎和裂纹的杯盏，这便意味着不完美才是有趣的。而人的意趣应该高远，意趣常常和理智闹矛盾，科学家靠理智认识世界，艺术家靠情感表现世界。这时候，理智不过是沟通这种意趣灵感的手段。诺贝尔经济学奖获得者约翰·纳什（JohnF Nash）写道："理性的思维阻隔了人与宇宙的亲近。"要知道，没有逻辑的观念没有价值，没有情感的逻辑也没有价值。情感就是没有穿透乌云的阳光。

1 莫奈 《浮冰，贝内古》 1893

爱尔兰诗人叶芝（Yeats）说得好："我们与人争吵得到的是辩才，与自己争吵得到的则是诗篇。"因为把自己的歌喉同思想锤炼成和谐的整体比任何事情都更加重要。只有让思想自由飞翔，不受任何定论的约束，才能表现出人的伟大。而人的思想是要经过锤炼而不是浇在模子里自然就成为一个人和谐的整体的。

和谐的整体也是一个封闭的系统。法国诗人保罗·瓦莱里（Paul Valery）认为，"心是一个封闭的系统"。因此他开始专心致志、严肃谨慎地探讨这种系统运行的规律，并把自己作为研究的对象，努力发现能表达人的反应常数与变数的代数公式。以他对达·芬奇（da Vinci）的研究，断然把思维分成三个阶段：首先是对自然界与人的精心观察，然后是内心形象的逐步确立（包括归纳与类比的过程），最后是构成。

一个设计人需要的是这样的心智过程吗？或许是可以质疑的，这样的工具理性用来分析自己总是令自身难堪，何以谈得到诗篇？看电影《肖克申的救赎》，想到监狱囚禁对人的约束与越狱的解脱，可能具有象征意味。每一个人的心灵又何尝不是监狱？只是大小不同而已。可是不自知者却感受不到这种不同。很多人不敢越狱，因为已经习惯了，很多人愿意被判终身监禁，因为这样就比较随意。翻越心灵的监狱是很难的，走了半天，发现还在监狱里面，所以结论就是人终身被禁锢在自己心灵的监狱里，直到终老。这样看来，心灵的系统就是监狱交织完善的铁栏杆。某种文明极端固守竟也是一种枷锁？各种不同的文化只有在与其他文化对话与融合的过程中才能成长起来，杂交的优势在文化生态中也可以体现出来。

我这样一想，就会审视我的阅读，也因此让我的心灵成为阔大的花园。的确，心应当是开放的，是一个美丽的花园，有花园才会有诗，这让我想起约瑟夫·冯·艾兴多夫（Joseph von Eichendorff）的《园丁的美人》里描写的：太阳越来越高，地平线一带浮起洁白厚重的晌午的云。在空中，在广阔的地面，在麦浪微漾的田野之上，一切都变得虚空，沉闷而寂静……园丁一走开，只剩下我一人……我就躺下，仰望头上的白云朝我的村庄飘飞而去，看花草随风摇曳……以致我无法断定自己究竟是做梦，还是醒着。

这样的情景，是自由思想的境界。

▶ 艺术永远不变的核心点

如今，"艺术是什么"这个问题最难回答，艺术家们通常都有意或无意地回避这个问题。但是，如果把艺术放到社会背景下来看待，似乎又有着明显的特点。正所谓"不识庐山真面目，只缘身在此山中"。

一些顶尖的艺术家赞成事情做到最简单时，其意义就会浮现出来。这意味真理其实都是简单的，故作高深的人，内里才是虚弱的。做艺术也是如此。实际上，懂得的越多，便会觉得很多道理是相通的，反而趋向于普遍性和单纯性。但是，需要知道的是，简单并不意味容易掌握和明白，也需要经过复杂和深刻的训练，才能从更高的层面看到和理解简单。这便是最终的见山还是山，见水还是水，而不是初始的"山和水"，或处在"见山不是山，见水不是水"的阶段。

当然，在艺术中深入认知，也有利于把艺术放到文化语境中透彻分析。

人喜欢回到初始的状态，实际上是一种反向的回归，就像回到母亲的子宫里。如果没有死亡，人大概会勇往直前。而认识的初始怎可以回归？无非是彻悟之后的归纳，可以以单纯阐释复杂。回归到对世界最基本、最本质的看法，也是法国哲学家阿兰·巴迪欧（Alain Badiou）所说的"普遍性认识"。这种认识不仅仅针对人，而且针对世界万物，自然也包括人和由人组成的社会。他所说的"所谓的资本主义的权力，今天只是对手弱点的反映"，便是一个洞彻的真知灼见。

"相对"也是个好东西。庄子说："物无非彼，物无非是。……彼出于是，是亦因彼。"这样一来，"是亦彼也，彼亦是也"。奥地利-捷克物理学家、心理学家和哲学家恩斯特·马赫（Ernst Mach）认为，世界是由一种中性的"要素"构成的，无论物质的还是精神的都是这种要素的复合体。所谓要素就是颜色、声音、压力、空间、时间，即我们通常称为感觉的那些东西。感觉无法用数字确定，需要保持相对主义的态度。审美贯穿直觉、意象、情感、趣味、理想、判断，最终达成审美享受，因此，对艺术的美与丑、好与坏、对与错的判断是相对的，因为任何判断的基础都是基于某种角度、立场和态度，常常具有功利的指向性。我曾说，我并不乐于做一个明辨是非的人，其基本道理也在于此。常识在判断选择中发挥着重要的作用。常识也是当下的知识，包括审美经验和社会经验。人类的思维从本质上说是懒惰的，因此有必要对常识和惯性进行有效的阻断、质疑和更新，以此来产生新的可能性。

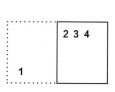

1 伽达默尔
2 巴迪欧
3 恩斯特·马赫
4 海森堡

但是，艺术和美学是不是有其本身的恒常性，如同我们言说的"艺术"二字呢？

18 世纪，当美学还是哲学的一门分支学科时，艺术的最高境界自然要到哲学的王国里探寻，所以强调美和艺术是绝对的象征和体现，声称艺术哲学是对源自"绝对"的艺术进行本质的探讨。在谢林看来，最高级别的理性活动包括一切理念的审美活动。"真"和"善"只有在审"美"中才能接近，而"美""真"的科学知识和"善"的道德行为综合实现于艺术之中。艺术与美的本质在于体现了"绝对同一性"的真与善、必然与自由、实在与理想、感性与理性的统一，并把这看成是艺术永远不变的核心。

19 世纪，随着工业革命的深入和完成，现代社会到来。以挑战传统艺术的概念为重要特征的现代艺术应时而生。现代艺术不再以美的创造为目的，反而以质疑美、打破美，甚至破坏美为创作的突破口。20 世纪 50 年代以来，西方美学发生的重大转型则是美学的艺术哲学化。艺术哲学对另外一种精神产品的当代艺术做出指导和解释。但是，对艺术的理解如果只局限在图解思想观念，或是一味地强调表现主观情绪和发狂的病态思想，都是对艺术偏狭的理解，甚至是善意的误导。艺术作品的不可替代性决定了它并非一个单纯的意义承担者。作品作为艺术向人们诉说，而不是传达信息的媒介。或许这便是当代艺术的某些问题所在。

德国哲学家汉斯-格奥尔格·伽达默尔（Hans-Georg Gadamer）批评说："希望能以概念来补充由艺术作品向我们倾诉的意义内容，这常常已经是以危险的方式取消了艺术。" 哲学若是基于思辨的认识判断，那么艺术便是基于审美的趣味判断。趣味判断就是要从各种现象中看出有价值的东西，并在其中找到美。康德警告说："以概念的形式带来的艺术美是毫无意义的美，不能使它屈服于目的的概念之下，应摆脱任何有意识的思想灌输。"艺术境界应当是美的价值判断，而不应当是艺术家思想的图解。

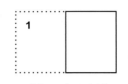

1 克莱因 《跃入虚空》 1960

确定性与不确定性也是好东西。将德国物理学家海森堡（Heisenberg）于1927年提出的"不确定性原理"用于观看艺术现象也是有趣的。鲁迅曾写道："在我的后园，可以看见墙外有两棵树，一棵是枣树，还有一棵也是枣树。"两棵枣树是确定的，可是其含义是不确定的；表达的客观对象是确定的，而表达的主体诉求则是不确定的。当代艺术难以说清，可是当代艺术家往往是被主观确定的。确定与不确定是极端的两端。艺术家总是乐于尝试极端的事物，这是一种基于体验和创造的天性，也常常在两个极端之间来回摇摆，与中庸的生活哲学相对立。

极端是一种美好的体验，应当被视作审美经验的方式之一。法国艺术家伊夫·克莱因（Yves Klein）从巴黎郊区让蒂尔-贝尔纳街3号一栋楼房的二楼窗口飞身而下的时候（《跃入虚空》），他的内心大约是充满愉悦的吧？虽然接下来可能会摔得鼻青脸肿。石匠在云冈石窟中雕刻上千个同样的佛像，也是一种极致的行为吧？虽然有可能是被雇用而作。雕刻上千个同样大慈大悲的微笑佛脸，胜过仅仅雕刻一张肥硕庞大的人间笑脸。极端如同兴奋剂，刺激肾上腺素分泌，无疑会带来生理上的快感，而认识的方式和意义又从不同的过程中体现出来。对于认识论而言，对事物极致的体验与思考，也是加深对其认识的最好方式。这就是我要求学生对同一个事物拍几百张不同照片的内在逻辑。求变的愿望，最终在一成不变的重复中产生出来。激发极端情绪和行为需要足够的热情和精力，也要在既定的生活中带来必要的新意。

当代艺术总是与过去、当下和未来有关。以决绝的态度对待过去，以直面的态度审视当下，以批判的态度预言未来。在观念上和手段上力求创新。有的人希望以未来的憧憬鼓舞自己，这是一种心理上的良好暗示；有的人则痛苦和欢乐于过去的丧失和获得，这也是一种心事重重的活法；而自信的、积极的虚无主义者，则分外地强调注重当下的体验，因为积极的当下一定会成为积极的过去，而未来总是充满变数、不可预知。虽然，大部分艺术解决的是当下的问题，但是艺术自有其内在的逻辑，也有一些艺术并不以当下的名义而存在，这要求我们认可和给予其存在的可能，并不因此武断地加以否决。以当下来判断艺术的好坏，如何度量当下的时间？且有一些人类的基本问题超越当下。有时，当下是不可靠的，另一些当下的问题转瞬即逝，一些当下的问题在事后被证明是伪命题。

我们的生活是当下的，但是我们的思考不一定在当下。

是人，就会对艺术做出价值判断，就像人生总要追求意义一样。价值的判断在人生中始终是一个重要的判断，并以此来决定我们做不做某事，某事是对还是不对。但是，有时我总希望更浪漫一些，将一些时间浪费在没有价值的事情上，觉得这是一些美好的事情。比如在阳光明媚的早春，从早到晚，就只是站在石堤之上，盯着湖边那棵柳树的枝条，看它们如何迅速地抽芽，长出嫩黄的叶子，在微风中轻摇，垂在水面上，点出一圈圈涟漪；或者旁若无人地趴在地上，端详一窝蚂蚁在草丛间来回奔忙，不管是急急忙忙地搬家，还是热情万丈地运送食物，然后站起来拍拍身上的土走掉。这种看似无用的事情，难道不可以愉快地去做？这难道不算是审美化的诗意生活？人也有不做所谓的有价值的事情的权利，去享受平凡的快乐。

一件事情值不值得做，在于内心的极度渴望，如同艺术的表达，也是自然的事情。法国拉斯科洞穴里的石壁上，那充满活力的野牛壁画是艺术，远古的人们围绕着篝火跳舞和吼唱也是艺术。当今的艺术已不再纯粹，甚至这种不纯粹从封建社会时期便已开始。美国中国绘画史专家高居翰（James Cahill）在其关于中国美术的著作《画家生涯:传统中国画家的生活与工作》中，把重点放在探讨画家绘画和生活的关系上，研究画家的润格和他的艺术的联系。物质发达的商业社会，艺术总是难逃被商业化的命运。因此日本艺术家村上隆（Takashi Murakami）的"艺术产业论"应运而生。存在的就是合理的。更多的人看到了这种合理性，而忽视了不合理性对艺术的潜在伤害。有人说当今中国社会"差不多是一个最丰富的、最适合当代艺术生长的土壤"。可是在我看来，这土壤里也富含商业的毒素。常识认为，艺术应该非功利化，但是在过往的社会中，艺术常常作为一种职业而存在。当艺术作为一种技艺的时候，这一点是难免的，就像米开朗基罗（Michelangelo）作为画匠艰辛地描绘西斯廷教堂的《末日审判》一样。在当今，艺术的职业化更加突出，出现了一批生产艺术的职业画家。艺术的生产和销售被纳入商业的范式，使人不得不从交换链中评价艺术的价值。

一个人即使从事了很多的职业，他的生活也可能只有一种。这也是"生活在别处"的意思。

一个人的生命和途径决定了他无法体验所有的生活，是非此即彼的选择。因此，局限性是没有办法避免的，而最好的方式就是将之转换成经验和有效性。从积极的角度去认识局限性，就可能将局限性转化为个人的优势，这也就意味着一个人必须克服局限性，从更高的角度认识自己，这样就可以把自己和他人的位置看清楚，了解个人与世界的关系，并使自己的生活过得最好。有时候生活很像是一块和氏璧，需要剥离其外在的厚厚的那层无用的外壳，才可见到里面珍贵的内核。写下《变形记》的卡夫卡（Kafka）做的是这样的事情吗？写下《麦田里的守望者》的塞林格（Salinger）做的是这样的事情吗？写下《嚎叫》的金斯堡（Ginsberg）做的是这样的事情吗？肮脏的意义在于衬托洁净。这决定我们接受一切事物的合理性。唯有如此，我们才能认识到上天造物的真意。

如果把"体现一个时代的精神"作为艺术价值的真正所在，那么判断时代精神的依据是什么？

有人把时代精神和科技领域联系起来。的确，科技大大促进了社会形态的变革，时代变化周期越来越短，我们如何投身其中、紧跟时代？还是保持一种隔岸观火的间离态度？我清楚地看到，艺术以设计的方式积极地介入生活，也看到艺术如何在功利需求下变成商品生产的一部分。所谓的当代艺术更加渲染了所谓的时代精神，这精神越发呈现出消费主义、拜物主义的特点。互联网的发展让我们看到了这个社会文化的快餐性、易朽性。人们不再读书，而是广泛浏览各种杂乱的信息，这促进了流行的肤浅的低智时代的到来。因此，艺术来源于生活是一种广义的哲学认识，是因为我们无法摆脱生活对我们的影响。我们的喜怒哀乐都和生存其中的语境紧密联系，但是艺术也需要更高的对生活的认识能力，唯有如此才能够具有批判审视的眼光。艺术家更不应该被动地跟着时代。

法国诗人、评论家波德莱尔（Baudelaire）于 1859 年写下了这样一句话："美丽总是让人有疏离感、简单纯粹、不矫揉造作，还有着一丝若隐若现的奇异感。"我对这句话有 "一丝若隐若现"的印象。对于热爱和从事艺术的个人来说，艺术可能是天大的事情，但是对于社会而言，艺术常常是无足轻重的。我翻阅着一本本古代和现代艺术史，但我并不能自信地说，"艺术是这个社会上最重要的事情，它和其他领域的知识共同组成了人类的文明，并且是文明重要的一部分"。尼采的伟大在于他勇敢及时地在《查拉图斯特拉如是说》中思考和宣告代表西方世界传统理想与价值的"上帝死了"。接着，宣称"艺术死了"的丹托 （Danto）看到了这个时代中传统艺术的退化和无用。在文学领域，有人宣称"小说死了"。在戏剧界，也有人说"戏剧死了"。还有什么艺术会慢慢地或快快地死掉？从纵向的历史发展脉络中，我们看到了艺术兴衰与社会兴亡的关系，这二者有时未必成正比关系。

	1
	2
	3

1 卡夫卡
2 塞林格
3 波德莱尔

各种不适应时代的艺术形式死掉了，可是审美作为人的本性则一直存在着。

美的经验对艺术而言是有选择的，因为艺术不只关注美，美学也不只研究美，但是美对于生活而言，却是必需的。爱美是人类的一种天性，从这一点出发的艺术大概还不会消失。所谓现代艺术的死亡以及商业艺术的死亡则可能是必然的吧？其实也并不值得大惊小怪。无论已经死亡的或是正在诞生的艺术，都在开拓着人类对自我和世界认知的领域。从这一点来说，显然广泛拓展的技术是好的。局限的技术产生的艺术也在局限着我们对艺术的认知。

俄国作家奥西普·布里克（Osip Brik）曾说："在公社中每个人都是创造者。每个人都应当成为艺术家，一切都能成为艺术。"这便是艺术生活化而非商业化的预言。这也是博伊斯将艺术扩展到社会领域的著名话语的含义："人人都是艺术家。"这种把艺术和生活相联系，强调参与到社会活动中，与之产生直接的对话和联系，打破了艺术具有技术和门类界限的特质，融合了艺术与生活，否定了艺术的物质结果，从而把艺术行为化、观念化，而艺术的创造性通过生活行为得以呈现。

可是，生活从来就有自己的特征，并非艺术所能取代的。美国社会学家丹尼尔·贝尔（Daniel Bell）在关于资本主义文化矛盾的论述中指出，文化强调个人性和资本强调服从性的矛盾，这在艺术方面也有明显表现：一方面，先锋派艺术家提出了创造力的普遍性和"人人都能成为艺术家"的口号；另一方面，作为"全球金融的延伸"的艺术市场必须通过制造"稀缺性"来维系"美学价值结构最顶端的价值"。民主制度把创造"所需的基本工具"提供给"先前被排斥在外的"底层和边缘人群，资本制度则制造少数的艺术寡头，并将其作品抬到天价。可以明显看到，当今艺术界依然主要是围绕艺术市场进行组织的，艺术市场反过来又由金融资本驱动。批评家、策展人和画廊老板，毫无疑问地倾向于反对"每个人真的都能成为艺术家"。这便是生活中艺术面临的残酷真相。

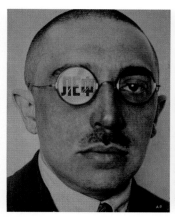

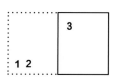

1 布里克
2 丹尼尔·贝尔
3 杜尚在《泉》边

杜尚意欲消除艺术品和生活的界限，把一个从卫生用品店买来的小便池命名为《泉》，并在上面署名"R. Mutt"后报名参加纽约的前卫艺术展，被独立艺术家协会的负责人拒绝参加展览。《泉》成为20世纪最具争议和影响力的作品，引起最尖锐的质疑："何为艺术，何为艺术家？"为纪念《泉》创作100周年，法国巴黎蓬皮杜中心于2017年举办了"后观念"艺术家萨阿丹·阿菲夫（Saâdane Afif）的"泉之文献"（The Fountain Archives）展。围绕《泉》的各种文献也成为艺术，画商和策展人则在与杜尚达成协议后，于1964年将《泉》复制多件。《泉》不仅进入了艺术的殿堂，也成为价值连城的收藏品。

艺术与生活永远有一种矛盾，虽然这个时代是审美化生活的时代。

生活使审美变得庸俗肤浅，流行的大众美学代替了深刻的永恒的哲思艺术。这显示出艺术的影响在生活中的局限性。这也说明，我们都是穿着艺术"新衣"的皇帝。的确，在这个时代，艺术丰富了我们的生活 —— 尽管最后是肤浅的、暂时的，除非我们把它变成艺术 —— 如果事实证明它对我们毫无用处，就容易让我们感到茫然或疯狂。艺术的主要作用是关注人们的内心生活、关注人们的精神世界，而这是人与动物的区别所在。艺术直接影响我们行动的后果，艺术仍然有作用。

总体上，艺术归结于浪漫，浪漫也是人的天性。所以大部分艺术产生于这种天性，但浪漫是不能被运用于生活中的，所以艺术家不能是政治家。很多事实证明，艺术家若成为政治家，将浪漫运用于治理国家，最终都造成了悲剧。曾经学过绘画的希特勒就是一个典型的例子。他将自己喜爱古典主义的审美统一为国家意志，进而排斥先锋的表现主义，掠夺其他国家的古典艺术藏品。战后的德国行为艺术家博伊斯也想废除艺术学院的招生制度，希望任何人都可以进入杜塞尔多夫艺术学院学习绘画。或许，这也仅仅是一种行为艺术而已。行为艺术意味着不是可以推而广之的日常生活，而仅仅是具有象征的符号行为而已。

1 饶宗颐百年像
2 比尔·维奥拉在他的作品《洪水》前
3 罗斯科在自己的作品前
4 汤姆·沃尔夫

尽管在某一个层面，或者说从某一个角度讲，精英艺术取媚于大众艺术是一种现象，高级和低级类别的概念划分正在迅速消失。但是，无论从哪一个角度讲，人们都生活在一个当代艺术被视为人类创造力最纯粹的表现、创造力被视为终极价值的世界里。艺术不应该被少数人所掌控，但事实却是，少数富于天赋和才华的艺术家创造了成为人类宝贵精神财富的物品，博物馆里的展品就是最好的证明。但是，并不是少数人就可以操纵这个时代，创造一种新的普遍美学语言是不可能的，也是可怕的。因此，既需要警惕单一的美学观点重塑生活的时代，更需要提防审美低俗化、文化浅薄化的问题，而这在当代已是一个显像。每一个艺术家都应自问："我们这个时代会给历史留下什么？""未来会如何看待当代艺术？"

当然，我们也可以幻想，在未来的人工智能时代，传统艺术的存在形式与内容是否仍然必要？当人们有更多余暇的时候，是否仍然能够散步思考、写作画画，用文学艺术的方式讨论生活的意义？

国学大师饶宗颐说，"大师在古代是对和尚的称谓"。和尚要持守一定的戒律，而大艺术家也是如此，饶先生更是一生勤奋。如今大师满天飞，艺术大作则鲜见，就在于当代人很难沉心精研，总是把艺术当作手段而不是目的。而对于一些艺术家和评论家而言，对外在语言和形式的雕琢，显示出其对诠释所暗藏权力的迷恋。当代艺术普遍在形式上做的文章太多了，而缺乏深邃的思想与内容。好的艺术一定是深刻的。深刻会导致观者看不懂吗？实际上，观者处于主体自由，会自信地观看和判断。可是我在读汤姆·沃尔夫（Tom Wolfe）的《画出来的箴言》时，又觉得作者未免太刻薄了。作者认为，现代艺术就是图解艺术评论家的理论。或许有这种倾向，但也不可以一概而论，因为被作者贬低的抽象表现艺术家马克·罗斯科（Marks Rothko）的作品的确好，不过，这就是民主在当代艺术批评方面的体现：你可以大胆地说好与不好，最终都会形成艺术发展的良性生态。

如今，一些当代艺术家并不太考虑语言的问题，仅侧重内容的前卫性。这种前卫性也体现出当代性，因为当代的问题是围绕现代性产生的，比如种族问题、环境问题、全球化问题、贫富问题等。而有的艺术家则通过强调创作过程及绘画形式元素（而非创作主题）吸引观者的注意，对视觉表现的实验性及创造性建构进行长期关注。前卫与当代兼有内容与形式两个方面，而好的艺术总是将内容与形式进行恰当地匹配。当今艺术强调个人的创造，因此新奇就成为艺术的一个重要标准。但是形式的新奇很容易使人产生厌倦，而心灵的触动则会更加长久。与其努力地寻找一种前所未有的语言来表达，不如追求问题的尖锐和深刻，以此求得心灵的极致体验，由此自然地生发出必要的语言。虽是语言自然地生发，但也需要热情不懈地钻研。艺术家的构思若要转化为实物，必然涉及技术制作与工具媒介的力量。观众对艺术的理解也基于技艺的表现。

基于实物的当代艺术，要求深刻有趣的思想和独特精湛的语言的有力融合，形成感受与沉思的审美体验。这是内容与形式的老问题。

艺术形式的秩序显然需要简化与分类，而规则、精确、均衡、安全、洁净、和谐、优雅都是秩序的同义词，视觉是如何体现的呢？这的确是有趣的话题。与此相对立的是，复杂、暧昧、模糊、不洁、无序和偶然，在我周边的现实世界里触目皆是，这也让我产生了感觉的错位。我突然意识到，在通过形式建立秩序的过程中，如果放大来看，难免某一种社会性的审美观在起作用，例如中产阶级的审美观其基础还是秩序的要求。所以，秩序一旦被人为地抬升到超越任何价值的高度，其审美就变成了伦理，形式等同于内容，而形式应具有的思辨和创造都会被有意识无意识地摒弃。

虽然艺术的深度不是由风格流派决定的，但是历史上的风格流派的产生，恰恰又证明了风格流派在某个方面的深度。这是因为任何风格流派都是那个时代必然的产物，是由艺术发展的内在自律性所导致的，集中反映了那个时代的艺术见解和认识。比如自巴比松画派以来的艺术演进，都是艺术思维和眼光不断推进的结果。有时是个人的想法推动艺术风格的演进，如塞尚（Cézanne）、杜尚对现代艺术的贡献；有时则是一个流派的整体推进，如达达艺术、波普艺术。悲哀的是后面亦步亦趋的人，而自豪的总是开创者。总之，艺术在观念、语言本体、思维方式的各个层面都在做着突破，都是长期积累的过程，风格流派的产生起着承前启后的作用，因此，艺术从更高的层级去审视，可看出无数的奥妙来。马塞尔·普鲁斯特（Marcel Proust）说过一句话："真正的探索之旅并非发现新的景观，而在于拥有新的目光。"

当然，现实中的艺术也存在着令人难以理解的现象。艺术家常常拒绝解释自己的作品。的确，创作存在一定的封闭性。但这种封闭性对于艺术家来说极为重要吗？解释是否可以作为艺术作品的交流属性之一？艺术家是否能清晰地解释自己作品的概念？或者，实际上解释是将作品简单化？或者需要理论家予以深刻的阐释？理论家的评论是否是额外的附加，即过度的阐释？如果理论家可以随意阐释，那么观众是否也具有同样的权利？这一系列问题都值得思考。但是无论怎样，作品已经独立存在，作品本身不需要外在复杂的诠释，不需要言语的扭曲和改变。它只需要被看，无论观者看得懂或看不懂。我们要像古希腊神话中的赫尔墨斯一样，不断地像风一样穿越物理和想象的边界，自由跨界欣赏。

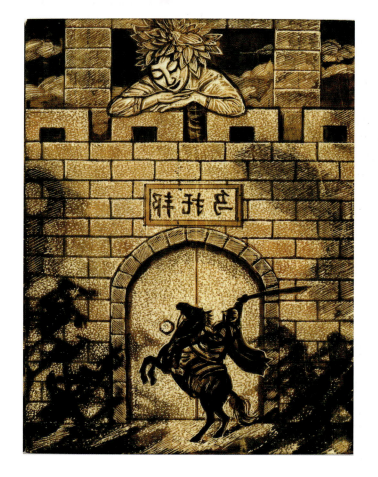

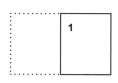

1 周至禹 《攻城》 2015

人斥其一生都应努力消除莫名执着的偏见，让自己有向万物质问和思考的根本能力。学会在思考的缝隙里进行思考，或可找出惯常的思考中所无的那些。

如同当代艺术家比尔·维奥拉（Bill Viola）所说，好的艺术作品不提供答案，而是提出问题，观者以自己的个人体验来回应，这样便构成一件完整的作品：它可以是一种情绪、一种心态，或者是观者自己的问题。这意味着观看时必须思索。面对艺术作品，聪明的观者可以选择，找寻那些通往迷宫出口的蛛丝马迹，完成另外一个层次的自我寻找。从另一个角度讲，迷宫的道路如同每个人的神经系统。寻寻觅觅的过程，也就是在每个人自己隐秘的内部领地四下梭巡。从作者的角度讲，接收文学艺术的不仅有社会天线，还有审美天线、语言天线。或许，这三者才是构成真正艺术的雷达。

▶ 午夜的艺术阅读和长考

在深夜无法入睡的时候，我开始阅读《缝纫机、蝙蝠伞邂逅于手术台》，希望靠它来催眠，这是日本美术批评家田渊晋也所写的"现代艺术新解"。不妨说，这里面自然也有作为日本人自己的见解，但是比较东西方关于审美思维的区别是准确的。现代艺术是难以定义的现象，有着各种各样的解释，思考着一些和艺术有关的基本问题，反而更加清醒了。

首先是关于曲线和直线的问题。巴洛克、洛可可的艺术特征，在视觉上还是以曲线的过度装饰为特点，延伸到工艺美术运动和新艺术运动，艺术中的曲线仍然是主要的，只是趋向更为抽象的层面。我以为曲线是上天创造的，因为曲线艺术兴盛的社会是自然的农业的社会，而自然的生物是曲线的，很多植物的生长蕴含了费波纳契曲线的存在，都在证明着自然与曲线的本质关系。特奥多·安德列·库克（Theodore Andrea Cook）写过一本《生命的曲线》，专门讨论了螺旋现象，涉及贝类螺旋壳体、植物左右旋、叶序排列、攀缘植物茎蔓旋转、兽角螺线、人体螺旋等，诠释了螺旋结构及其在自然生命、科学和艺术中的应用。

工业革命的兴起，从利用到制造，大量几何产品的产生，视觉上开始大量出现直线，所以说直线是人类的创造通过设计体现出来的。几何以简单的元素点、线、面构成，具有绝对的简洁感和精确感，对应了大众审美上对于理论和逻辑的欣赏，是一种理性美感。例如，1909年产生的未来主义对速度、运动和同时性的歌颂，与机械时代的产业革命紧密相连。评论家马里内蒂（Marinetti）在费加罗报上发表了《未来主义宣言》，宣告这个世界的伟大美妙将要被一种新的美所替代，这世界一种新的美——速度之美产生了。尽管仅仅是曲直两条线，却反映了人类对自然社会、工业社会不同时代的美感认识。

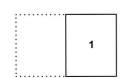

1 巴尼特·纽曼 《太一1》 1948

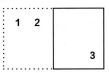

视觉形式来源于艺术家对视觉社会的直觉反映。18世纪英国画家威廉·荷加斯（William Hogartn）撰写的《美的分析》是欧洲第一部以形式为基础的美学著作，提出了关于吸引力的美的建立的六大原则：适宜、多样、统一、单纯、复杂、尺寸。认为所有这一切都参与美的创造，有的时候是相互制约。其中对蛇形线的美学分析，强调了古典优美雅致的曲线美。

19世纪上半叶，欧洲各国先后完成了第一次工业革命，在这种背景下，19世纪末至20世纪初在欧洲出现了一场声势浩大的装饰艺术运动，即新艺术运动（Art Nouveau）。新艺术运动主张曲线化设计，强调自然主义装饰风格，反对直线和绝对的平面。然而，英国新艺术运动的杰出代表，"格拉斯哥四人组"的灵魂人物麦金托什（Mackintosh）的设计却并不偏爱蜿蜒繁复的曲线，而是喜欢采用纵横的几何直线为基本元素。他不仅主张在设计中采用以适应机械化、批量化生产为目的的简单几何直线风格，还强调应注重功能与美相和谐的原则。麦金托什的探索为机械化、批量化的现代形式奠定了可操作的基础。

而20世纪30年代和第二次世界大战以后出现的构成主义抽象绘画，则是绘画顺其自然地经过印象派、后印象派和表现主义之后，打破绘画必须模仿自然的传统观念，拒绝任何文学性、说明性的表现手法，开始对自身的视觉形式语言做深入探索和独立表现，仅仅将抽象的造型和色彩加以抽取、提炼和综合，以几何抽象和抒情抽象加以表现。其中，表现主张的极致导致视觉形式的极致，形成不同凡响的审美。例如，荷兰风格派画家蒙德里安（Mondrian）的抽象画排除了任何曲线，以创造普遍的现象秩序与均衡之美。他崇尚直线美，主张透过竖角可以静观万物内部的安宁。蒙德里安说："我一步一步地排除着曲线，直到我的作品最后只由竖线和横线构成，形成诸十字形，各自互相分离地隔开，……竖线和横线是两相对立的力量的表现；这类对立物的平衡到处存在着，控制着一切。"蒙德里安的直线绘画在艺术上走到了极致，反过来又极大地影响了设计，其风格广泛运用在广告设计、家具设计、装饰艺术以及"国际风格"的建筑设计上。例如，里特维尔德（Rietveld）的红蓝椅子是现代主义的生活理念，机械文明和都市文明营造了直线美。

当艺术从对现实的解释到表现进入抽象领域时，直线获得了独立的审美表现力。美国抽象画家巴尼特·纽曼（Barnett Newman）日复一日地描绘竖线，用垂直的细线分隔大块的色彩，并开玩笑地称这种细小的线条为"Zip"（拉链）。其实纽曼始终相信精神艺术的抽象内涵，并认为艺术之美在于充满着神秘感与不可知的东西。他通过极简的色域绘画方式试图探索空间与观者之间的关系，并为我们提供了一种全新的视觉感知方式。

20世纪初现代艺术的产生，以社会生产的变革为契机，艺术家也因此成为现代社会的参与者、创造者，而不仅仅是简单的记录者。艺术也成为创造整个生活的艺术。这一点，在后来的德国艺术家博伊斯的思想和艺术中体现得更为鲜明：人人都是艺术家，生活的艺术化创造是可能的。

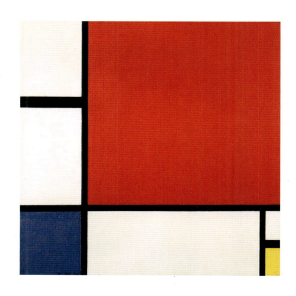

关于美学态度的变化。与曲线和直线的对比类似，我们可以将噪声音乐和古典音乐进行比较，噪声就如同直线一样，乃是人的创造，是工业时代的音响特征，而音乐家的敏感，在于紧紧抓住这个时代特征，将噪声转化为音乐。例如，美国先锋派古典音乐作曲家约翰·凯奇（John Cage）在这方面所做的尝试。自然的声音，海啸和鸟叫，都是曲线的反复，赋予自然韵律的存在。因此，古代和现代对美的态度是不同的。显然，渔猎社会、农业社会和工业社会，在生活环境、劳作对象和视觉形态上都会发生审美的变化和转移，这种转移在西方又紧紧和宗教联系在一起，传统的美不再是重要的了。如今，视觉的美仅仅是现代艺术的一个很小部分，艺术也可以是不美的，是什么和传达什么美都不再是艺术的目标，类似信仰表达的审美意识体现消失了。人类从共同精神（家族、阶层、民族、国家）日益分化出来，成为单独的个体。共同的集体的审美意识便不再重要，这也导致了一些传统文化逐渐衰败的倾向。

关于观察的焦点和散点。焦点的观察是深度的单一视点的观察，而散点的观察则是现代的记忆组合的观察。两种观察方式，一个依靠于眼睛，一个依赖于思想，符合人类智力发展的规律。感觉的看基于角度和记忆，而认知的看则基于分析和超越时空。文艺复兴以来，作为准确的一种透视深度的观察与表现，演变为未来主义的"同时性"表现，也可以和立体主义的形态碎片组合表现联系起来认识。因此，物理的时空概念被打破了，自然的时空秩序隐退，精神的时空开始重建。精神的时空秩序凸显出来，这种"同时性"，也是和工业革命与科学的结合所产生的速度紧密相关，速度不仅产生直线，也产生超音速，产生了同时存在的感觉。人们不仅用肉眼看，也用心眼看，还借助科技发明的显微镜和望远镜来观看。对世界的理解就因此而不同了。

艺术总是和时代紧密联系，与古代社会经济文化紧密联系的古典艺术的衰亡就是必然的了。工业社会和信息社会所造成的视觉和精神的变化，让传统的手段无法呈现。因此，现代艺术的表现，不应当简单地当作艺术来看，而应从社会学、图像学的角度予以认识，摆脱了艺术规则的束缚，将更好地认识当代艺术产生与发展的必然。例如，数字技术的发展，导致影像艺术的过溢性弥漫，艺术无论从手段还是内容上都无形中受到了极大的影响，快速的生活节奏，对艺术的领略也变得短暂。因此，艺术的同质化、浅薄化、大众化也是一种明显的趋势。

需要指出的是，与当代设计不同的是，当代艺术更倾向于揭示现代社会的危机，呈现都市社会的意象。如果是由于商业社会的高度发达，刺激了人们的消费欲望，那么欲望越大，则失败就越成为人之常态。因此，反映失败状态下的人的情绪和思考，就成为当代艺术表现的主题。而作为思维发展的一个民主时代，对理所当然的东西进行反思，并对一切清规戒律故意反抗，则成为当代艺术的一个显著特征。人们在享受工业产品带来的方便时，也受到工业产品带来的潜在危害。同理，人们在享受信息社会带来的极大好处时，个人隐私范围却迅速缩小。金斯堡的《嚎叫》并不同于蒙克（Munch）的《呐喊》，是对城市生活的一种情绪反映，凯鲁亚克（Kerouac）的《在路上》，则是对现代城市主流生活的一种厌倦，一种逃避和迷失。

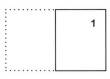

1 蒙克 《呐喊》 1893

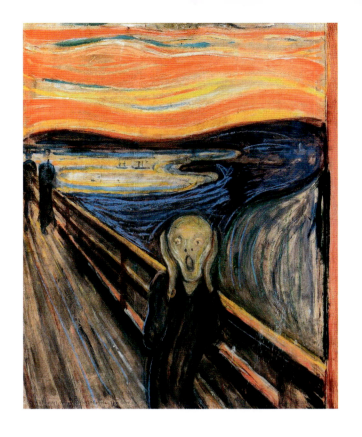

关于运动和静止的关系。这显然是一对美学概念，如果说过去的古典绘画表现静止性的场面比较多，这在静物绘画里更可看得清楚，那么在当代社会，运动带来了天翻地覆的变化，人类对速度的不懈追求，已经让机械运动的速度快得惊人。飞机以每小时800公里的速度让人们来往于世界各地，中国迅速发展的高铁以每小时300~350公里的速度促进着人和经济的流通。著名心理学家、诺贝尔经济学奖得主丹尼尔·卡尼曼（Daniel Kahneman）的《思考，快与慢》用系统1和系统2来描述我们人类大脑的运行机制，常用的无意识的系统1相当于是直觉的，依赖情感、记忆和经验迅速作出判断，而有意识的系统2是理性的，通过调动注意力来分析和解决问题，并作出决定。前者快，后者慢，各有利弊，作者从系统的涌现属性角度，探索系统高层次的运行机制。在我看来，审美和理论思考恰恰贯穿二者，就如同我这午夜关于艺术的思考，并没有自己想象的那么理性。

但是如何超越日益发展的强人工智能的运算速度，以可见的形态来表现不可见的动力等，造成了现代艺术的一些特征。实际上，我始终把人类看作是一个人，在整个文化的走向和发展中，人类就像一个人一样，在不断寻求自己的灵魂，也就是不断在寻求一种精神的走向，始终处在肉身或精神的迁徙当中，也在成长的过程中。当艺术的材料从颜色画布上离开，转向对生活材料的利用时，艺术便向产业性的方面去发展，这就改变了艺术的形态。旧约圣经《创世纪》里写道：上帝根据自己的形象，创造了人类。而人类根据自己的形状创造了神，同时，人类也根据自身创造了机器人。如今，人工智能机器人也开始写诗画画了。

▶ 突然对鲍桑葵有了兴趣

意大利哲学家克罗齐（Croce）在《作为表现的科学和一般语言学的美学的历史》中把英国美学家鲍桑葵（Bosanquet）说成是折中主义者，是因为在美学问题上，鲍桑葵试图运用一些方式调和与表现统一性中的内容与形式，把18世纪美学中的形式原则（英国画家荷加斯1753年发表的《美的分析》，主要表述了所谓美的基本形式理论，是欧洲美学史上第一篇建立于形式分析基础上的论著）与浪漫主义运动注重的情感表现原则结合在一起，提出美学主要研究审美态度及其特殊的价值形式。鲍桑葵把美定义为感官知觉或想象力把握到的特性或个性的表现性，他在《美学史》导论中指出："美是对感觉和想象力有个性特征的表现，同时又受其手段的一般或特殊的表现条件的制约。"

我们从他的《美学史》第一章中的一段话可以看出他的折中倾向来：在古代人中间，美的基本理论是和节奏、对称、各部分的和谐等观念分不开的，一句话，是和多样性的统一这一总公式分不开的。至于近代人，我们觉得他们比较重视意蕴、表现力和生命力的表露。也就是说，他们比较注重特征。如果我们把这两个要素融合在一起，就可以得到一个全面的美的定义：凡是对感官知觉或想象力具有特征的，就是个性的表现力的东西，同时又经过同样的媒介，服从于一般的，也就是抽象的表现力的东西就是美。

人们普遍把鲍桑葵认为是新黑格尔主义者，而德国古典美学家黑格尔认为"美是理念的感性显现"。实际上是将感性这一现代美学更加注重的因素加以强化，强调为感觉和想象力，并且进一步推之为有个性的表现，因此这感性不是普遍的感性，而是有个性的感性。黑格尔在其《美学》里其实非常强调艺术美的理念与理想，而只是在较小的章节里谈到想象的重要："最杰出的艺术本领就是想象。"特别在这句话下面加注了黑点，并且马上补充道："想象是具有创造性的。"但是，又说："想象的任务只在于把上述内在的理性化为具体形象和个别现实事物去认识，而不是把它放在普泛命题和观念形式里去认识。"

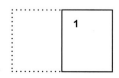

1 毕加索 《亚维农少女》 1907

但是鲍桑葵并没有像黑格尔那样，强调理性的作用，而是进一步在《美学三讲》中提出"使情成体"说，认为美是一种情感的愉快的领悟，审美经验是一种特殊的情感，"是为表现而表现的情感"，这一点也在趋向于近现代美学的基本点，强调了表现与情感的关系。所以，也可以把鲍桑葵的美学观点说成是表现主义美学吧？而这个时期，欧洲的绘画已经产生了后印象派的诸家，野兽派、表现主义逐一出现。从绘画艺术上证实着美"是为表现而表现的情感"。

重视感觉的鲍桑葵因此也认为：用思辨理论的方式难以准确地研究美学的历史。一切美都存在于知觉和想象之中，美的艺术应当是作为一种具体现象的实在的审美意识的历史。研究美学史，必须以各时代生活的审美意识的透彻了解为基础，这种对现象的关注也将美学和社会背景联系在一起。可以看出，鲍桑葵的美学史是基于现象的审美意识发展史，因此他认为自己关于美的定义有助于现代美学在古代美学的基础上发展起来，也正是这一点让鲍桑葵特别重视传承和融合。

特别有趣的是，鲍桑葵在《美学三讲》中提到"身-心"时加了注解："这个名词，我在这里把它写成这个样子，主要是为了美学讨论的原因。在审美讨论上，心灵是整个身体，而身体是整个心灵——"。这一个注解让我颇有启发，如果说鲍桑葵努力地折中情感与形式，那么，在这里身心何尝不可以被看作形式与情感的关系，而把身心的协调看作情感与形式的统一性？

鲍桑葵特别指出："审美情感的表现，只能在我们感受它或想象它时才成为一个对象。"而对一个实际存在的事物，"它的历史、它的组成、它的市场价值、它的原因或者效果，……不包含在审美对象里"。也就是说审美是不带功利性的，和知识也没有关系。这也是基于古典美学关于"美"基本定义基础上的。

由此就导出一个重要的问题："人类除非学会重表象、轻实在，在审美上就不是有文化修养的人。"这一句话将审美和"形式"联系在一起。上述的一切知识并不是审美的内容，而一切表象都必须以物化的形式加以体现。"凡是不能呈现为表象的东西，对审美态度来说是无用的。"并且，鲍桑葵强调了审美态度的重要——静观。只有在静观中才能够体验到表象的美，并且他补充指出审美的情感的稳定性、关涉性和共同性具有将简单的快感提升为更高的审美愉快的可能。

德国美学的两个学派，形成了内容主义和形式主义，乃是因为古典艺术其特征为叙事性、描述性、再现性，因此，在美学上就易于被分化成内容与形式的两重关系。但是19世纪末在欧洲美术史上，相继出现了各种形式主义流派，这种倾向在我讲述修拉（Seurat）、希涅克（Signac）等人的点彩派时，就提到印象派描绘现实世界的瞬间光色变化，最终在点彩派那里成为形式主义的绝唱。20世纪开始，以塞尚为代表的后期印象主义彻底抛弃了绘画的再现性因素，各种形式主义思潮更是层出不穷。例如，打散重组物象的立体主义、表现运动和速度的未来派等，这些流派具有一个共同的特征，就是否定内容对形式的决定作用，以此无拘无束地追求新颖形式的可能，就此和传统艺术宣告决裂。

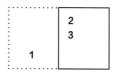

1 高更 《你为何生气》 1896
2 塞尚 《有苹果和桃子的静物》 1905
3 培根 《向凡·高致敬》 1960

在现代绘画里，形式就是内容，内容就是形式。例如，构成主义绘画、风格派绘画都以单纯的形式、抽象的造型和色彩呈现，虽然作者往往赋予其作品一种形而上的理念色彩。现代艺术运动就是利用打破知觉形象而得到的自由，进而发展出由想象或幻想所决定的艺术形式，就如同在未来主义的宣言里这样声称："必须蔑视一切模仿的形似，歌颂一切创造的形式。"这种艺术想象具有一种乌托邦的色彩。

从美学的内容与形式问题，延展到形式与情感的问题，最终形式主义艺术发展出更加完备的形式主义美学来，从而超越了鲍桑葵的美学理论关于形式的论述。英国形式主义美学家克莱夫·贝尔（Clive Bell），是当代西方形式主义艺术的理论代言人，其最著名的美学命题认为美是一种"有意味的形式"。认为在不同的艺术作品中，线条、色彩等以某种特殊方式组成某种形式或形式间的关系，激起我们的审美感情，这种线、色的关系和组合，这些审美的感人的形式，就是"有意味的形式"。"有意味的形式"是一切视觉艺术的共同性质。

美国符号论美学家苏珊·朗格（Susanne Langer）的《情感和形式》里高度评价贝尔的形式说，又把形式说推向符号的方向，认为有意味的形式应当表现人类的情感，情感只能诉诸表象符号形式，所以艺术就是人类情感的符号形式。"不会看形式的眼睛永远不会为心灵提供想象"，克莱夫·贝尔的"艺术是有意味的形式"，被人们看作解释现代艺术的最令人满意的理论，认为它脱离了"内容和形式"这一机械模式，使形式获得了自律和自由。并且这种形式也早已超越了荷加斯《美的分析》那种非常具体形象的形而下形式，而直指现代艺术最为复杂而丰富的创造形式。

还是回来说鲍桑葵，应当说他的最大贡献在美学史方面。而有人对他的美学理论较有诟病。但是他也是最早写作西方美学史的人。在其《美学史》中，从古希腊罗马时代，经过中世纪，一直到19世纪后半叶德国古典美学的终结，有一个轮廓分明的描述，能够以批判性的态度把古代美学和浪漫主义美学结合起来，揭示出美学史就是古代美学向近代美学通过从抽象到具体的自然进步过程，并不包罗万象，也就显现出自己的特点来。

鲍桑葵的《美学史》出版于1892年，写到1890年，而英国另一个美学家李斯托维尔（Listowel）则接着从1890年写起，一直写到20世纪30年代，写成《近代美学简史》，可以说是鲍桑葵《美学史》的续篇。而李斯托维尔也是一个折中主义者，折中于主观与客观之间，强调美是一种心灵状态，一种灵魂特性，一种主体属性。　他也对鲍桑葵有极高的评价："鲍桑葵这部著作，就其准确性与渊博性来说，仍然是英国哲学家在这个题目上所写的最好的一部著作，它对德国19世纪形而上学美学的论述，尤其卓绝。"鲍桑葵为这个结论可以瞑目了。而鲍桑葵的《美学史》在中国翻译发行以来，几经重印再版，影响重大，值得好好一说。

某种程度上，这个时代更接近艺术的本源：无功利、自发，每个人都可以从事，无论好坏都是在表现自己。如今，看似美学被滥用，艺术泛滥，让艺术显得不那么高雅，也产生了许许多多平淡的艺术，但我们可以看到，泛滥的河流裹挟着各种杂物而去，却也显示出浩浩荡荡的气势，不再是小溪流，而是可以在其中击浪遨游，做弄潮儿，或如杜尚那样"像飞鸟掠过水面一样掠过痛苦烦恼"。生活不再和艺术完全分离，物质的世界和精神的世界因此有可能交错和融合，心灵自由和生存质量成为艺术判定的标准，因此马丁·海德格尔（Martin Heidegger）所说的"诗意地栖居"有了注解。

无论怎样，美学决定了我们看世界的眼光。当我们以传统美学去观看的时候，看不到世界的多面，看到的仅是被教化的美。我们需要逃脱，而自然与艺术更易接纳被放逐的灵魂。亨利·戴维·梭罗（Henry David Thoreau）曾说，乔叟（Chaucer）、斯宾塞（Spencer）及弥尔顿（Milton），甚至包括莎士比亚（Shakespeare），他们呼吸的空气并不是非常新鲜。从这种意义上来说，因为野性受到了限制，他们代表的是一种被教化的文学，是古希腊和罗马时代的反映。当审美被教化之后，自然就被遮蔽。但是梭罗也回避了一些，野性也还是有分寸的、克制的、浪漫而抒情的。但是只要我们直面自然，就会发现令我们震惊的东西：暗黑与震惊，都是人们乍活的一部分，如同人性的复杂。

我以为艺术最难确定美丑，最容易确定喜欢和不喜欢，这是因为凭自己的直觉就能够确定，而传统艺术中的绝大部分除了叙事内容之外，都具有诉诸生理感官的艺术表现，让人感觉各种形式要素的美。在人类长期的艺术实践中，前所未有地积累了这些形式上的经验，并形成范式。可是，当代艺术突破了这种范式的约束，仅凭直觉是很难判断当代艺术的，就更难判断作品的美丑。美已经不是艺术的重要问题，可是生理的直觉还在发生作用。所以我会听到一些人很简单地说"太难看了"，拒绝对一些当代艺术做进一步了解。其实，对艺术持有不同看法是正常的。喜欢的程度，以及喜欢或不喜欢都是现实的存在。我以为，对于艺术而言，多数是自己喜欢不喜欢的问题。如果个人趣味狭窄，就容易表面化，就会很武断地拒绝欣赏与自己品位不同的。我看当代艺术，不只是局限在对图像的感觉，而是从纵向（历史）和横向（当代）来理解一切艺术现象。当然，有的人不愿意跨越学科。如果不愿意跨越，也不必跨越，跨越不是强迫改变自己，而是让自己变得更有容量。重要的在于自我认识，如同艺术有各种不同一样，能够以更开阔的视野看艺术。有的不喜欢是生理上的，没有办法改变；有的不喜欢是文化方面的，是可以随着眼界认识的提升改变的。八大山人的画作在当时有可能不为多数人所接受，但现在我们能接受了。表现主义刚出现时也被人看作是不好的、被禁展查封。文化在发生变化，人们的接纳能力也越来越强。看起来现在这个时代好像跟之前的所有时代都不一样，像没有整体风格似的，而其实没有整体就恰恰是这个时代的特征。

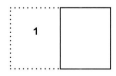

1 达·芬奇 《蒙娜丽莎》 1503—1519

A.I. STUFF

所谓的"真"也在改变人们对美的认识。显微技术让我们看到了肉眼看不到的细节。那么，肉眼看到的是真呢，还是显微镜下的形象是真呢？相比之下，古典写实艺术显然不是"真"的艺术，而是经修饰的理想的美的表现。波兰艺术家丹尼斯·谢里亚耶夫（Denis Shiryaev）于2020年在网络平台上传的新影片中，使用了一种人工神经网络技术，从达·芬奇的《蒙娜丽莎》《抱银貂的女子》等名画的人脸中还原画中主角的现实样貌。该技术会演算出名画人物的大致面貌。丹尼斯还通过算法，参考了社群平台使用者时常摆出的表情，并将这些表情赋予被还原样貌的名画人物，使他们像真人一样栩栩如生。在他的影片中，被"复活"的蒙娜丽莎十分俏皮，对着镜头大扮鬼脸，看上去比画中更真实，但却也丧失了画中的神秘感。除《蒙娜丽莎》外，丹尼斯还原的画作还包括画家弗里达·卡罗（Frida Kahlo）的《戴着荆棘项链与蜂鸟的自画像》、波提切利（Botticelli）的《维纳斯的诞生》、维米尔（Vermeer）的《戴珍珠耳环的少女》、伦勃朗的《夜巡》。网友们留言："蒙娜丽莎是其中最好的。她看起来最像一个真实的人。"最终，人们以为的古典绘画也呈现出一种不真实。画作和"现实"比照出区别，显示出绘画在造型、色彩、笔触方面的独特性，以及人物经过美化的塑造性。或许，正是这种不真实的独特性才是绘画的魅力。而如果将所有绘画还原成现实，反倒失去了丰富多彩的艺术性。

我们习惯于肉眼看到的事物，习惯于接受引起我们愉悦的东西，并把它看作美的，如同我们总是希冀快乐，而实际上痛苦总是在生活中存在着。20世纪90年代初，我曾经潜心于微观世界形态的研究，在书店里购买了几本医学图谱，并观察显微镜下的细胞和病毒的图像，由此创作了一些抽象版画，借此表现想象的混沌变化又充满活力的宇宙景象。在研究中我发现，如果不了解它是病毒、细菌或人体细胞的话，它看上去或许是美的。但是仔细阅读图像下面的文字，发现它是癌细胞时，再看图像就会觉得十分恶心。这说明表象的审美也会和认知的本质相冲突。当代艺术中便有很多恰恰利用了这种相悖共存的方式作用于人的感官。2020年初，新冠疫情持续之长，影响之大，难以估量。小小的病毒改变了人类的历史。英国艺术家卢克·杰拉姆（Luke Jerram）受美国一所大学委托，用玻璃制作了艺术化的病毒模型，艺术地将病毒的存在形式传达给公众。杰拉姆说："这件艺术品是对科学家和医疗团队的致敬。他们在世界各地合作，试图减缓病毒的传播。我们必须努力通过全球合作来减缓冠状病毒的传播，以便我们的卫生服务部门能够控制住这一疫情。"很早时，杰拉姆就在英国布里斯托尔大学微生物学家安德鲁·戴维森（Andrew Davidson）博士的指点下，参照多年来生物学的研究成果创作了玻璃仿生作品。他的创作对象，是渺小到无法用普通显微镜观察，却能对人致命的病毒。如艾滋病毒、引起非典型性肺炎的冠状病毒、H1N1流感病毒、天花、大肠杆菌等。他希望自己的作品能够使观者通过与未着色的病毒的近距离接触，引发对病毒与自身关系的新思考。杰拉姆的这些晶莹剔透、结构严整、形状奇异的病毒玻璃雕塑，随着科学前沿的推进越来越符合它们的真实样貌。一个艾滋病人看到杰拉姆做的艾滋病毒模型照片时，在网站上留下了这样一段话："您的雕塑，即使在照片上看来，也显得那么真实，远远超过我以前看到的任何图片。我凝视着它们，凝视着在我身体里成千上万的这些家伙，它们将伴我余生。这种感觉很奇怪，看着我的敌人，可能最终夺走我生命的敌人，我发现它们如此美丽。"

实际上，自然本身就是最伟大的艺术家。它无时无刻不进行着创作，不断进行精致长久的创造和毁灭，精妙到我们将其称为"天工"。对于自然而言，一切无所谓美不美、丑不丑、好不好、坏不坏。只有人类才会从自身的立场出发，论说美丑与好坏。在如今，对于人类来说，美的理想和实现美的技术与规则早已经崩溃，或从另一方面说是相当规范：一方面，是对美的滥用；另一方面，凡超出规范的艺术都会被一种机制、规则和权力所定义、形容、命名、评价、分类、隔离、塑造与抹除。当代美学在今天仍然是无法被清晰表述的，而这需要时间和空间，希望在未来能被相对客观地加以评述。

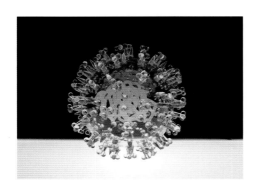

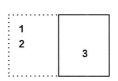

1 杜尚 《带胡须的蒙娜丽莎》 1961
2 丹尼斯·谢里亚耶夫运用人工神经网络技术对蒙娜丽莎的还原 2020
3 卢克·杰拉姆 COVID-19新冠病毒玻璃雕塑 2020

▶ 当代艺术特征纷繁多样

在盛产所谓的心灵鸡汤和厚黑美学的时代，居然有张枣的《楚王梦雨》：

我要衔接过去一个人的梦
纷纷雨滴同享的一朵闲云
宫殿春夜般生，酒沫鱼样跃
让那个对饮的，也举落我的手
我的手扪脉，空亭吐纳云雾
我的梦正梦见另一个梦呢

枯木上的灵芝，水腰分上绢帛
西边的飞蛾探听夕照的虚实
它们刚刚辞别幽居，必定见过
那个一直轻呼我名字的人
那个可能鸣翔，也可能开落
给人佩玉，又叫人狐疑的空址
她的践约可能中断潮湿的人

真奇怪，雨滴还未发落前夕
我已想到周围的潮湿呢
青翠的竹子可以拧出水
山阿来的风吹入它们的内心
而我的耳朵似乎飞到了半空
或者是凝仁了而燃烧吧，燃烧那个
一直戏睡在它里面，那湫隘的人

还烧烧她的耳朵，烧成灰烟
决不叫她偷听我心的饥饿
你看，这醉我的世界含满了酒
竹子也含了晨曦和皎月
它们萧萧的声音多痛，多痛
愈痛我愈是要剥它，剥成鼻孔
那么我的痛也是世界的痛

请你不要再听我了
我知道你在某处，隔风嬉戏
空白地的梦中之梦，假的荷花
令我彻夜难眠的住址
如果雨滴有你，火焰岂不是我
人同道殊，而殊途同归
我要，我要，爱上你神的热泪

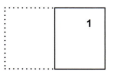

1　达明·赫斯特　《献给上帝之爱》 2007

好莱坞拍出的《盗梦空间》，也是一个梦套另一个梦，只是错综复杂，没有半点诗意可言，让我看得雾里云中。诗人往往因为脱离现实耽于幻想而命运多舛，而梦想照进现实的诗人则不同。比如20世纪80年代四川的诗人纷纷下海，诗人开店，除了菜式好，菜名也别出心裁。比如叫"一条站着的鱼"，以站立的姿势等着别人去吃它；食用兔头在成都一时风靡，用各大辛香神器或卤或炒的兔头，被命名为"1968年的兔头"，带着颇可琢磨的意象，吃起来更加富有滋味。

或许，这便是艺术进入当代生活，可以美其名曰：日常生活审美化。翻阅中国现代美学的遑遑论著，感觉多数还是陷入古典美学的窠臼难以自拔，研究对象多是近现代和古典文学艺术，很少直接剑指当代美学。因此，当代美学研究缺乏前瞻性，对时代变化不够敏感，缺乏更深入的研究和更为新颖的见解，其原因还在于论者当代文化的知识结构太窄，导致视野不够开阔。唯有岛子的《现代艺术谱系》尝试着开一先河。

有人说，当代的艺术家像一群调皮的孩子，而当代的美学家像守旧的父母，孩子们因此缺乏现代美学的熏陶。实际上艺术家很少关注美学家的评论，很少根据美学家的所谓宏言大论去创作，倒是美学家更关注艺术家，根据已经存在的艺术现象用现成的艺术理论加以套用解说。自然，也有一部分艺术家和评论家沆瀣一气，共同营造所谓当代艺术的现象，制造卖点，共同得利，不是学着博伊斯抱着一只死兔子对其解释绘画，而是体味着五香还是麻辣兔头好吃。拿英国当代艺术家达明·赫斯特名为《献给上帝之爱》的"水晶钻石骷髅"和"1968年的兔头"这一道菜相比，又多可言说。

要做当代美学的研究，显然不能就美学说美学，而是需要其他领域的知识加以支撑，尤其是横向展开的比较研究。法国哲学家福柯研究心理学和精神分析学，通过疯癫病理的研究发现了新的角度、新的学科和哲学、社会学的关系。其实，中国当代的人文理论都非常滞后，哲学不用说，社会学、信息学、文学理论都是如此匮乏，更遑论艺术理论。所以，很多学者就只好研究古典的、现代的，不敢轻易涉足当代艺术理论，因为古典比较好研究，有现成的东西可加利用，加以总结就可以。越是当代，越是要高屋建瓴，缺乏高度就难以驾驭。

时代已经改变，新型的创作是真正的个性化创作，创作中的作者与作品是同一个主体。这种具有高度自我意识的创作要达到的目标是人性的真理，是本质的艺术，也许是更加多样性的自我呈现，更高的更好的艺术，既是自我的呈现，而这种自我又呈现出一种人性的真理，或者说一种普遍性、预见性、深刻性来，文学也是如此。例如，写出《麦田里的守望者》的塞林格，写出《嚎叫》的金斯堡，写出《变形记》的卡夫卡。也意味着，这种自我并不是通俗的大众性的自我。以叙述性见长的文学，也在遭遇互联网时代的大众性写作的威胁，他所处的生活不再像互联网以前的时代那样陌生不可知，虚构的真实也在遭遇显示更真实的逼迫。因此也造成了文学的转向：趋向自我的真实的表达。

写实的绘画从塞尚那里开始彻底转向，画布上的一切都是绘画而不是真实，绘画就是绘画，绘画从两个分支开始发展：一个分支是试验艺术本体语言和形式，另一个分支是利用色彩笔触走向情感性的表现，从而让自我成为绘画的主体。而在波洛克（Pollock）那里，艺术家更是走向艺术过程的表演，走向艺术的前台，而又有行为艺术的身体参与。在视觉艺术发生变化的中间，摄影术的产生也加入了推动，导致写实不再成为艺术的主流。当自我成为主体，意味着两个方向，一个是精神，一个是肉体，这两个方面都体现出当代艺术的主体特征——物性。精神方面因为加入了当代哲学的影响，因此呈现出虚无痛苦的破碎感，而肉体方面则呈现出医学式的观察和表现，因此美的概念也发生了极大的变化。美，不再是艺术的目标和本质。当代艺术的门类实在是太多了，因此标准也变得复杂起来，不像古典艺术相对标准简单一些。评价大致围绕内容和形式两个方面来确定。但是最浅显的一点是，当我说这个茶杯很有意思时，并不意味着真实的茶杯有意思，而是我眼中的茶杯有意思。我看故我在，因为这个看带着自我的思考。

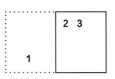

1 基弗 《欧洲牛》 1994—2010
2-3 班克西 《家中的涂鸦》 2020

当代的变化周期大大超过以前，现在的变化甚至都不到十年，80后、90后，代代不同，就是社会思想变化迅速的证明。网络信息的传播手段发展迅速，也推动了艺术表达方式的变化。思想变化，美学就会变化。美学的发展总是对以往的质疑，也有社会自然的递进、新的东西的产生，但是政治观念、权利意识和利益驱动对美学的影响可以成为另一个研究的东西，无关美学本质。

当代艺术最难确定美丑，最容易确定喜欢和不喜欢，是因为自己凭自己的直觉就能够确定，而传统艺术绝大部分都是诉诸人的生理感官的，让你感觉愉悦、感觉美，在人类长期的艺术实践中，前所未有地积累了这些形式上的经验，并形成了范式。当代艺术突破了这种范式的约束，仅仅凭直觉是很难判断当代艺术的，就更难判断作品的美丑，因为美已经不是艺术的重要问题了，生理的直觉观看还在发生作用。所以我会看到一些人很简单地说，太难看了，拒绝对一些当代艺术进行进一步的了解。其实，对画有不同的看法是正常的，喜欢的程度，以及喜欢和不喜欢都是现实的存在。我以为，就艺术而言多数是自己喜不喜欢的问题，而不是对方绘画好不好的问题，如果个人趣味狭窄了，就容易表面，就会很武断地拒绝其他更多的艺术现象。

我看当代艺术，不只是局限在图像的感觉，而是从历史纵向和当代横向来理解一切艺术现象。当然，有的人不愿意做学科的跨越，如果不愿意跨越，其实也不必跨越。跨越绝不是强迫自己改变自己，而是让自己变得更有容量，重要的在于自我认识，就同如艺术有各种不同一样，能够以更开阔的视野看艺术：有的不喜欢是生理的，没有办法改变；有的不喜欢是文化的，随着提升丰厚可以改变。比如艺术家用屎尿作画，我们生理上怎么也不能接受，这是正常的；八大山人的画在当时不被接受，现在我们也接受了；表现主义刚出来时也被看作是不好的，春宫画也被看作是邪恶的，但是后来也在大英博物馆展出了，这说明文化在发生变化。

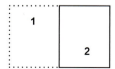

1 阿布拉莫维奇 《艺术家在场》 2010
2 周至禹 《障目》 2021

我对自己说，要做一个特别理性和特别感性的学者型艺术家，因为艺术家需要有高度的艺术敏感，而学者则需要高度的理性认知，如果将这二者统一，对一个完善的灵魂也是必要的。我曾经在残雪的博客里看到她谈到对作家的相似要求。她在信中说："作家写小说和写评论是两种不同的思维方式。但如果你仔细地去体会，这两种方式其实是来自同一个思维主体，是思维的两个方面。我一贯认为在当代，只有自己也能搞文学创作的那些人才能写好文学评论。这样的评论家，他身上的感性认识能力和理性认识能力同样强大，并处于很好的抗衡之中。"从本质上讲，一个好的艺术家不能仅仅光靠直觉做到自我最好的呈现，还要靠理性做到最大的最高的自我提升。这种提升并不是道德律的提升，而是最具人类命运悲剧性的深刻体验和认知，是将自我自觉纳入其中的表述。最好的当代文学，都呈现出这一特征来。

打开一瓶红酒，同时泡一杯明前清茶，借此来比较二者的区别：茶是要在隽永中体味，酒则是在热烈中张扬，这样形成了两种不同的生活态度和节奏。西方人总是歌颂酒神一般激情的生活。就如同尼采所说，需要每一天闻风起舞，才是对生命的不辜负。而我则在淡中体会出悠长安宁的感觉。我觉得杜尚有一点庄子的味道，所以他说："我的行为像艺术家，但我不是艺术家。"在这个世界上，号称艺术家的人太多了，所以杜尚躲开了。不到热闹的地方去，不跟这些人玩，努力学习自己和自己下棋。对于一些人来说，艺术的大，在于能沽名钓誉，博伊斯则是说，艺术是我跟人对话的一种方式而已。艺术其实没有那么伟大，这才回归了艺术的本质。

对于我来说，艺术则是自言自语的一种方式。我忘情地凝视着一片风景，然后让我的手指无所羁绊地自由表达，就如同我下意识地自言自语一般，诉说着我对这风景的私密感受。当我把它如意地转译成我的画面之后，我乐意说，我完成了一场灵魂与自然的对话。我其实从不关注自己的外表是什么样的，而只关心灵魂的存在，虽然灵魂没有形状，但是艺术却可以让灵魂美丽而充实。灵魂通过眼睛张望世界，感受世间一切的美丽，并且充满悲悯地理解一切现象，也就没有时间旁及其他，这就是心无旁骛的真正意思吧。因此，心灵既不自卑也不自大，因为懂得，于是知道万物平等，万物有灵。外表的美丽会消失，而心灵的美丽永在。

康·帕乌斯托夫斯基（Константин Паустовский）在《金蔷薇》里这样写道：

假如雨后把脸埋在一大堆湿润的树叶中，你会觉出那种沁人心脾的凉意和芳香……只有把自然当人一样看，当我们的精神状态、喜怒哀乐与自然完全一致，我们所爱的那双明眸中的亮光与早晨清新的空气浑然一体时，我们对往事的沉思与森林有节奏的喧声浑然一体时，大自然才会以其全部力量作用于我们！

这美丽的心境，来自对自然的感受。自然这个无所谓美丑的东西，带给从古至今无数的艺术家以美的启示，让他们难以忘怀，并且耿耿于怀，非要用艺术表达出来不可。同样，这对我也是如此。由此，人对自然的感受丰富了自己的内心世界，并因此在现实中变得对生活宽容了，人自己也变得从容了，能够以一种善良的性情和对美的深沉来凝望与环顾周遭的世界。或许，这乃是一种类似秋夜月光般的凝视，是阴柔的，但也是有张力的，因为其间充满了对现实世界的悲悯、对天下苍生的关爱、对草木鸟虫的体恤，并在艺术的表达中喷涌出一种激情和美德，也因此阐释了：善良有多深，关怀就有多大。

可是，这是否是一种正确的说法呢？我赞赏并延伸这样一种想法，却也会想到文学艺术的天职上，学习尊重一种内心的情感。这种情感也许并不是理智认为的正确。博尔赫斯（Borges）讲："我不是一贯正确的，也没有这个习惯。"之所以这样说，乃是因为文学天生有自己的特性，就是对人性的无限探索和尊重，人的失败和矛盾，人的思想与身体小心翼翼地试探，在不同时代有着不同的呈现，很难用对错是非来衡量。唯有文学艺术，在人类的不同阶段的生活描写中传达出人性的丰富，说明文学艺术有自己的目标及关怀，有效地和现实世界保持了距离，也和社会伦理清醒地保持距离。这一种态度，也许应该受到现实世界的尊重，而不能把现实世界的规范作为艺术的规范。

任何事物都具有两面性和多面性，我拒绝承认绝对一面的存在，或许这也是存在的。就比如，如果看到了阳光的轻盈，就一定会看到阴影的沉重，因为阴影是阳光创造的。所以，月光朦胧，阴影也是暧昧的。是谁拥有了这样的怀疑：当意义缺乏足够的应然成分，对世界失去了某种普遍有效的命令力量，它仍是意义吗？意义应该是普遍的，还是个人的？个人的意义足够有意义吗？这是对意义的缠绵不止的追问。这时候我突然想到一句话：我盼望天使降临，天空里偶尔飘下来一只美丽的羽毛。

为什么近现代的许多哲学家都是精神抑郁的呢？也许就是因为忧郁才去研究哲学的吧？今天早上我在给研究生上课的时候，偶然说起了这个话题，因为哲学也是和艺术紧密相关的，在艺术中，也有许多精神抑郁的画家，例如凡·高（van Gogh）就是一个极好的例子。和尼采一样，维特根斯坦也被抑郁症所困扰，几度萌生自杀的念头。我们知道，维特根斯坦曾经是设计师，他成功地发明了一种飞机发动机。他也曾经为自己的姐姐设计建造了一处住宅，并因此获得了建筑师的身份。在成为罗素（Russell）的学生之前，他忐忑地询问罗素，他是否是一个纯粹的白痴，而无法成为一名哲学家，如果是，这位"纯粹的白痴"就要去当飞行员了。罗素看了维特根斯坦写的东西，简略地回答："不，你不要去当那个飞行员。"因此这才有了哲学家维特根斯坦。

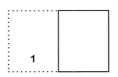

1 克利姆特 《哲学—医学—法学》 1903—1907

有着多种才能的维特根斯坦，确实对哲学极为钟情，他有着一双鹰一样的眼睛，但是却流露出一种尖锐的感伤，清癯的维特根斯坦，嘴角有一些微微的下扬，仿佛在保持一种庄严的缄默：凡是无法说出的，就不得不处之以缄默。但是两个耳朵却有一点点乍起，仿佛有些受惊地细细聆听着这个世界发出的喧嚣。在第一次世界大战中做了俘虏的维特根斯坦，据说被俘的时候是骑在炮架上用口哨吹着贝多芬的第七交响曲，而在战俘营里所写的《逻辑哲学论》出版后轰动了哲学界。自以为完成全部哲学问题解答的维特根斯坦，跑到了奥地利南部山区去做小学教员，过着一种苦行僧般的生活，但最后还是放弃了，到修道院里去做了短期的园丁助手。他为什么不就此待在修道院里呢？其实这样的环境最有利于哲学的思考，就像我在课堂上大讲文艺复兴时期的修士画家安基里科（Angelico），在佛罗伦萨修道院里如何地清修，描绘心目中的天堂和圣母。但是至少维特根斯坦侍弄花草是好的吧？作修士，只能够在祈祷的间歇，打开白色小屋里的小木窗，在方寸的窗户中眺望庭院，这春意盎然的花草无关地盛开。

重返剑桥的维特根斯坦执掌起教鞭讲授哲学，课堂上的他表现的是一位思想家的模样，热情的样子让我想起凡·高在矿井下传教的情形。但是，维特根斯坦很快就厌倦了"这一份荒谬的工作"，把它视为"虽死犹生的生活"。从而辞职到爱尔兰的乡下去，仿佛在乡村的宁静中可以体会到哲学思考的乐趣。"人既然不可能逃避这个世界的苦难，他究竟怎么可能是幸福的呢？"但是临终的维特根斯坦弥留时说："告诉他们我这一生过得很好！"维特根斯坦在思想和知识的探求中感觉到幸福："知识的生活乃是幸福的生活，尽管有世界的苦难。"可是这种快乐需要作出世俗的牺牲："只有舍弃世间一切舒适安逸的生活才是幸福的生活。"这一点，获得了我深深的赞同。

维特根斯坦在《哲学研究》一书中写过这样一句话：意义即用途。这一句话说得饶有意味，让我陷入思考之中，所有当下的行为不都是因为有意义才去实施的吗？没有意义的行为就不必实施。所有的意义都是针对个人而言的，就像知识于维特根斯坦而言一样，这种知识当然不是获取功名利禄的知识……或者我们还可以引申，生活的意义就是你所保留下来的所有记忆……记忆，这一本充满了各种片段的书籍，就是你全部人生的意义。这样一想，我豁然开朗。

放弃对现实物质欲望的渴求，我让自己成为一个精神的"游逛者"，在艺术的原野里四处徘徊。或者仅仅成为风景的偷窥者，仅仅是冷静地旁观着风景中的细节。我就这样明确地选择了一个"我"，再没有丝毫的犹豫。或许这样才能更真实地呈现我的本质。或许这样的选择让日常生活升华，就像铁锹伸进泥土，带出来潮湿浓郁的土地生长的气息。就这样，我让往事逐渐显现出隐含的意义，就像生命中无法改变的指纹，我让现世的每一刻都像雨滴一样，布满天光的种子，生命的微光流丽地颤动在碧潭水面睡莲的叶子上。

1 克里斯·奥菲利 《圣母玛利亚》 1996

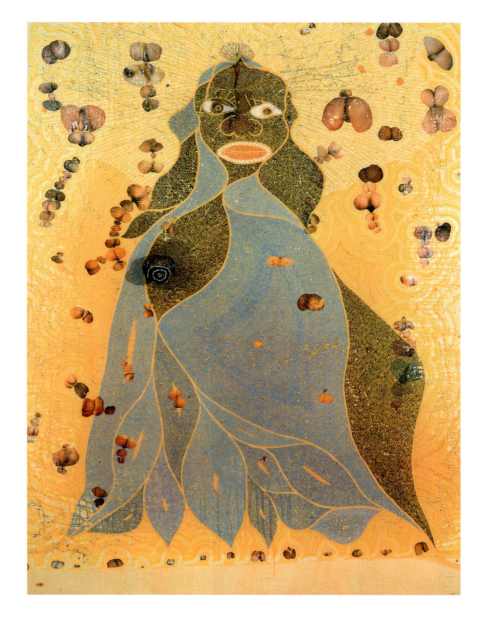

▶ 人要用艺术来救赎自己

获得2016年诺贝尔文学奖的叙利亚诗人阿多尼斯（Adonis）宣称："我是鬼魅的主人。"这一声宣告，在上帝死了之后，仿佛自己救赎自己的宣言，这种决心是以与世界既成常识的作对，你说是东，我偏向西，就如同世间某一种罪恶便是另外一种自由的赞美。而最终内心的愿望，让愿望成为不伤害他人的正常表达。作为一条通往更深、更美境界的路径。

阿多尼斯注意到20世纪以来的城市景象："试着去注视T城的白昼，你发现的只会是黑夜。""在名叫Z城的器皿里，生长着叫作'杀戮'的永不凋谢的植物。"城市里充满了罪恶，因此这注视便带着怀想的暗暗乡愁，这城市是人类建造起来用以和伊甸园进行对抗的，是人类对上帝的炫耀。这恰恰是我在小说中所要表达的主题。

在过去，在灵与肉、爱情与身体这样的二元对立中，肉与身体总是受到贬抑的一元。我们何尝有这样的勇气，像阿多尼斯承认身体乖戾的欲望："为什么，我们不把身体献给它乖戾的欲念，无论它被人怎样摹描？"而是把精神看作至高无上的追求。故而，在过去，这造成了一些文学家和艺术家的思想与行动分裂的状态。这种状态又被现代人诉说他们是多么虚伪。例如英国历史学家保罗·约翰逊（Paul Johnson）在《知识分子》里对卢梭（Rousseau）、雪莱（Shelley）、海明威（Hemingway）、托尔斯泰（Толстой）等人的谴责。

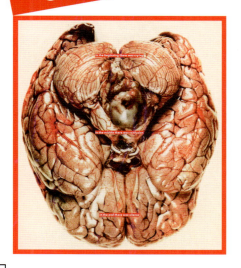

THINKING OF ~~YOU~~

I MEAN ~~ME~~

I MEAN YOU

Untitled (Brain)

人如何在没有上帝的宇宙中肯定自己如尘埃一样的位置？这也许是20世纪延续到今天的唯一问题。什么是最好的自己救赎自己的方式？我宣称我是信仰艺术与自然的，我曾经在黑板上写下一句话：自然和艺术适合于接纳被放逐的灵魂。就如同阿多尼斯一样，认为审美意义上的上帝是存在的，值得人们去认识、发现，最后将之作为自己的信仰：什么是美？一种形式，你在它后面会发现奥秘，有时还会发现上帝。

在热闹处孤悬自己。如果自觉，"孤独"就成了"独立"的同义词。因此我需要超越细节抵达整体，同时揭示有形与无形的事物。《我的城邦》以"我"的叙述方式出现或许是笨拙的。自己应当隐藏在后面。《假装》：

有时，我们要假装醉了
跌撞撞地行走在暗夜街上
然后大喊，打滚
忘记灵魂的存在，或者假装遗忘
做一个任性的孩子
让暧昧的词语充满酒香
让眼神充满未曾有过的柔情
假装拍拍酒神的肩膀
谢谢他此刻的善良

曾经预言上帝死了的尼采喃喃自语："我衡量最伟大的公式是热爱命运：你们不要想变更什么，……"说完之后，尼采陷入一阵沉思之中，半晌他抬起头来，用苍白的手梳理了一下上唇浓密的胡子，继续强调："我的公式就是热爱命运。"

是什么样的命运值得被如此地热爱？以"永恒轮回"的思想代替宗教，可以救赎一个孤寂的灵魂？在西尔瓦伯拉纳湖边的一块岩石边，尼采望着湖上倒映着金光闪闪的夕阳，突然意识到：在许多无法预料、浩渺而又有限制的日子里，一个在各个方面都与我相似的、事实上就是我自己的人，坐在这块岩石下，将在同一个地方重新发现这同一种思想。这种突如其来的念头实际上还是对生命无限的留恋而产生的幻想，但是这种幻想我自己何尝就没有过？湖上的风大了起来，吹拂着尼采的乱发，轮回似乎为尼采找到了信仰的支撑点。是的，"超人是大地的意义"。

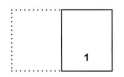

1 蒙克 《生命之舞》 1899

当蓝色天空中的天堂不再存在，我们只有俯首凝视大地，我们因为凝视大地，而找到了安泰俄斯获得力量的源泉。的确，大地是坚实温暖的，保持与大地母亲盖亚的接触，就是不可战胜的。道德学家告诉人们：理性＝德性＝幸福，可是尼采说："道德使人愚昧。道德成了创造更新更好习俗的绊脚石：道德愚民。"而"生命就是权力意志，价值重估就是要否定一切使人软弱、使人衰竭的东西，肯定一切使人强壮、使人积蓄力量、为力感辩护的东西。"尼采说到这里的时候，天空突然变暗了，大风呼啸着敲击着窗户的玻璃，黑暗中尼采的胡子似乎更长了，茂密地遮住了嘴唇。这个时候的尼采，似乎是坚强而又伤感的。人们是懒于思考的，而惯于接受一种习惯的结论。可是尼采的话喃喃地从胡子里流露出来："数不清的习俗规定都是人们根据某些非常事件在匆忙之间做出的，……对于已经变化的经验，习俗往往是一种压抑的力量，尔后竟然变成了不可触犯的金科玉律！"尼采肯定地说："认为一件事是坏的就是使它成为坏的。"这话真是发人深省。因为我们太容易定义一件事情的好坏。

云彩落在地上的时候，尼采沉吟着："如果一个日暮途穷和疲惫不堪的人回首他的盛年和一生的工作，他一般总会得出一个令人忧郁的结论。"当我们忙于工作时，或者当我们忙于欢乐时，我们一般很少有时间端详生活和人生；但是，如果我们确实需要对生活和人生做出判断，我们不应该像上面说的那个人一样，一直等到第七天安息日才肯去发现人生的异常之美。

可是，得病的尼采是那么柔弱，抱着一匹被虐待的马痛哭到昏厥的尼采，你是否感受到一种煎熬生活的鞭挞？病重的你依偎在母亲的怀里，就像一个受了委屈的孩子，母亲的面颊贴在你的头顶，感受着你内心激情的消退。这一份爱怜，如同米开朗基罗的《圣母怜子》。你说：回归大地，也就是回归我们的肉体，可是，这一躯肉体对于你而言，已经成为累赘，或者说，你的强劲的思想，终于要抛弃这赢弱的躯壳。而你，尼采，你的所有的想象和理想，都已经在查拉图斯特拉身上呈现出来。

1889年1月，尼采彻底疯了；1890年7月，凡·高在阿尔的麦田里对自己开了一枪。这一个巧合让我沉思。此刻是一个安静的夜晚，在角落黑暗的虚无处，我看到了尼采悄悄地说：一个偶然性的世界上，恐怖、朦胧、诱惑都属于本质的东西。这三者我在挪威画家蒙克的绘画里都见到过。说起来蒙克一度害怕自己成为疯子，他深信疯狂源于家庭。1906年起，蒙克多次因精神疾病进入精神病院治疗。

蒙克说，照相机终究不及画笔和颜料——它无法展现天堂或地狱。这的确是对的，因为人世间处于二者之间，而身处二者之间的蒙克迷恋着天堂与地狱的表达。记录现实的照片，自然不能满足这一点。可是，现在照片却成为许多画家的参照，并且照片极大地影响了肉眼的观看和技术的表达。在没有相机之前，人们的眼睛趋向于整体适度的细致观看，这观看因此也趋向于美化，而当代，照片像素的日趋精致，将事物无数的细节尽情放大，使人们看到了肉眼观察真实事物所看不到的精微之处，这精微的强调，体现在超写实的毛孔和皱褶、血管和瘢痕，人的皮肤不再是光滑优美的，而是充满了千疮百孔般的内容，与人们日常生活敷面膜的保养行为恰恰相反。被画家孜孜以求的这些东西，成为艺术审美的新风向，影响着写实艺术的整体外观。作为一个读图的时代，摄影作为泛滥的图像，前所未有地影响了我们对世界的认识。世俗的世界变得如此贴近，我们离天堂更远了，我们离地狱更近了。

可是，在摄影刚刚开始出现十余年的初期，蒙克也利用了摄影，但是又和摄影保持了恰当的距离。"完全如实地复制所有线条，最精确地记录每一处细节"，这些摄影的优点，在蒙克的绘画里则被完全回避。蒙克的《呐喊》是宏观的，你几乎无法辨识呐喊者的模样，因为它几近骷髅的形状，两个手掌也不大具体，整个人就像是一个符号一样，从一个人的描写中摆脱出来，而成为人类的象征。而象征主义宣言发表的时候，正是蒙克画《生病的孩子》的时候，病中的孩子，描绘的是蒙克的姐姐，也可以看作是一个象征的形象。我对这个侧面形象的脸部轮廓有着深刻的印象，以至于我在日内瓦街头坐电车的时候，偶然看到一个女孩儿，像极了蒙克描绘的女孩儿脸部轮廓，侧面映衬在电车的玻璃窗上。我曾经大为震动，将这个经历写成了一篇文章。而挪威现实主义画家克罗格（Krohg）所描绘的《病中的女孩》，却是一个写实主义的具体形象。在蒙克绘画里，语言和造型所表达出的强烈气氛和情感，在克罗格的绘画里则全然没有。

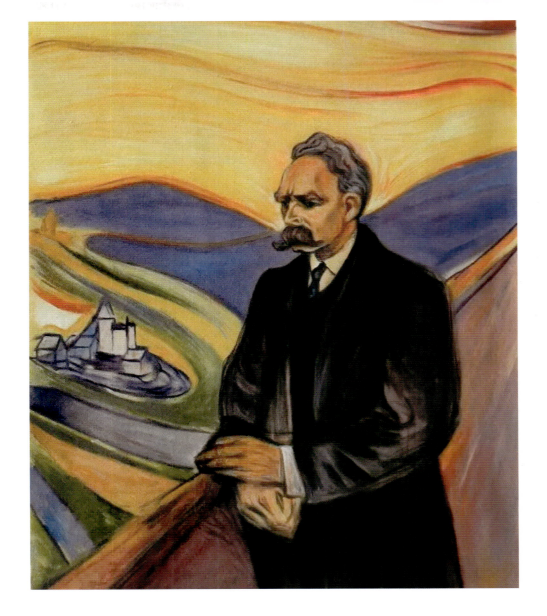

1　尼采
2　蒙克　《弗里德里希·尼采》　1906

我在奥斯陆参观蒙克美术馆的时候，最强烈的感觉就是蒙克的气质实际上是不适合老老实实的写实塑造的，很多绘画好像都没有画完，给予印象的激情促使蒙克挥动着画笔，当情绪消失之后，蒙克从不勉强自己深入加工绘画，使其得到一种表面的完整。因为新的情绪很可能毁掉一幅好的作品。但是对某些画面，蒙克又会把画刮掉重新画上，《生病的孩子》即是如此。这仍然意味着，对于现实和历史，在记录性的照片面前，回忆、记忆和印象，乃至于最深刻的感受，对于艺术来说才是最至关重要的。因为它带上了主观的情感，比现实更有生动的活力。而更为有趣的是，蒙克自认为对自然感受性的表现，实际上是通灵的结果，就是他捕捉到了"自然的精华——自然的平方根"。人不应该去画事物的样子，而应该去画他所看到的事物。心理因素不同，看到的就不一样，而不是像印象派那样，由于光不同，看到的色彩不同。在蒙克这里，他想要表现的不是自然的视觉印象，而是对自然的心理印象——通灵的印象。情感是主要的，自然只是工具。就如同蒙克自己所说：艺术是你的生命鲜血。在蒙克的绘画里有一种非理性的活力令人动容。

西班牙作家乌纳穆诺（Unamuno）从尼采等人那里积聚了非理性的活力，认为活力论的所有价值观念都是非理性的，而所有理性的东西都是违背生活的。这真是振聋发聩。我曾经感觉到生物学的分析可以进入现代主义文化和人的分析之中，尤其是对人的各种情感表现。事实上也是如此，在当代，当人抛弃了"神性"之后，人的生物性就日益明显起来。许多生物科学家从生物角度分析人的社会行为，因此生物学和社会学发生了紧密联系。其中的一些分析听起来非常具有说服力，可是乌纳穆诺则是坚决反对这种现代主义的生物学价值观。

乌纳穆诺认为：人永远在抗拒自己作为生命有限的动物之本性。基督教不过使这种悲剧性反抗最好地理想化了，因为它创造了"上帝"这个概念，这样说，"上帝"这个概念是人类创造最好的概念艺术之一。释迦牟尼也是其中之一。但是我更感兴趣的是乌纳穆诺的"痛苦主义"：极度的痛苦是最真实的宗教感情。信仰总是在同死亡的现实作悲剧性的搏斗。这种痛苦甚至是甜甜的，摇摆不定的自我拯救的状态。

世界与自我相分离，物体之间毫无关系，但是我喜欢把它们并列在一起，从中发现可能的意义。意义和联系总是存在于大脑之中，而不是现实的事物中。漂泊、移动、沉没、置换，词汇变成心理状态的间接写照，这或许才是传达的本意吧。诗人奥登（Auden）说过，艺术是"逃避的艺术，因为人需要逃避就像需要食物和深沉的睡眠一样，寓言的艺术，它将教诲人们如何抛弃仇恨，学会相爱"。如果把话语中的艺术改变成宗教，恐怕也是很准确的。从这一点上说，艺术也等同于宗教的作用。

但是观看英国画家培根（Bacon）的画，可能又会得出相反的结论。他笔下的人物或坐或卧于只用交叉线显示出来的空格中，或是在一个空洞的房间里，室内只有一两件表示特征的物件——一个没有罩子的灯泡，一张转椅，或酒吧间的高脚凳，一些烟头，一副窗帘，一只洗衣盆或其他盥洗用具。画面里的人是离群索居的，孤寂到背景上没有任何和睦亲切的东西。于是观者进入毫无拯救的颓丧气氛里。

我最近在写一部教材中提到了培根，培根曾经做过家具和织物设计。镜子通常置放在窄小的房间中，以错觉产生扩大空间的感觉，实际上摸上去却是光滑和平面的感觉，虽然，我们以为是抚摸在镜子中自己的脸上。培根的画里没有镜子，杜绝了空间就产生了幽闭的感觉，因此鬼魅一样的人物就大声嚎叫起来。嚎叫声在房间里不断地回荡，显示出一切宿命的原点；人是不可抗拒的命运的牺牲品。或者我们原可以将培根的画看作是一面镜子，里面照出了我们自己的本质。

德国哲学家阿多诺深刻而精彩地论述了现代艺术的审美特征：①非实在性和异在性；②超前性；③否定性；④非模仿性和非反映性；⑤精神化和无概念性；⑥不确定性和难解性。阿多诺极为强调艺术的批判性中所蕴含的救赎功能。他认为现代工业社会人性分裂、人格丧失，裂成碎片的现实只有通过艺术这种精神补偿才能得以拯救。艺术能把人们在现实中所丧失的理想和梦幻及所异化的人性，重新展现在人们面前，"艺术就是对被挤掉了的幸福的展示"。阿多诺强调，"只有一种方式美学在今天有望理解艺术，即批判性的自我反思"。

可见，艺术的重要是毋庸置疑的，它简直就是精神的庇护所……此时灵魂在无为和虚无状态中突然想起一句诗：

我想我会用不得见，
诗如树那样地可爱。

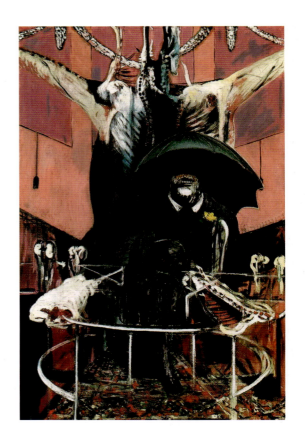

1 培根 《绘画》 1946

▶ 我仍对真善美深怀乡愁

博士课程的第一天，在讲述课程理念时，我从时代的变化谈到巫性、神性、人性，再到现在的物性，而设计以生产物、消费物为目的，人在用物满足欲望的同时也在坠入物的深渊。其中，我依然从生存的需要到精神自我的需要阐释人活着的阶段性，以人性的沉沦和陷溺为出发点，着眼于生命的赎救。如今，这种救赎依靠宗教是不可能了，也无法像尼采那样寄希望于人类自我的救赎。从本质上而言，现实生命是昏暗的、沉溺的，需要净化和提升。所以我又一次提到老子的道。这个道，非常道，也不是孔子眼里的道。孔子所谓的道，已不指外在超越的天道，主要意味着人格内蕴的德性。

我从古典油画里的一张张肖像讲起，讲到伦勃朗系列的时候就情难自已地慷慨激昂起来。从人脸看人类的自我认识，认识你自己并不是一件容易的事，但是值得努力去探索。所以，古希腊神庙才会将这句话铭刻于上。这一种自省的忧患意识古已有之，却渐渐被及时行乐的世俗生命哲学所替代，及时行乐是最物性的生活，却也是最容易选择的方式。死让生变成了狂欢，皆是因为死的可怕，死已渐渐转化成为本能的"幽暗意识"，并和人性中阴暗的东西结合在一起，让人们放纵自己的欲望，从而放弃了人类天性中最可贵的东西，那就是真的、善的和美的。最好的艺术必然是真的，因此，即使表现幽暗的、丑陋的艺术作品仍然可以感动观众，就在于真。

两千多年前庄子就在《天下篇》中提出，"判天地之美，析万物之理"，也就是把"判美"与"析理"看作人们认识世界相连的两个方面。科学求真，艺术求美。实用的态度以善为最高目的，科学的态度以真为最高目的，美感的态度以美为最高目的。真与善是两个不同的范畴，但是如果善失去了真的基础，所谓的善就值得怀疑，或者也难以为继。反过来，真也需要善来支撑，使得真可以长久留存，并使得真具有社会的文明特征。

在当代，艺术以设计的方式进入生活，美是功能与形式的和谐共存。实用的设计必须是善的，在这个方面，人类有很多的经验可被总结。善的设计也带来生活的理想，带来对欲望的克制和对物的珍惜。惜物并不仅仅是因为资源的匮乏，而在于人与物的长期相处所建立的情感关系。物承载了人的经历和记忆，"人之所以异于禽兽者几希"，这样的感慨让我们思考成德之难。人才会有思考，产生一套对物的理念和文化，这自然也包括了设计物这些有形的文化，唯有善，才会让我们感觉到一种伦理的成德的美。而教育的作用之一，就是使人趋善。且如水向下一样自然，而水，又是最具有善的性格，上善若水。这一点，仍然反映出人对自然的崇尚，以自然规律自然物为道德善美的象征。

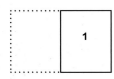

1 蒙克 《太阳》 1909

而社会美表现为美与善的统一，重在内容，与社会功利性密切相关。人们认为合目的性就是善，合目的性就是指合乎人类实践的目的和想达到的要求，对人有利、有益、有用。在过去，这一切实用是带有约束的，却曾经被用来满足人们无有穷尽的欲望。在当今，人与自然和谐共处的理想内核让人的社会行为具有了基础。虽然社会美不同于善，但与善有着密切的联系。善直接与功利目的相联系，集中表现为人的利益需要；社会美以善为前提，但功利的直接性已消融在感性的形式中，是对人在社会实践表现的对人类有益的品德、智慧、性格、才能等的形象体现。因此，社会美是形式与内容的统一，但重在内容。自然美虽然也是内容与形式的统一，但自然美重在形式，自然美的内容与善的联系是间接的，有时与自然事物的功利性是不一致的。

崇高的东西能够满足人们的一种审美欲求，但是人们更怀着浓郁的兴趣追逐平凡生活的情趣之美。崇高因为太远离人的基本能力，需要修为和努力追求，所以显得更加阳春白雪，而下里巴人的世俗生活之美就在我们身边，更容易被我们捕捉和接受。尼采认为："没有什么美，就像没有什么善和真。"因为人把自己映照在事物里，他又把一切反映他的形象的事物认作美的。尼采把追求完美的世界视为审美的最终目的，而实现这个目的的最初的原动力是性冲动，但是我的理解是，追求完美的世界视为审美的最终目的，是人类人性中最好的品质，正是基于这一点，人类与动物逐渐拉开距离，积累了自己的文化与文明。

每一种理智和理性的思想都需要被看作是历史以及文化背景中的一部分，而不是某种永恒的柏拉图式的理想王国，不断变化的社会性质也给理佐提供了沉思和超然认识的新可能。德国当代哲学家阿诺德·盖伦（Arnold Gehlen）的《技术时代的人类心灵》，正是从人的基本生物学特性入手，为人类的心灵把脉问断。正如人类自身既具有自然属性又具有社会属性一样，人类精神同时也包括了科学精神和人文精神。二者相互依存并相互补充，构成人类认识和改造世界的两种基本方法。也许，只有当让灵魂赶上技术的脚步，让科学精神和人文精神互相融合，才能实现海德格尔所期望的那样：实现人类与世界之间的"诗意地栖居"。

康德有一句名言："有两样东西，我们越经常越持久地加以思索，它们就越使心灵充满与日俱增的敬畏和景仰：这就是我们头顶的星空和心中的道德法则。"在没落乱世的时候，人们更容易接受崇高向往崇高，或是因为崇高的修为，可以净化灵魂，忘记现实生活的痛苦；而在和平的盛世，人们会忘却崇高的精神自赎，而被眼前的具体的美所吸引。

正如法国哲学家德勒兹（Deleuze）所说，艺术、哲学、宗教和科学是人类进行超越活动的四个重要途径，艺术是人类超越自我和超越世界的重要手段，艺术家通过表达崇高的美来超越现实世界。来自伟大的心灵，"崇高是灵魂伟大的反映"，是自然中所没有的。没有人，自然无所谓崇高和卑下。庞大的城市是一个巨大的耗场域，充满躁动、趋疲、消耗和离散，暗藏着游走、逃避和无奈，独独缺乏理想和救赎。这斑驳的、喧嚣的、充满欲望但又被动的生活，其中展现的人性在哪里？如何得以升华为抽象的理念？如何使无奈的人生变成明澈的智力游戏？如何在精神的熔炉中加以锻炼，使得理念非物质化，将与生俱来的焦虑烟消云散？一切救赎的期望都在这里。人要为清澈接受洗礼，人要对自己的生活寻找理由，人要为人生寻求意义。

人应该像水晶一样透明，但是水晶折射着思想的光彩，意识在叙述中得到梳理，自我在审视中得到净化，一切艺术不妨看作一种自我的倾诉和洗礼，让眼神对着眼光，让倾诉接受倾听，让艺术净化心灵。一种眺望山峰的快乐，一种俯视人间的平静，于是你会不由自主地倾诉出来。在这秋水里泛出兰波的诗歌：

在森林的幽暗边缘，
梦中的鲜花时而凋零，时而绽放，
那有着橙色双唇的少女，
双膝划过田野里涌出的清澈水光，
赤裸的身影，流水的乌发，
随彩虹、植物、大海微微地荡漾，
思想披上它们绚丽的衣裳。

1 米勒 《拾穗》 1857

▶ 新冠病毒中的艺术名画

2020年伊始，突如其来的COVID-19新冠病毒暴发，而且是历来病毒中最诡异的，传染初期没有明显症状，但却具有极大的传播能力，因此病毒迅速在全球扩散开来。当国内情况开始好转，国外又迅速蔓延到上百个国家，世界陷入一场人类危机。世界卫生组织（WHO）以及一些欧美国家在新冠疫情暴发初期，一直对普通民众是否应该使用口罩抗疫存怀疑态度，不建议医护人员等高危人士以外的普通人戴口罩，认为目前没有充足证据显示全民戴口罩对社区防疫有用，这和亚洲国家形成强烈对比。

有关口罩本身的讨论，演变成涉及个人在社会中的角色的更大讨论，将西方的个人主义与亚洲的集体主义对立起来，关于口罩的辩论还聚焦在西方和亚洲之间的文化鸿沟上。但是即使是西方国家之间，也出现了尖锐的分歧，直到3月越来越多人感染，各国政府才呼吁让人们戴口罩防护。随着疫情蔓延，全球多国都出现口罩抢购潮，口罩一时成了稀缺品，在一些国家成了禁运品或限运品。英国人曾坚持不戴口罩，结果英国王储、首相和卫生大臣相继确诊为新冠肺炎。许多名人、明星、政客、高官也未能幸免。

病毒传染持续之久、面积之大前所未有，大国更是首当其冲。在疫情日趋严重的4月，美国疾病控制中心（CDC）开始建议人们在公共场所戴口罩或者遮盖面部，以帮助防止病毒扩散，而时任美国总统特朗普（Trump）则向媒体表示，他不会遵从这一做法。甚至，戴口罩成了美国党派之争的标志。皮尤研究中心6月调查发现，共和党人自称上个月大多数时间戴口罩的比例是49%，民主党人是83%。疫情日益严重，戴口罩也由建议逐渐改为强制，由此造成一些动乱。特朗普则在7月初改口表示，自己现在"完全支持戴口罩"，并说口罩令他看起来像一个"独行侠"。

特朗普在7月11日访问沃尔特里德军事医院时公开戴上了黑色口罩，有人评论说：蠢人最后做了有智慧的人一开始就在做的事。美国亚利桑那州立大学科学家的一项研究显示，即使口罩的效果一般，只要有80%的人戴，那么两个月之内纽约的死亡率能减少17%~45%。如果口罩效果只有20%，只要有足够多的人戴，纽约的死亡率能减少2%~9%。截至7月15日，美国共有3431574宗确诊新冠病例，136466人死亡。截至7月15日19：02，中国国内累计死亡4649人，累计确诊85696人。海外累计死亡576491人，累计确诊13390456人。而这个数据每时每刻都在发生变化。

当代艺术家总是对社会事件做出敏锐的反应。加拿大女艺术家吉纳维夫·布莱斯（Genevieve Blais）则是将古典名画的人物利用数字技术加上了口罩，名之为《新冠病毒时代的艺术史》。家喻户晓的名画人物戴上了口罩，便具有了另外的意义。家喻户晓的《蒙娜丽莎》被戴上了口罩，遮掩了她那著名的微笑，因此看上去也平庸了。著名的肖像多是全凭一张脸，被遮蔽了脸的主角因此丧失了"灵晕"。怪不得如今大牌明星的出行，都要用口罩来遮掩面孔，防止狗仔们的偷拍，或者也是借着所谓的掩饰来突出自己。

美国波普艺术家沃霍尔的《伊丽莎白女王》也戴上了口罩，不知道查尔斯王子戴不戴口罩。疫情中连查尔斯王子也感染了，在巨大的宫殿阳台上，孤独地和一大家子保持社交距离。而女王伊丽莎白二世发表在位68年以来第5次电视特别演讲，鼓舞民众自律坚定地战胜疫情。在这场瘟疫中无论贫富贵贱都无法彻底免疫，《戴珍珠项链的女孩》以黑暗为背景，衬托着侧身回眸的情貌，欲言又止、似笑还嗔地转头一看，唯《蒙娜丽莎》的微笑可与之媲美，如今可以被称作戴口罩的蓝头巾女孩，看上去似乎是隔离在家又似乎是未穿防护制服的护士，这时候女孩黑黑的眼珠里，似乎失去了微笑的感觉，透露出一丝哀伤的神情。

加上口罩后没有什么违和感的还包括另一个文艺复兴大师米开朗基罗的《圣母怜子》，这是米开朗基罗最著名的雕塑作品之一，也是米开朗基罗唯一一件有签名的作品，创作这件作品时米开朗基罗才23岁。我曾在梵蒂冈的更衣室里参观过这座雕塑。现在戴着口罩的圣母身上躺着仿佛因感染病毒死去的基督，手势里流露出难以言说的悲伤。口罩的材质颜色和雕塑很接近，天衣无缝地结合在一起。米开朗基罗的西斯廷小教堂天顶画里的《创造亚当》一景里，上帝与亚当互相向对方伸出手臂，生命之火从上帝右手的指头传递给亚当，这情节也许是来自中世纪圣诗《轻叩心扉之门》。现在在这幅画面中，只有赤身裸体的亚当戴着口罩，而上帝和一众天使则没有戴，这表明上帝一群是免疫的，亚当作为人类似乎就显得脆弱了。上帝伸出的那一根手指，是要表达他肯于拯救人类的勇气，还是传达出一种片刻的犹豫？最终上帝的手指和亚当的手指保持了若即若离的距离，虽然这距离远未达到隔离病毒的"社交距离"。

就如同亚当戴上了口罩一样，象征性人物戴上了口罩，便有了象征的语境和指向。挪威表现主义画家蒙克喜欢表现忧郁与焦虑，而《呐喊》系列则以强烈的"存在性焦虑"压倒了早先那"儒雅的忧郁"。蒙克在1892年1月22日的日记中记录了《呐喊》的灵感来源："我跟两个朋友一起迎着落日散步，我感受到一阵忧郁，突然间，天空变得血红。我停下脚步，靠着栏杆，累得要死，感觉火红的天空像鲜血一样挂在上面，刺向蓝黑色的峡湾和城市，我的朋友继续前进，我则站在那里焦虑得发抖，我感觉到大自然那激烈而又无尽的呐喊。"如今，《呐喊》也戴上口罩了，从口罩里发出的呐喊依旧惊天动地，仿佛疫情是一个巨大的恐惧，让人类恐怖得不由自主地大喊起来。虽然，在隔离的时候人们远离了自然，只能对着自家的窗口或者在阳台上歇斯底里地喊叫。《呐喊》的姿态与情景吻合了非常时期人们的普遍心态，这从当时全球范围内从国家领导人到普通民众的手足无措中可以看出来。在疫情巨大压力的当下，这特别具有象征性的《呐喊》便被赋予了相当具体的意义和联想。

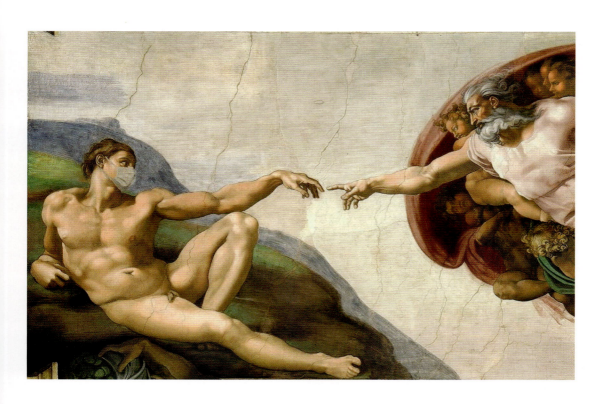

女神当然也是需要防疫的，所以，自由女神也戴上了口罩。法国浪漫主义画家德拉克洛瓦（Delacroix）的《自由领导人民》是纪念法国七月革命而作，当时的法国民众以暴力抗争的方式反对查理十世的统治。这张画最早在1831年的巴黎沙龙上展出，而后被巴黎卢浮宫收藏至今，曾经出现在法国政府1980年推出的邮票上，也曾经被印在1983年版的100法郎钞票上。在被PS的作品中，自由女神是唯一的戴口罩者，右手上扬，挥动着象征革命的红白蓝三色旗，周围持枪者都没有戴，躺在女神脚下的尸体好像是疫情中倒地的身亡者。自由女神正跨过这些尸体，向前迈去，这也会形成一种意味深长的解读。或许，我们可以把这种冲锋看作对病毒的宣战，可是，当时的起义持续了三日（1830年7月27—29日），而此次疫情影响的时间之长难以估量。相形之下显得有点悲壮了。据说自由女神右侧头戴黑色卷边圆礼帽的男子，身穿白色衬衫与扣紧的黑色夹克，双手握着一把长火枪，这男子就是德拉克洛瓦本人。画家把自己画入了这一场革命中。而此次全球范围的疫情，让绝大多数人都难以置身其外。

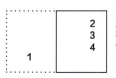

1 吉纳维夫·布莱斯 《创造亚当》 2020
2 吉纳维夫·布莱斯 《圣母怜子》 2020
3 吉纳维夫·布莱斯 《呐喊》 2020
4 吉纳维夫·布莱斯 《自由领导人民》 2020

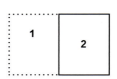

1 周至禹 《涤城》 2021
2 吉纳维夫·布莱斯 《夜游者》 2020

让描写孤独与疏离的绘画人物戴上口罩，最容易还原一种现场性。美国现实主义画家霍珀（Hopper）就喜欢描绘空旷冷寂的城镇、街景、住宅、旅馆、加油站，置身其间却孑然独处的男女，笼罩在强烈的光影明暗之中，现代人生活的孤寂和疏离溢出画外，给人以不尽的"伤感"。这种描写现代生活景观的绘画，突然在疫情下具有了当下的意味。他的《夜游者》里的人物也被戴上口罩，寂寞而又间隔相坐的人，仿佛是因为保持安全的社交距离而显得有些寂寞，置入现实，这疏离就显得无比真实而自然了。可是艺术家只是让一对情侣戴上了口罩，而没有让柜台里的服务员戴上口罩。或许，那便是一个大胆无畏的服务者？就好像隔离期间我在日内瓦当地超市里看到的收银员，也是没有戴口罩。背着在角落里低头看着什么的顾客，似乎也没有戴口罩的迹象。但是大家都沉默着，陷入一种极致的孤独中。

大凡表现寂寞和沉静的绘画，里面的人物也适合于戴着口罩，如美国画家惠斯勒（Whistler）的《画家母亲肖像》。惠斯勒特别钟情于黑灰的色调，浅灰色的墙面，结合灰绿色的地面，衬托出前面一袭黑衣的老太太，黑色大袍子占据了画面，最左边是大片的缀花黑色布幔。墙上的黑色高踢脚线与右边延伸到地面的浅黑色椅子腿相联系，墙面的黑色画框又平衡了画面。最终画中人也因此几乎成为美国母亲的象征。现在母亲侧坐着，戴着白色的口罩望着前方——也就是画面的左边，放在黑色长袍上的手里拿着白色的丝巾，画中的母亲给人已得病的感觉，因此被居家单独隔离了，黑灰色这时候形成的寂静是绝对的，仿佛地上掉下一个病毒都可以听到。这幅画的象征意味在今天美国新冠病毒严重扩散的局面前，突然有了更深的琢磨之处。

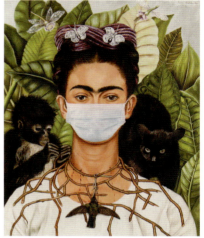

```
      ┌───────────┐
  ┌ ┄ ┄│  2    3   │
  ┆    │      4    │
  ┆ 1  │           │
  └ ┄ ┄└───────────┘
```

1 吉纳维夫·布莱斯　《画家母亲的肖像》　2020
2 吉纳维夫·布莱斯　《自画像，绝望的男人》　2020
3 吉纳维夫·布莱斯　《自画像》　2020
4 吉纳维夫·布莱斯　《带着荆棘项链与蜂鸟的自画像》　2020

法国现实主义画家库尔贝（Courbet）的《自画像，绝望的男人》借自画像画了一个绝望中的人，现在戴着N95白色医护口罩，就像是忙碌在抗疫一线的医生，可是除了口罩之外，显然没有穿防护服，这便让画中的人物抓狂了，睁大眼睛瞪着，两只青筋暴凸的手伸起来抓乱了自己浓密的头发。可是也有人解读说，"这不是真正的恐惧，而是高度的自信和亢奋"。在凡·高的《自画像》里，凡·高自己也戴上了口罩，这完全是高度自律防止传染他人的做法，面色绿黄的凡·高，像是已经到了病情的中期，连口罩也抑制不住病毒脱口而出的喷嚏，于是周围的空气里充满了病毒，在旋转飞扬中扩散开来。皱着眉头的凡·高，也厌生般地看着这个混乱不堪的世界。墨西哥传奇女画家弗里达·卡罗有着修长的手指，几乎连在一起的两条标志性浓眉，以及她在自画像中突出强调的充满男性气息的"胡须"。在改编的《带着荆棘项链与蜂鸟的自画像》里，口罩似乎在画中人的呼吸下轻轻起伏。女画家绽放着连字眉，瞪着无言的眼睛，背后有绿色植物为背景的猴子和野猫，这次疫情在寻找寄生物的时候怀疑到蝙蝠和穿山甲。有些地方的人是习惯于吃各种野生动物的，这种恶习有必要去除，人应当对自然有敬畏，对其他的生物和谐相待。否则，人做的孽就像是女画家身上的刺藤条，反过来会惩罚人类自己。

1 吉纳维夫·布莱斯 《拿破仑穿越阿尔卑斯山》 2020
2 吉纳维夫·布莱斯 《阿尔诺芬尼夫妇像》 2020

同样，在文艺复兴时期尼德兰画家扬·凡·艾克（Jan Van Eyck）著名的《阿尔诺芬尼夫妇像》中，面无表情的新人都戴着口罩，站在隔离的房间中，新郎举起右手，宣誓矢志不渝的爱情和家庭责任，新娘把右手放入新郎的左手，手心向上，宣誓做丈夫永远忠诚的伴侣。室内的所有细节，如蜡烛、刷子、扫帚、苹果、念珠以及两人之间的小狗，都带有一定的象征性，提示着对婚姻幸福的联想，地上却是脱下的六鞋。这一次疫情给家庭与夫妻关系带来的影响难以估计，有的人说因为居家增进了夫妻的感情，有的人说还未解封民政局便预约了数目众多的离婚申请。在隔离中，即使是一家人也要相互防范传染，一切不正常的在这个时候正常起来，一切正常的在这个时候又显得分外不正常，疫情岂止是改变了家庭，也在改变着世界格局，包括从社会政治到经济盛衰，从国家关系到个人关系，甚至也影响了对全球化本身的认知。

在疫情早期，一些国家的领导人也拒绝戴口罩，通过这种方式表现自信与亲民，可是病毒大大超越了人们的想象，以不可思议的方式传播蔓延，感染了一些国家的政府首脑和重要官员，皇室贵族和各类明星也无可避免。在法国新古典派宫廷画家雅克-路易·大卫（Jacques-Louis David）的《拿破仑穿越阿尔卑斯山》的肖像画中，潇洒倜傥的拿破仑（Napoléon）戴着口罩骑在马上，蓝色的口罩与红色的披风形成鲜明的对比，也因此非常地醒目。拿破仑右手指着前上方，好像在朝着自己的将领们说，那边是病毒的原发地，让我们去寻找躲在那边的0号病人。在他的指引下士兵们翻山越岭地在行进。而大卫另一张《马拉之死》描绘的是法国革命家、记者让-保尔·马拉（Jean-Paul Marat）被夏洛蒂·科黛（Charlotte Corday）刺杀在浴缸之中的场景。木浴桶里的马拉戴着白色口罩侧躺着，胸上的刀口流着血，这很像是患病者被刺杀。古代在瘟疫流行的时候，患病者常常被人们因恐惧而隔离或刺杀。在这一次疫情中，在某国也有患者病愈后死在了不明原因的他杀中，最后的调查也不了了之，因此这戴着口罩的马拉确乎具有一种寓言性。

具有保暖、面具、防护等属性的口罩，在疫情暴发后似乎与人类的面孔合为一体，成为未来识别21世纪人类的一种标记，也可以被视作一种面具和牢笼，阻隔着亲密与言说，这便给艺术提供了某种应许之地，或许口罩艺术化的应用也是一种应时短暂的言说。"我们都可以用微笑来代替最近的事件，所以我决定更新2020年的艺术史。"给名画人物戴上口罩的吉纳维夫·布莱斯这样说。吉纳维夫·布莱斯重新构思了著名的画作，看看它们如果在病毒危机期间重新呈现会是什么样子。对名画的利用，并不会影响名画的历史地位，而是借助它的影响传播新的理念，引发更多的思考，通过这种挪用制造新的阐释，这也是当代艺术的一种方式。

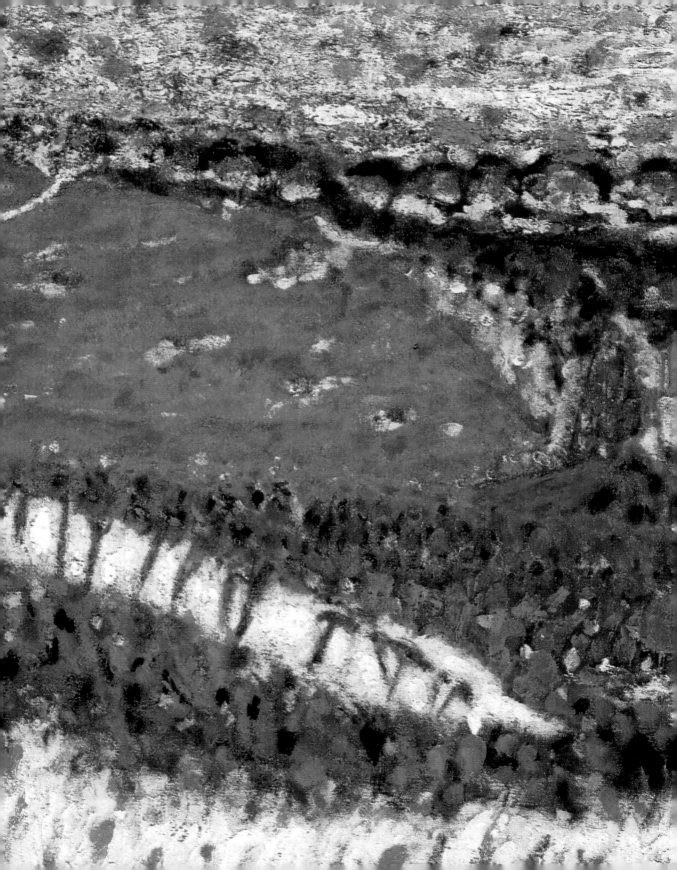

第 2 章

神对与凝想：
悠思西方的艺术大师

达・芬奇的《蒙娜丽莎》是出了名的，它使蒙娜丽莎成为广为人知的女人。记得20世纪80年代初，《蒙娜丽莎》随法国19世纪古典油画在北京展览馆展出，参观者人潮汹涌，聚集在画前。瘦弱如我，就只能在外围远瞄一眼——而这只是等大的油画复制品。当时原作根本不可能来，因为没有合格的展览条件，也交不起巨额的保险金。就算满足了这些条件，现在的《蒙娜丽莎》也不会轻易就出家门，她已经被金屋藏娇、宝存高阁——卢浮宫了。1963年，美国大都会美术馆曾经向法国政府借展过《蒙娜丽莎》，在短短的两个月内，参观的人数就达到1077521人。1974年是《蒙娜丽莎》最后一次出行，先后出访了东京和莫斯科，上百万人排队几小时，只为了看她几秒钟。从此之后，《蒙娜丽莎》再未离开过卢浮宫。

于是，参观卢浮宫、瞻仰《蒙娜丽莎》成为多少人梦寐以求的事。这当然也包括我，虽然也看了太多大大小小的印刷品。1999 年，我在圣诞节前走访巴黎，第一件事便是参观卢浮宫。参观卢浮宫时，一般的游客几乎都首先奔《蒙娜丽莎》而去，工作人员似乎也习惯于对带着各国口音的"蒙娜丽莎"作出反应，这大概是他们听得最多的字眼了。《蒙娜丽莎》陈列在一楼（我们通常所指的二楼）多明尼克・韦冯・德侬馆的中部八区，被厚厚的玻璃所遮挡。不同寻常的厚遇使人们无法像对其他作品那样贴近欣赏《蒙娜丽莎》，而多数人又在拦绳前拍照，以与《蒙娜丽莎》合影为荣。我只能插空在拦绳前探着身子透过玻璃观看——《蒙娜丽莎》的微笑依然那么神秘而朦胧。

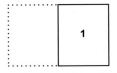

1 达・芬奇　《蒙娜丽莎》　1503

对于这神秘微笑的产生，学者试着讨论为什么不同的人对这个微笑的感觉不同，已经有许多文章反复演绎。16世纪意大利画家和美术史家乔尔乔·瓦萨里（Giorgio Vasari）在《意大利杰出建筑师、画家和雕刻家传》中记载，为了使蒙娜丽莎保持愉快的心情，达·芬奇请人来弹琴、跳舞或亲自讲故事。19 世纪英国评论家华尔特·佩特（Walter Pater）在《文艺复兴史研究》中认为，蒙娜丽莎略带某种邪恶的"深不可测的微笑"，呈现出一种千百年来男人所向往的神采，易引人联想，"这个形象就是他（画家）的情人"。而奥地利心理学家弗洛伊德则在论文中认定，达·芬奇被蒙娜丽莎的微笑所迷惑，唤醒了心灵中沉睡的痛苦——他被遗弃的生母卡特琳娜。当代法国传记作家比埃尔·拉米尔（Pierre Ramière）在《蒙娜丽莎传》中写道，达·芬奇看到蒙娜丽莎的微笑时，就不由自主地想起了养母阿尔别拉，所以才有这恍惚而捉摸不定的微笑，微笑里有着苍茫迷离。近代俄国小说家德米特利·谢尔盖耶维奇·梅列日柯夫斯（Dmitry Sergeyevich Merezhkovsky）曾经在小说里描述过这种神态："……好像被音乐催眠了。在此寂静之中，丽莎夫人以其明亮的眼睛望着列奥纳多——一种离开现实的神态——什么都不关心，除了画家的意志。她含着一种静水般的神秘的微笑，完全透明的，非常深沉的，无论如何都到不了底的那种列奥纳多自己的微笑。"

欧洲文艺复兴时期，宗教题材虽然在绘画里依旧延续，但是没有中世纪的沉重压抑，代之以真与善的理想光辉，同时又融入人性美的因素。因此，在神性的善与慈祥当中有了人间纯净的爱，而又与背景那青山绿水的自然和谐一体，便是天人合一的至高境界了。离开作品产生的时代背景以及作者本人的人品、学识、修养，便不能透彻地理解《蒙娜丽莎》。这是我站在《蒙娜丽莎》前最深切的感受。因为《蒙娜丽莎》不再是一个意大利羊毛商人的女儿，不再是1495 年嫁给佛罗伦萨的贵族弗朗西斯科·戴尔·久贡德（Francesco del Giocondo）的丽莎·格拉蒂尼，而是达·芬奇神性精神与人文主义结合的典范。达·芬奇的造型技巧也在《蒙娜丽莎》中达到了近乎完美的境地，手的造型之美似乎再难以从其他作品上觅到，明暗的处理也使观赏者沉迷于脸部与手部。至于山水的描绘，细部的精致刻画，可以从相近时期的达·芬奇的其他作品去分析，例如略晚几年的《圣母、圣婴及圣安娜》，山水背景的处理同《蒙娜丽莎》颇为相似。

由此，我生发出看作品必须看原作的感慨。通常的印刷品难以传达精妙的细部和准确的色彩关系。我始终觉得原作比我印象中的《蒙娜丽莎》要绿，显然我所看过的太多的印刷品色调一般都偏褐黄——比如手头的卢浮宫《导览》所刊登的《蒙娜丽莎》。达·芬奇善用稀薄的油调色彩，多遍描绘，层层透叠的结果造成丰富的肌理色彩，当然是印刷品所难以传达的。话又说回来，印刷品将《蒙娜丽莎》头部上方一条竖的裂纹用比背景偏绿的色彩补涂的痕迹反映出来，则是我在原作上没有注意到的。

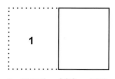

1 周至禹 《窥》 1996

1981年卢浮宫参观人数有250万人次，而2018年达到1020万人次，2019年卢浮宫入馆人数略降，达960万人次，卢浮宫声称是为了让观众有良好的参观体验，有意控制入馆人数的结果。《纽约时报》因此评论说：卢浮宫"已被16世纪意大利肖像画中的金·卡戴珊（Kim Kardashian）劫持"，大约80%的游客来这里是为了看《蒙娜丽莎》，《蒙娜丽莎》垄断整个博物馆的注意力，画前人山人海，要排很长时间的队，大多数人都无法看清楚画面。《纽约时报》继续说："在20世纪小有名气本来已经很满足了，然而在这个大众旅游和数字自恋的时代，她却成了一个反艺术的黑洞，把博物馆翻了个底朝天。"如今，艺术品变成了朝圣物。在2019年对英国游客的调查中，《蒙娜丽莎》被评为"世界上最令人失望的景点"。

其实，蒙娜的意大利语Madonna意思是"我的女士"，相当于英语中的"Madam"，所以，蒙娜丽莎的意思是"丽莎夫人"。另外，这幅画的意大利语标题La Gioconda来自达·芬奇1625年的一封信。在信中，他说这幅作品展示了一位Gioconda的半身像。在意大利语中，Gioconda是"一位令人心悦的夫人"的意思，并不一定是一个名字。根据意大利文艺复兴美术史家瓦萨里的记载，这幅画耗时四年完成。达·芬奇去世后，绘画归国王所有，收藏在枫丹白露宫，卢浮宫建成后才收入。1911年《蒙娜丽莎》被宫里的油漆匠偷窃成为新闻，两年后破案收回宫内。

长期以来对于《蒙娜丽莎》，有人会从历史的角度予以追究，有人会用科学的检测手段进行分析，谢菲尔德哈勒姆大学的科学家称，他们在对比两幅画作所使用的技巧时，发现《蒙娜丽莎》"若隐若现"的微笑视觉效果是达·芬奇故意营造的。他们将它命名为"无法捕捉的笑容"。而法国科学家帕斯卡尔·考特（Pascal Cotte）长期使用先进的"逐层放大技术"和反光技术对作品进行分析，发现《蒙娜丽莎》的表面之下还隐藏着另外一幅肖像画，画中的人物并没有笑容。

也有人会用非艺术的职业眼光去观看，纽约一位眼科医生就自称发现画像中的蒙娜丽莎鼻侧右下眼睑三分之一的地方有一颗麦粒肿。美国《眼科时代》的一篇文章记录了对蒙娜丽莎疾病的诊断。另有一个美国牙科医生将蒙娜丽莎的脸部放大细细研究，发现她居然没有门牙，因而使上唇微微下陷，呈现出一种莫名的令人们大费心思研究的"微笑"。还有研究指出，蒙娜丽莎没有眉毛，观赏的人通常会忽略或未加重视，实际上这有可能是分娩时流血过多，造成脑垂腺坏死的后遗症。通过美术作品进行疾病的诊断，诊断出画中人物的疾病，这的确是新鲜有趣的审视。一个国外研究者利用电脑将《蒙娜丽莎》与达·芬奇的自画像进行重合实验，确实发现有很相像的地方。不过画家画肖像有些像自己，似乎是一种常见的现象。

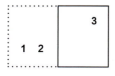

1　据统计，每天约有3万人前来参观《蒙娜丽莎》（《纽约时报》图片）
2　《蒙娜丽莎》被盗后　1911
3　费尔南多·博特罗　《蒙娜丽莎》　1978

1 装扮成蒙娜丽莎的达利与钟表时间
2 达利 《蒙娜丽莎自画像》 1954
3 萨迪·李 《波娜丽莎》 1992

解构是当代艺术的特征。1920年前后，杜尚买了几幅《蒙娜丽莎》的彩色复制品，分别用铅笔添上几笔样式不同的胡须，被画家毕卡比亚（Picabia）拿去发表，并取名《杜尚的达达主义作品》，引起了轰动。其中最著名的一幅被美国纽约的玛丽·西斯莱（Mary Sisley）夫人收藏。在画的下端，杜尚加上了"L.H.O.O.Q"几个字母，在法语中类似发音的意思是"她的屁股很热辣"，暗示着蒙娜丽莎性欲旺盛，一时轰动世界艺坛。因为《蒙娜丽莎》已经成为古典审美的代表，杜尚以一种恶作剧的涂鸦行为宣告古典精神的终结，如同哲学家尼采宣称"上帝死了"一般。此外，萨迪·李（Sadie Lee）的《波娜丽莎》用换头术将《蒙娜丽莎》改头换面，将一名叫波娜的女子的肖像与之重合。同性恋者波娜的形象借助名画的形象加以推出，自然是一个令人瞩目的宣言。达利（Dali）也曾经戏谑地装扮成蒙娜丽莎。

对于20世纪的艺术而言，现代艺术、后现代艺术早已从传统的架上绘画走向广泛的艺术行为和视觉表现手段。而从神到人再到人的生理、性格及本能，社会属性与自然属性从美到丑，尤其丑的诸多方面得到淋漓尽致的表现，揭示了人类对社会、自然、人的认识的深化。结果是浪漫田园的理想没有实现，现实的讥讽与幽默风行。"蒙娜丽莎"被注册成一种瓷砖的品牌名，还被用作减肥食品、保健用品以及杂耍表演的广告，神秘的微笑也变成了十分具有商业性的诱惑。有些还算是调侃性的幽默，令人会心一笑，有的则是庸俗粗野地恶搞《蒙娜丽莎》，让人感叹世风日下、人心不古了。

▶ 聚光凝视伦勃朗

艺术大师伦勃朗是17世纪荷兰黄金时代绘画的主要人物，被世界权威美术史公认为荷兰历史上最伟大的画家。他对戏剧很感兴趣，所以人物安排有戏剧性，善于利用舞台高光般的光亮描绘在暗背景下的人物。1642年，伦勃朗作《夜巡》，这也是他生涯的重要转折点。

1642年完成的《夜巡》是荷兰肖像画黄金时代的杰作，1630年民兵队聚会所扩建，加建的大厅也一度成为当时城市最大的室内空间，为了填满空荡的墙壁，阿姆斯特丹射击协会的人合伙出资请伦勃朗来绘制群像画。伦勃朗接到委托后便决定不按传统的集体肖像画来创作，而是把民兵队的主题视为取材于圣经或者古典神话一样，也就是像历史画一样创作，而不是简单地为民兵队成员们画一幅集体肖像。伦勃朗在构图时，未依照当时军人身份及军阶排列的主次来安排，而是根据绘画自身的完整性，另辟蹊径做出舞台化的叙事效果，画成为了要执行一项紧急任务，正在武器库前忙乱地分发武器、进行武装的情景。构图赋予了画作浓重的戏剧意味，丰富的变化、生动的采光、紧张的动作和有些混乱的场面再现了队伍出发的瞬间，受委托而作的集体肖像，被伦勃朗创作成了一幅反映历史的主题画卷。

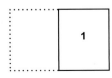

1 伦勃朗 《夜巡》 1642

据说伦勃朗接受的是18个人的委托，酬金1600荷兰金币。他花了三年时间来完成它。最初完成的画中一共有34个角色，除去付钱的18个人外，还有16个支撑画面结构的形象。原本应该画的是日间举行的庆典活动，却因为要区分主次人物，并且烘托氛围，处理背景较暗，作品完成后被长期搁置、受烟熏尘积的影响就更暗了，而被看成是夜间。画里的每个人都是真实的。但画面突出了一黑一白两个正副队长，充满野心的弗朗斯·班宁·柯格（Frans Banning Cocq）穿着和他身份相符的黑色军装，身上披着红色的绶带，后来他也成为阿姆斯特丹的市长。《夜巡》原名《弗朗斯·班宁·柯格指挥下的第二区民兵连》，就是根据他的名字而起的。伦勃朗将画中人物增加了一倍以达到成群结队的效果。所以《夜巡》中的人物相互呼应，形成非常自然的互动。有趣的是画面中出现在红衣民兵后面的一个小女孩正试图抓住一只小鸡，吸引了观众的目光。小女孩出现在这幅画似乎是不合时宜的，但是形式上的处理使其显得十分自然，同时小女孩的色调与后排的暗色调形成了对比。现在有分析者认为，小女孩是光明与真理的象征，但是缺乏印证，没有人知道伦勃朗为什么要画这个小女孩。

整幅画的处理自然不能满足委托人的要求，亮相份额少的人认为自己受到了不公正的愚弄，不愿接受这幅画，拒绝付钱，要求伦勃朗重画。伦勃朗拒绝了，他因此被告上法庭，并受到许多人的攻击及疏远，伦勃朗也因此声誉大跌，随后诽谤如《夜巡》中的阴霾一样压在他的头顶。伦勃朗在艺术人生最好的时候因尊重绘画自身不妥协而半生潦倒，不再有委托，不再有订单，靠亡妻留给儿子的遗产度日。岁月的沧桑从自画像的眼神中流露出来。而《夜巡》本身也是历经磨难，在中途画面边框被裁剪过，被刀划过，被水泡过，被酸液泼过，可谓命运多舛。但是执着如斯的伦勃朗也因此成就了自己的艺术高峰，让自己的绘画技术炉火纯青，人物塑造深刻感人，伟大的伦勃朗就像《夜巡》一样巍然屹立在美术史的暗夜中。

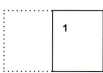

1　伦勃朗　《自画像》　1640

伦勃朗的《夜巡》收藏于荷兰阿姆斯特丹国立博物馆。我看到它的时候正值伦勃朗 400 周年诞辰。《夜巡》成了压轴的扛鼎之作，放置在一个单独的厅里，占据了一面墙，两个侧面是空墙，对面是一层层看台。观众陆续在台阶上坐下来，看着面前的这幅大画。灯光渐渐暗了下来，黑暗淹没了画面与观众。钟声渐渐响起来，悠长而缓慢，好像通报着钟点，又像是召集的号令，于是黑暗里有灯光亮起来，抑或是火把摇闪不定的红光，照亮了前景的首领们。仿佛是巡逻的人们招呼着，拿着枪矛走出家门，温暖的家透露出温暖的灯光，关上门窗，队伍就淹没在黑暗里。夜色逐渐转为清冷，依旧是无边的黑暗。黑暗里有私语，地上掠过一点点红，夜巡的人从黑暗中来，逐渐汇集在一起，摩拳擦掌，仿佛有事情发生。穿黑衣、佩戴红绶带的首领引领着队伍，向同行的伙伴介绍情况。冷色调的高光集中在中间这两人身上，头顶上的光束亮起来，仿佛是天上的电闪，一明一灭，黑暗里传来隐隐的雷声。行进的人们暴露在闪电下，有一点点惊惶不安掠过人群。下起了大雨，人们在雨中默默地行进，枪矛碰撞着，发出锵锵的金属声。在雨中行走的人们，背景的人群映出黑影憧憧，亮光在人群上面飘移着，仿佛黑云的阴影正在移动。隐入黑暗的鼓声消失了。远处忽然燃起了火，响起了急促的警钟声，大火很快蔓延开来，将黑夜映得一片火红。夜巡的人们赶着救火，一片慌乱和仓促。呼喊声搅乱了无边的夜，复又沉入无边的黑。一丝亮光像银蛇一样迅速地蹿到人物的轮廓上，游走的轨迹勾勒出一个个人物，光线逐渐亮起来，接着整个画面亮起来，呈现出《夜巡》原来的模样。原来这是博物馆巧妙的灯光变幻设计，将《夜巡》演绎成一出生动有趣的戏剧，饶是有趣。

现在《夜巡》陈列在阿姆斯特丹国立博物馆的荣誉展厅中，事实上，这个展厅就是为《夜巡》专门打造的，每年有大约200万名观众来此朝拜。《夜巡》于2019年7月开始在阿姆斯特丹国立博物馆中进行修复。上一次修复是在1975年一名荷兰教师破坏作品之后。为了能够让人们继续欣赏这幅画作，并且了解作品的修复，博物馆将修复过程向公众开放，世界各地的人通过网络直播见证了这一过程。

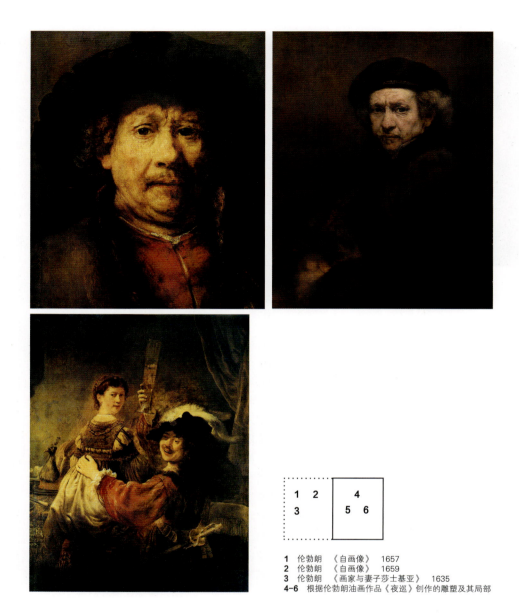

1　伦勃朗　《自画像》　1657
2　伦勃朗　《自画像》　1659
3　伦勃朗　《画家与妻子莎士基亚》　1635
4-6　根据伦勃朗油画作品《夜巡》创作的雕塑及其局部

肖像画包括自画像以及取自圣经内容的绘画都极为出色。我曾经在美国费城国家美术馆看他的一系列自画像和肖像作品展，就如同阅读一部独一无二的自传，画家的自我审视真诚而不矫饰，画中人物表情微妙生动，表现出经过深刻洞察后的人性与内在心理，巧妙运用光线和阴影的绘画技术让人物栩栩如生。伦勃朗由此成为阿姆斯特丹最有名的肖像画家，娴熟的技巧、聚光的应用和深入的刻画，让他以神话和宗教故事为题材的作品供不应求。

出了美术馆，徜徉在阿姆斯特丹的伦勃朗广场，看见广场上也矗立着一组大型群雕，立体地重现了《夜巡》的整个场景人物。在白天喧哗的氛围里，旁边是休闲自若的游客和进食者，雕塑虽然拉近了与时代的距离，却又形成了鲜明的对比。但是，可以想象在晚间被周围的灯光所映照，就如同伦勃朗绘画的深暗背景，隐去了周围的细节，群雕就有了融入环境的氛围，仿佛正有超越时空的事件发生，立体地重现了绘画里酝酿的形象与气氛。

▶ 湿头湿脑的透纳

我曾经在伦敦国家美术馆观看过透纳（Turner）的几幅作品，而泰特美术馆才是收藏透纳作品最全的美术馆。2009年4月在中国美术馆开展的"泰特美术馆藏透纳绘画珍品展"，展出了来自泰特美术馆珍藏的112幅油画和水彩作品，那是我第一次完整地观看透纳的作品。

透纳接受过系统的古典绘画训练，1789年，14岁的他进入皇家艺术研究院学习。从1790年开始，他一生中几乎每年都有作品被研究院展出。伦敦的英国国家画廊藏有他最著名的油画《被拖去解体的战舰无畏号》；2005年，由BBC发起的公众投票中，《被拖去解体的战舰无畏号》被选为"英国最伟大的画作"。透纳喜欢描绘自然现象和自然灾害：火灾、沉船、阳光、风暴、大雨和雾霾，注重描画在水面的光线、天空和火焰，虽然也描写了战船和人物来记录某个事件，实际上这些都是载体。透纳逐渐放弃描画实物和细部，注重光线和大气一瞬即逝的效果，突出氛围的渲染，对后来法国的印象派画家有很大的影响，尤其是莫奈曾经相当仔细地研究过他的技法。

1 透纳 《自画像》 1799
2 透纳 《被拖去解体的战舰无畏号》 1839

091

看透纳早期的作品就知道他曾经那么古典，这也说明，任何大师都是在前人的基础上进行创造的，并非横空出世，截断了跟时代的关系。例如，透纳21岁时画的《海上渔夫》，实际上还保留了绘画的学生腔，同时期的绘画，色彩服从于素描，营造的还是空间的深远氛围。但是大师的过人之处，就在于不管如何，能够不被传统的技法所约束，在题材上、细节上仍然显示出个人独特的天分和对自然微妙的感觉。例如，对于大海和船只的描绘，这样的题材从开始就已经建立，并且漩涡状的构图也有初步萌现。

在透纳早期的绘画中，主题性绘画占据了重要的位置，例如《汉尼拔和军队翻越阿尔卑斯山》，表现迦太基将军汉尼拔率军作战的场景。尽管如此，画面着力营造的氛围，动荡不安的乌云翻滚，造成了一种对自然力量的令人生畏的感觉。1797年透纳去约克郡的奥特雷旅行时遭遇暴风雪，成为这幅画的背景取材，这说明他十分重视自然现实非常自我的感觉，也不断保持，成为其绘画盛期最为独特的个人标志。

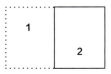

1 透纳 《海上渔夫》 1796
2 透纳 《汉尼拔和军队翻越阿尔卑斯山》 1812

1　透纳　《迦太基帝国的衰落》　1817
2　透纳　《哈洛德的朝圣——意大利》　1832

在《迦太基帝国的衰落》中，可以看到丰富的层次表现和众多的人物描绘，但是，这些似乎都很难显示出透纳的个性。而在画面的中部，太阳斑斓闪烁，在水面上投下了金光，这些厚涂色彩的地方与稀薄的暗部皴擦形成对比，有强烈的色光感，有笔触表现，这些都是透纳后来具有特点的地方，却在古典绘画里委屈地存在着。但是系统的观看让我们寻到了蛛丝马迹，证明透纳后来的变化是有着一以贯之的感觉的。

而在《哈洛德的朝圣——意大利》中，透纳还是描绘了一种理想的经过加工的意大利风景，有田园的诗意，也有类似的人物点缀，不同的是，透纳对远景虚空的描绘很好地利用了稀油作底的皴擦，所以有极其丰富的肌理细节，但是画得又很薄。这个时期，这样的技法，其实另一位英国风景画家康斯泰勃尔（Constable）也十分擅长。两个人都养成了做绘画色彩稿的习惯，也开始注重面对自然的写生。两个人各树一帜，彪炳于英国风景绘画的历史。

我看到了这个时期透纳在日内瓦的色彩写生，委实看不出是日内瓦了。现今的日内瓦，湖边矗立起无数的楼房，遮挡了近处的山，只有远处的山才在城市的上面显露出来。但是在透纳的绘画里，房屋是模糊的、稀少的，在形上也看不出地域特点。时过境迁，自然未变，自然中的人工建筑和城市已全然不同，不过一系列的瑞士风景，倒总是天水一派的朦胧，形成透纳水彩写生的特点，就是很难看到他对现实色彩的追摹，色彩通常浅淡而明亮，浑然一体，并不对形作鲜明的刻画，色相、色度都没有明显的对比，只是和谐、朦胧和融合，显示出透纳对自然的个人化理解和处理，完全是色彩的眼光。这一点，和古典时期的风景拉开了距离，即使描绘英国国会大厦着火的水彩，都突出表现了色彩的感觉，动荡的笔触贯穿于画面，令人不安的气氛也是风景中所隐含的。到19世纪40年代，他终于达到了一个高峰，形成了自己独一无二的绘画风格，也和主题性绘画拉开了距离，成为真正的风景画家，但是这风景却是感觉的风景，并非自然的僵硬描摹，这一点是如此鲜明，给人留下了难以忘怀的印象。

而这个时期的代表作品《暴风雪——汽船驶离港口》突出地表现了透纳营造海上雪雾动荡的氛围，这恐惧带有一种抒情的性质，但也有一种真实的力量，据说他曾经把自己捆绑在风暴中船的桅杆上，以体验暴风雨的景象。透纳说："我让水手们把我绑在桅杆上观察。我被绑了四小时还不想下来……"这张画除了氛围的营造十分成功外，也显示出透纳并非常见的一个特点，就是对画面构成的一种有意识追求，即明显地通过海浪、光影、烟气和雪雾的流动形成漩涡框架，而桅杆后面的闪光、船两边寥寥数笔的飞白笔触，都由充满自觉意识的动力线条构成。罗斯金（Ruskin）说这张画是"表现海洋运动、薄雾和光纤最为宏大的作品之一，即使对于透纳来说，这也是从未有过的一幅杰作"。这样的评价，并不过分。

透纳善于观察自然雨雾天气形成的朦胧光色，有故事为证，我在自己的书里也谈到过他在雨天火车上把头伸出窗外，被一位妇人注意到的情景，他告诉这位西蒙夫人，说雨中的火车灯光很好看。这被透纳画成了《雨、蒸汽和速度——西部大铁路》。但是，在展厅的放映厅中，屏幕上的解说员说，这幅画的火车头前，朦胧地画着一只野兔，局部放映出来，果然隐隐是有，这试图说明，人类发明的火车是追不上野兔的，可是最终似乎是火车必将碾过野兔……透纳是想表达一种时代的认识吗？不解说，真的看不出来，看出来的，是雨雾中火车头灯光闪烁的美。让我们还是忘记那只可怜的野兔吧。

就像这只野兔想要表达一种寓意一样，透纳后来又画了一套宗教性题材的绘画描写世界末日到来的情景。曾经出现在海上的漩涡状，在画面上变得概念化了，因为这场景是想象的，没有了依据，想象的场面就显得琐碎而简单了，这个时期的透纳，不再是画主题性绘画的画家，对想象的神话宗教场景，缺乏视觉的把握。对于他而言，还是画海景熟练，虽然这海景经常也是有主题的，如海轮、军舰在海上失事，类似《退役的铁梅雷尔号战舰》。可是最好的一幅，让我十分感动的，是《安息—海葬》，这一张是明显的黑白对比，清冷色调，唯一明显的火红色集中在船头，强烈地闪耀着。透纳说："我要是能把船帆画得更黑，我愿意用任何颜料。"原来，这幅画描写的是透纳的好友苏格兰画家大卫·维尔基（David Wilkie）爵士在直布罗陀附近的葬礼。维尔基爵士是因为患上了霍乱病死的，尸体被拒绝运上岸，于是只得海葬。透纳是想让这深沉的黑色表达自己的哀悼之情吧？

晚年透纳的绘画更为透明，用浅层颜色表现纯净的光线效果。一路看过来，透纳的绘画从写景到写情，也有个别的写意，其中一张画《海浪》，灰黑色调，几乎没什么空间的感觉，不像其他绘画，抽象，看上去很有些中国水墨画的味道。如果放置在今天一个中国当代绘画展里，并不显得突兀，完全看不出是透纳的作品。从这一点来说，透纳的画容易被中国人理解，就在于他的绘画追求氛围意境的表达，与中国画美学理论暗通。

透纳就这样作为印象派产生前的最伟大的画家，预示了印象派的到来，可是相比于莫奈的《日出·印象》，透纳画的海上日出委实更抽象，几乎就没有任何具体的形状了，只是似乎还感觉有个大气空间在。论走向抽象的步伐，透纳超前。透纳和印象派是不同的，透纳的绘画是有情的感觉性绘画，集中表达了对一个朦胧色调的狂热追求。而在印象派的一些绘画里，好看是好看，也仅仅是色光的悦目，对自然色光的描摹，缺少了意境和情感，而艺术离开了情意，心灵就不再被感动。

▶ 开门见景的莫奈

清晨从凡尔赛出发去莫奈的家。车子经过吉维尼，莫奈的家就在河对岸的乡下。看到路边的标志牌，知道莫奈的家已经到了，门柱石头上有铭文，绿色的铁门紧闭着，顺着门缝往里看，可以看到直直的甬道通向远处的粉红色建筑，那是莫奈晚年的家。甬道的两旁鲜花怒放，那是莫奈的花园了。

沿着旁边的甬道往上走，莫奈的房子依坡而建，不远处是平平的一抹青山，像是一道天然的屏障，山坡上生长着茂盛的草木，显示着自然在沉默里暗藏蓬勃的生机。莫奈描绘过吉维尼乡下的风景，例如《吉维尼附近谷中的罂粟地》，层层起伏的山地，白墙红顶的农舍，深绿的一条条林带，艳红的一片片花田，莫奈画的就是这眼前的山景吗？

1883年，莫奈来到这个巴黎西北的小镇作画，被吉维尼的景色所吸引，1900年在这里购买房子，开始构建梦想中的花园，在偌大的花园营造一个新的绘画天地。《吉维尼艺术家的花园》画的就是玫瑰盛开的景象。正门甬道上的葡萄架为写生的莫奈遮挡阳光，也被莫奈画进了画里。

1-2　莫奈
3　莫奈　《吉维尼附近谷中的罂粟地》　1885

看莫奈的画，总是不由自主地想象莫奈写生时的情景——莫奈一边抽着烟斗，一边欣赏着他的花花世界。花间蝶舞蜂鸣，阳光穿过花架，在莫奈的花白胡子上、旧礼帽上、微驼的身上留下斑驳的影子。而在他的笔下，鲜花只有颜色与形状的区别，色彩斑斑点点交汇碰撞，演化成一首和谐的交响乐。

颜色从花朵的形状中解放出来，是写生发展的必然，顺乎自然的事情。古典主义的室内景物描写，桌上瓶花的细腻表现，已经不适宜描绘莫奈那狂欢节般的盛大花园。色光变幻的风景写生也受写生时间的限制，激情的急就章，使笔触从形状中解放出来，有了更加自由的笔触与色彩表现。晚年莫奈的视觉神经自然衰退，在他的《玫瑰花棚》中，色彩浓重，笔触粗放，已经是深绿色的背景里飞扬着紫与白的斑斓。

在百花欢笑的热闹里，一棵孤零零的苹果树伫立在一方草地上，在众人注视的目光下，仿佛有些害羞地颤抖，沉默不语。花园的果树也是莫奈描绘的对象，但是没有我所感受到的孤独与静默，春天的果树千花绽放才是莫奈的主题。不见颓丧，不见老朽，晚年的莫奈总是在自己的绘画里展现对自然生机的歌颂。

莫奈的家也遍布色彩——粉红色的墙、白色的间隔，真是温馨，一派没有心机的平和与明亮。门窗却是翠绿，连正门的木栏台阶也都是绿色，可见莫奈爱极了绿色——这充满生命活力的色彩，是自然最基本的象征。崇尚自然的印象派画家，画板上最少不了的想必就是各种各样的绿色。莫奈的画里很少出现自己的房子，不知《玫瑰花园的房子》系列里出现的模糊的房子，是不是莫奈自己的家。

莫奈的家开着门，欢迎每一个拜访者的到来。但是莫奈不在家。

穿过房间下了台阶，是莫奈的起居室，有大沙发和几把椅子，大约是用于会客。墙面上上下下挂满了莫奈的写生和大大小小的油画，包括不同时期的名作，画的都是花园和周围的景色，但是仔细一瞧，可以看出是复制品。莫奈的这些名作早已经风流云散，收藏在世界上的各大博物馆里，当然还是以巴黎奥赛博物馆居多。从墙上陈列的照片可以看出，当年壁柜上的花瓶里插着鲜花和芦苇，墙上整齐地排列着尺寸相近的风景写生。海边的崖壁，停泊的小船，林间小道的阴影……风景依旧，只是画风景的人离去了。条纹面卧榻的靠垫上放着的是莫奈的礼帽吗？

从二楼的窗户望出去，花团锦簇，像是沸腾在艳阳下，说不出的热闹与欢欣。树木葱茏，甘心衬托着花的娇艳。在这样的清晨，推开前窗，清风拂面，满园春色尽收眼底，心情总是轻快，总是无忧。莫奈也会和我一样，这样无数次地俯视自家的花园吗？肯定会。

1 2 3	4 5 6

1-6 莫奈及其花园照片

拜访莫奈的家，不能不去参观莫奈的莲池。

从莫奈家对面穿过马路，在树林中顺着流水穿行，看见一泓碧水的莲池。莲池的周围生长着各种水生植物，日本桥就架在莲池狭窄处，桥身涂着浓艳的绿色。以这个日本桥作为主题，莫奈画过系列写生，而在莫奈的画里，绿桥总会有更丰富的色彩。色光的变化，造成色调的多样，木桥也就随之呈现变幻的色彩和模糊浑厚的造型。从1899年夏季到1900年，莫奈一共画了18张以日本桥为对象的油画，大部分是正方形画面（《吉维尼的日本桥》），一座普通的桥就这样因为莫奈的绘画而著名。

为什么会叫日本桥？也许莫奈热衷于收藏日本浮世绘版画，因此在造桥时受到了浮世绘中拱桥的启发也未可知。在莫奈的画里，桥身的弧形更加完整，像是彩虹横过水面，如《睡莲和日本桥》，或者像朦胧的阴影藏在画面的幽深处，如《吉维尼的日本桥》。桥本身的概念已经不再重要，倒是横跨的弧形成为一个重要的线性构架，与水上的浮萍、水里的树影、水边的垂柳构成秩序，成为引人入胜的绘画意象。

现在的桥身已隐入繁茂的植物中，桥上的藤架披挂着枝叶形成绿廊。在桥上留影的人们，顽强地占据着植物中露出空隙的桥身，久久伫立，不肯与他人分享，仿佛自己和桥在一起，就形成一种恋爱关系。可是爱人在岸上拍照呢。等待拍照的大多数是女性，女性总是愿意更多地与自然的美两相映照。

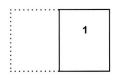

1 莫奈　《吉维尼的日本桥》　1900

1903 年，睡莲成为莫奈醉心的主题。莲池的周围，有数棵垂柳，垂下绿绿细条的柳枝，形成垂直颤动的韵律线条。水面的光线形成横向的反光，水面的浮萍呈椭圆形的线条，线条上点缀着粉色的莲花。水中树木的倒影也都参与着线条的构成，形成完美的构架与秩序，被机敏的莫奈发现，生动地表现在画布上。钟情色光的莫奈，也特别倾心于构成的表现，这些明显地表现在《睡莲》里。原来这些东西并不是莫奈主观的创造，而是莫奈敏感的发现！不知道我这样说是不是对莫奈有些误解？但是因为参观了莲池，看到了莫奈绘画参照的原型，看到了莫奈曾经看到的"有意味的形式"，于是莫奈于我变得更容易理解，更加亲切了。后来西方绘画开始忽视色光，那种专注于抽象色彩与线条构成的现代绘画开始出现，自然是顺理成章的事了。

莲池的周边也被莫奈画了个遍。莲池边生长着鸢尾花等各种鲜花，也被莫奈所关注和描绘，例如美丽的《鸢尾花》。各种鲜花不甘寂寞地绽放，与莲花争辉，唯恐错过了游客的眼睛。也有生不逢时的花儿错过了莫奈的眼睛，因此不能成为艺术的永恒，这现实的灿烂就只能成为现实的瞬间。

我仿佛看见，莫奈戴着草帽，坐在露天有些破旧的藤椅上，手指间夹着香烟，正望着远处看不见的风景，也许就是眼前的莲池吧。一大把花白胡子占据了脸上很大的面积，上帝给的那双敏感的眼睛在阳光下微微地眯着，流露的是静穆深沉的安详，就像眼前这一汪碧水的莲池。

奥维尔小城离巴黎很近，在近郊三五十公里的地方，位于瓦兹河右岸，凡·高在这里度过了生命最后的时期，并在此地画了几十幅写生。1890年7月27日，凡·高在麦田边开枪自杀，子弹未及要害，他返回拉乌客栈，两天之后死去。

客栈在奥维尔市政厅对面，有两层，客栈在第二层，一层是小酒馆。客栈左边的墙上有凡·高房间的模样，一张单人床、一把椅子，简单，甚至有些简陋，据说当年每日的租金是3～5法郎。面朝客栈的右边小巷，可以走到客栈的后面，再往前走，左边有石墙小门，门前牌子上有凡·高的一幅画《奥维尔的阶梯》，描绘了小路通向坡上的风景，画面中有三人。对照着实景看，可以看出现在的树林茂密，遮住了坡上的红顶房子。

1	2
	3
	4

1　凡·高
2　凡·高居住的拉乌客栈
3　凡·高　《奥维尔市政厅》　1890
4　凡·高　《仿米勒午睡》　1890

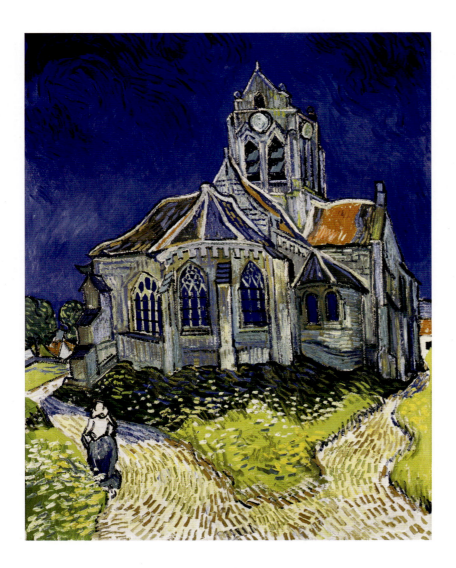

| 1 | 2 |

1 凡·高 《奥维尔的教堂》 1890
2 凡·高兄弟墓

客栈左边的街上有一个花园，花园里有一座凡·高的雕像——背着画夹，戴着像头发一样的帽子，瘦削高大，衣纹一缕一缕的，左手拿着画本，右手拿着笔，不像凡·高自画像中的样子。再往上走，有一处栏杆墙上挂着凡·高写生的此地花园，房子建筑依稀还认得出来，从画面看，风格笔触比阿尔时期的粗率。走到街口，往左拐，就是丁字路口，路口花坛上有杜比尼拿着画板调色的雕像，背后山墙上就是小城的教堂。走右边公路上去，就可以走到教堂的后面，这一面是凡·高画过的角度，同样那幅画也在旁边竖着。教堂的后边侧堂屋顶，并不像绘画中红色鲜艳。

围绕着教堂，有一些当地人在散步。凡·高写生的脚下，土地已经铺上了沥青。教堂边上，依旧是沙石铺地。凡·高的墓，就在教堂的墙下，他和弟弟提奥（Theodore）厮守在一起。

这个时节，田野上麦子已经成熟，可以看到收割机在麦田里工作的情景，或许这接近的日子，可以让人更贴切地设想当年的凡·高，最后面对麦田时狂乱不安的心境。微风吹过，麦浪不安地波动着，好像神秘的海洋。天空青黑，突然一群乌鸦从麦田飞起来，聒噪着盘旋在头顶，敏感于世事变迁和陶醉于绘画的凡·高，也许内心充满着激烈的矛盾，艺术可不就是和生活对立着、冲突着？选择放弃怕也是难的，冲动的选择符合一个极度敏感的人，或许艺术无法打败凡·高，而生活是可以的，因为真正的感性的艺术家，常常被生活打败，例如卡夫卡。卡夫卡也不过活了41岁，而卡夫卡在捷克语中的意思恰恰就是寒鸦。

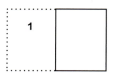

1 凡·高 《麦田上的鸦群》 1890

在到奥维尔之前，凡·高在阿尔居住了三年，我也曾经到阿尔去参观过。现在追随着凡·高的脚步，从阿尔到此地，寻找凡·高绘画的对象与环境，尝试体味凡·高变化的内心，力图更深刻地体会凡·高绘画的内在精神。但是，谁能真正了解凡·高？谁能选择凡·高的生活？因此绝大多数人钦佩凡·高的艺术表现，却难以认同他的生活方式。而这一点，恰恰是凡·高可贵之处。近来有一些学者将凡·高写给弟弟提奥的书信整理翻译出版，信中常常夹带着插图，或许从凡·高的这些真实心声中，可一窥他心境的种种变化，与其说凡·高有精神病，倒不如说凡·高有常人无法理解的敏感气质。

我在色彩课中时常会讲到凡·高，一方面讲凡·高与巴比松画家米勒（Millet）的精神血统关系，另一方面讲凡·高与同时期的画家高更欲说还休的纠葛。可是，让人着迷的还是凡·高与弟弟提奥，凡·高与邮差于连和加歇（Gachet）医生，普通人的生活才是值得追究而充满意趣的，其中平凡朴素的人性，提供了让人沉迷于世俗生活与关系的理由。这些我在凡·高写给提奥的信里见到了，也在凡·高描画邮差于连和于连夫人的笔下见到了，还有送给加歇医生权充医疗费的那些画。生活没有太多大道理可讲，我因此见到了凡·高的率性、热情和真诚，也就触摸到了艺术与生活的本质。

十年前我编一本色彩教学的教材，在其中收入了一幅凡·高的画，画的是一桌的水果，都是黄黄的颜色，仿佛是倾覆了颜料瓶，让黄色在画布上任意流淌。也许是画板上只剩了黄颜色，唯恐浪费掉，只有全部涂抹在画上方才安心。凡·高为画配了一副宽宽的画框，画框是粗糙的木头，有一些细细的裂缝，宛若树木的皱纹，也被凡·高涂抹成黄色。于是，画上的黄色仿佛扩展开来，画幅与画框成了一个色调。凡·高苍白清癯的脸上流露出一个满意的微笑，也许可以把这微笑比喻成黄色般的灿烂。这好似向日葵的颜色，也是麦田上散发着秋天成熟气息的颜色，辉煌丰盛，但多少透露着完成使命的信息，一丝死亡的气息时隐时现，到底是壮烈，不肯默默无闻地结束。我因此喜欢，因此觉得看懂了凡·高用色的本意，把它用作色彩表现情感的范例放在自己的书里。

在阿姆斯特丹的凡·高博物馆里看到了这张原作。我吃惊地把右手放在胸前，这无意识的动作也许表达了一种惊讶与虔诚。细细地端详这张画，颜色不像在书上，有着明显的、实在的质地，画框是粗粗的厚，也很简陋，也许正因为如此，贫穷的凡·高才会给它涂上画面的颜色来遮掩。水果的形状在黄色里隐隐地显示出来，笔触并不跳跃，有碎乱的绿色线条掺杂其间。画框上似有若无的笔触将画面延伸开来。有些调皮的凡·高，没有能力给自己的画配高贵的画框，哪里像现在，一幅《向日葵》拍出的是天价，自然需要足够华丽昂贵的画框，如同贵妇的服饰一般。到底是凡·高自己配的画框，终究是朴实，仿佛与画面是一体的，满含了凡·高的气质，这就足够好。但是，这黄色的颜料也是致命的。据报道，困扰着这位印象派大师一生的癫痫并不是来自不幸的遗传基因，而是来自他喜爱的黄色颜料中富含的有害物质——镉。

我想起了三十年前，曾经请吴冠中先生来学院讲座，主题就是"凡·高的艺术"。吴冠中先生评论凡·高，"像太阳一样地燃烧生命"。太阳的燃烧是如此之长，衬托出凡·高短暂的燃烧如同蜡炬，这也就有了悲壮的意味。短暂却又如此长久地在人间绵延，我因此对这种短暂充满敬意。

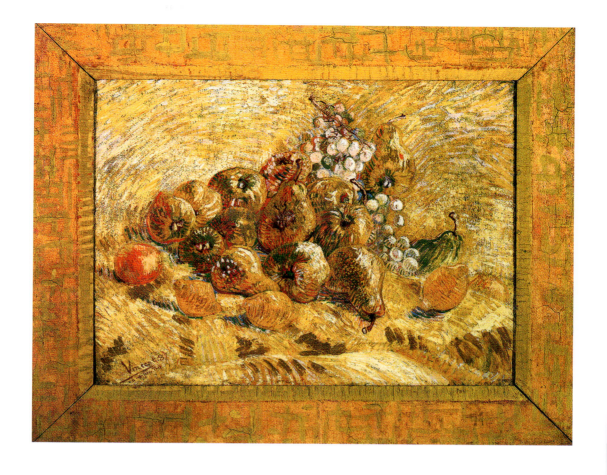

1 凡·高 《有柠檬和梨的静物》 1887—1888

蒙克之所以对死亡如此敏感，也和他的出身有关。蒙克的母亲早逝，父亲患过精神病，并且将地狱的概念灌输给了幼年的蒙克，而兄弟姐妹的早逝也给了他极大的刺激。蒙克说："病魔、疯狂和死亡是我摇篮的天使，且持续地伴随我的一生。"理解了这句话，也就理解了蒙克绘画的精髓。蒙克自己也钟情于这幅画的表现，他一共画了四个不同版本的《呐喊》。最好的一幅收藏在奥斯陆国家美术馆，而蒙克博物馆这幅显得潦草一些，好像是画在板子上，画角露出了白色底子。

蒙克一生以生命、孤独、死亡、情爱、恐惧、绝望、忧郁作为主题，乐此不疲地进行表现，并有着贯穿始终的专注，而这些都和古典绘画是背道而驰的个人情感。蒙克的绘画色彩造型简约概括，多用曲线，很少用直线，不太关注视觉形式之美，而侧重于内心情绪的表达。现实的细节对于蒙克来说是不重要的，他侧重于轮廓的表达，色彩因此也成为象征性表达。但是几个展厅里展出的蒙克油画，多少显示出蒙克绘画中的另一面。1885年，曾经到过巴黎的蒙克，接受了印象派色彩的一部分，又受到后印象派注重主观情感的影响，自己走到了象征表现的地步。所以对于敏感并具有精神病倾向的人来说，艺术实在是最好的疏解工具，凡·高如此，蒙克也如此。据说蒙克在画的血红天空上用小笔写道："只有疯子才画得出，从此艺术不再是悦目的，却是震动内心的了。"

```
            2   3

    1       4   5
```

1　蒙克在工作室
2-5　蒙克　《呐喊》　1893—1910

 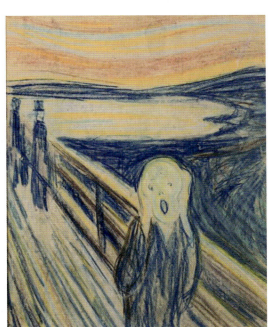

蒙克在柏林做过画展，对德国表现主义产生的影响自是不言而喻。在焦虑症爆发并得到治疗之后的1909年，回到挪威的蒙克开始对自然产生浓厚兴趣，展厅里的一些风景绘画，大部分是这个时期的作品。但即使是风景画，也并不是印象派的，而是接近后印象主观的描绘。有一幅描绘紫色松林中雪白的地上躺着被伐倒的两棵鲜黄的树干，手法已经是表现主义的了。蒙克的油画，看上去顶多是逸笔草草的描绘，很少将画布铺得满满，也很少反复塑造形象，看得出来是一次性完成绘画，凭着情绪作为运笔的引导力量，兴尽笔停。有一些描绘海滨、枯干的树林、站在树下的女人、跪着伸手朝向花丛的女人、溪边的树木、有喷泉的绿色花园，看上去都还不是那么沉重。但是有一幅自画像，脸部明暗，虽使用的是印象派的红绿对比，那别扭的头部和表情，斜视着画外，却多少有点不自然了。蒙克也画了农民的劳动，如《伐草的男子》，绝对是大笔粗绘的描写，既不是很注重色彩，也不是很注重造型。倒是一幅全然无人的画，描绘挂满红苹果的一棵苹果树，画得饶是可爱。

1 蒙克 《苹果树》 1895—1921

丹纳（Taine）的艺术哲学对地域、艺术的重要性的解说仍是富有意义的，看懂了奥斯陆的峡湾，就理解了蒙克为什么喜欢画太阳投射在水面上的反光，并且把反光塑造成富于雄性的形象。蒙克绘画里千姿百态的太阳，是生活在漫长黑夜里的人的一种自然渴望。描绘的太阳熠熠闪光，也可以和凡·高对太阳的歌颂对比来看，或许太阳对于二人来说，其实都象征生命的热情、生长的力量。恐惧死亡的人，必然热爱生。而一幅描绘太阳的大型画面，看得出来是很用心的，画面完整，太阳的光芒照耀着山川大地，形成一个个光环。另一幅极为简略的画面，画一群海滨的裸体，中间也是海平面被太阳照耀着，太阳和投影形成一个灯泡的形状。蒙克也画过人体和山川混在一起的画面，一道彩虹横跨整个画面，脱去衣服的人体一点性感也没有，就好像是草木一样依附于自然，而太阳永恒地照耀着这一切。19世纪末的颓废情绪，多少在北欧生活环境中易于产生，而摄影术也让绘画的再现失去意义，据说博物馆收藏了蒙克的100多幅照片。展厅里还展示了蒙克的一个画板，上面的颜色布局与调和的笔触也是散乱的，没有章法。

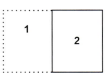

1　蒙克　《阳光》　1909—1911
2　蒙克　《阳光》　1910—1913

▶ 大器早成毕加索

毕加索博物馆有三座：一座在巴黎，一座在马拉加，一座藏在巴塞罗那旧市区既不宽敞也不热闹的蒙卡达街上，是一间建于15世纪的优美宅邸，曾是毕加索的寓所。相对于毕加索的声名而言，这座博物馆外观显得有些局促。但是进去后有些令人吃惊，华丽的哥特式纹饰装饰着窗棂和廊柱，但整体风格朴素。入口一层如同石洞般的窑洞，无论如何都难以和现代绘画的鼎足相联系，中庭的光线明亮。这座博物馆由毕加索青年时代的密友萨巴特斯（Sabartés）于1963年开馆，主要以他自己的收藏为主，再加上朋友的捐赠。1970年，毕加索为这座博物馆捐赠了1700多幅作品，这些作品之前由他的家人收藏。

顺台阶走上去，二层内部就是现代化的展厅格局。按顺序看过去，基本上是毕加索童年、少年时期的绘画（1895—1905年几乎全部的绘画）。从八九岁涂鸦似的素描，到巴掌大的三合板上的小油画习作都有收入。毕加索的父亲也是画家，在毕加索7岁时就正式训练他画人物素描和油画。据说在毕加索13岁时，父亲看到毕加索在他一张未完成的鸽子素描上涂色，大感震惊，研究了毕加索的画法后，父亲认为他超过了自己，发誓从此不再画画。可是，从这些展品中可以预见到未来的毕加索吗？我不能肯定在哪里读过毕加索的一段话："我在十几岁时就能画得像个古代大师，但是我花了一辈子学习像孩子那样画画。"这话说得就深奥了，"学习像孩子那样画画"，不如说是像孩子那样观看更准确，童年的画看上去毕竟还是简单。14岁的时候，毕加索进入巴塞罗那一所美术学院学习，就此发生了大的变化，严格的人体油画写生，显示出学院式的技巧能力。一张大风景画《采石场》，红色的土地山坡，画得很不错，笔触错杂，露出底色的阴影，很能表现土地的感觉，远看就更精彩。

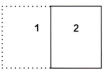

1　毕加索少年时代　1895
2　毕加索　《科学与仁慈》　1897

《最初的圣餐》是毕加索15岁时的作品，已经可以看到他熟练的技法和绘画的控制力，此画参加过巴塞罗那第三届美术和工业展。毕加索第一幅学院派巨作《科学与仁慈》于1897年完成，他凭此画获得了人生中的第一个绘画奖项，由此扬名立万。父亲成了画中的医生，画面看上去有些忧伤，也许多少反映了毕加索青春时期的忧郁。我看毕加索少年时代的照片，眼神里也有一种难以言说的忧郁和倔强。有论者认为，毕加索把十年前小妹妹死去的情景通过作品表现了出来。这幅画开始被其叔叔萨尔瓦多（Salvador）挂在家中，后来被妹妹洛拉（Lola）收藏。毕加索十四五岁时就画出了西班牙艺术史上一流的画作，《姑妈佩帕的肖像画》就是证明。正是这种成熟的学院派绘画技法作为基础，决定了毕加索在巴黎的绘画风格，开创了立体主义，经历了多样变化的风格。

1896年，毕加索考入圣费尔南多皇家美术学院，但是通过在普拉多博物馆的浏览，可以看出，向大师绘画学习是毕加索主要的学习方式。入学不到两年，未完成学业的毕加索离开了，前去巴黎实现自己的艺术梦想，所以这里展出的他成名后的作品很少。《玛格丽特公主》只是委拉斯贵支的油画《宫娥》的变体，属于镇馆的重量级藏品。1957年，毕加索用立体主义风格画了58幅黑白和彩色变体，也算是向委拉斯贵支表达敬意吧。在给朋友的信中，毕加索流露出这种敬意："委拉斯贵支是第一流的……"1968年，毕加索把这一系列作品捐赠给了博物馆，在展品中熠熠生辉。他的《斗牛士》也具有同样的风格，这种大胆的变形或许来自他崇拜的另一位西班牙画家埃尔·格列柯（El Greco），那扭曲拉长的肢体，对比醒目的颜色，神秘忧伤的面容都影响着毕加索的画风。展厅里另有一些小的局部变体画，都是精彩的杰作。几张立体派风格的风景画，看上去则比较平淡。还有"蓝色时期"的一幅风景画，画的好像是月下的城市，有一种独特的感受在其中。

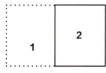

1 毕加索 《采石场》 1896
2 毕加索 《斗牛士》 1970

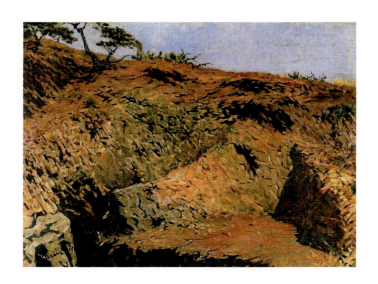

| 1 | 2 | 3 |

1-3 毕加索不同时期的工作室留影

在毕加索的纪录片里，看到他用吃剩的鱼刺摁在泥坯上做鱼盘，当时给我留下了深刻的印象。毕加索将一条鱼吃到只剩下一架骨刺，两只手拎着头尾端详，灵机一动，就去作坊里拿了一只盘子的泥坯，然后将鱼骨摁在泥坯上，送进炉子里烧制，一件有趣的作品就诞生了。在这里果真看到了很大的鱼骨陶盘！毕加索说过："我们都知道艺术不是真理。艺术是个骗局，它使我们了解真理。艺术家必须找到使他人承认他的骗局的真实性的方法。"毕加索在自己的艺术生涯中不断寻找着各种方法，他找到了。

博物馆展出的东西太少，也许对于这个小博物馆来说，收集作品太难了。门口是纪念品商店，商店倒是很大，纪念品种类也很多，都是用毕加索的画在各种商品上作图案，比展馆的藏品丰富多了，有本末倒置的感觉。翻看五花八门的毕加索画册，不由觉得，毕加索是20世纪世界现代艺术的代表人物之一，遗作超过2万件，相比于毕加索的艺术成就给西班牙带来的声誉，毕加索留给西班牙的大作太少了。但是在这里，多少窥见了毕加索的一点人生轨迹。我仿佛在阅读具有时间线索的文本，这文本是蒙太奇的，将毕加索早期和蓝色时期、粉色时期以及后面的立体主义和新古典时期错综地联系起来，如此变幻却又是如此清晰。令人感慨的是，毕加索的艺术转变得如此迅速，却同时又是如此坚定地忠实于自己，这就分外难得了。

在巴黎托里尼大街的毕加索博物馆里有更多的精彩，1975年始建，1985年开馆，藏有毕加索绘画203幅，雕刻158件，素描1500件，版画1600件，此外还有少量陶瓷作品。在毕加索的家乡马拉加，毕加索博物馆2003年开馆，收藏204件作品，并没有毕加索少年时期的作品，都是后期的作品，还包括毕加索收藏的塞尚、马蒂斯、德朗（Derain）等人的绘画。英国艺术史家约翰·伯格（John Berger）在《毕加索的成败》里描绘了一个天才儿童，在很小的时候，他就发现自己处在某种神秘的中心，并且视这种神秘为创作的动力："绘画比我强得多，它使我做它想要的。"但是，我相信，任何4岁的儿童彼此间不会有太大差异，重要的仍然是后天的发展。在毕加索的《自画像》里，我看到了时间所形成的深邃的目光，这目光里有着对世界事物的洞见，也有着酒神沉迷生活的醉意。1973年4月8日，92岁的毕加索与妻子杰奎琳在招待友人前来晚餐的时候说了最后一句话：为我干杯吧，为我的健康干杯，你知道我已经不能再喝了。

```
1
    2
```

1　4岁的毕加索
2　毕加索　《自画像》　1901

1　毕加索　《自画像》　1896
2　毕加索博物馆

《毕加索传记》里有一句毕加索的话："当你困难的时候，你只能靠你自己。你自己就是个太阳，你腹中有着千道光芒。除此之外则别无所有。"对毕加索的评价，赫伯特·里德（Herbert Read）说得好："这位艺术家体内的太阳的每一道光芒，曾经在不同时间从不同的方向放射出来。"

神秘诗意的克利

瑞士画家保罗·克利（Paul Klee）在世界美术史上占据着重要位置。1920—1930年间，他任教于首创现代设计教育的德国包豪斯学院。1935年，他得了皮肤硬化症。由于心脏病发作，克利在1940年6月29日于洛迦诺逝世，时年61岁。H.H.阿纳森（H. H. Arnason）所著的《西方现代艺术史》中论及克利时说："克利是20世纪变化最多、最难以理解和才华横溢的人杰之一。"而赫伯特·里德的《现代绘画简史》把克利排列在毕加索、康定斯基之后第三个最伟大的现代画家的位置。没有看过克利的绘画原作，要对这样的评价做深入的理解是困难的。

某日在日内瓦的老城闲走，无意间看到一家画廊正在展出克利的绘画，一时喜出望外。克利是瑞士人，1920 年应校长瓦尔特·格罗皮乌斯（Walter Gropius）之邀到包豪斯任教。因为从事设计教育，曾对包豪斯进行过深入研究，1990年翻译了约翰内斯·伊顿（Johannes Itten）的《造型与形式构成》并出版，所以也相应地对克利的教学和绘画有一些了解，后来又让儿子翻译自己审校出版了《克利与他的教学笔记》，也曾经在文章里多次介绍克利与他的绘画，现在终于看到这么多原作，怎不大喜过望？

| 1 | 2 |

1 克利
2 克利 《有黄色教堂的风景》 1920

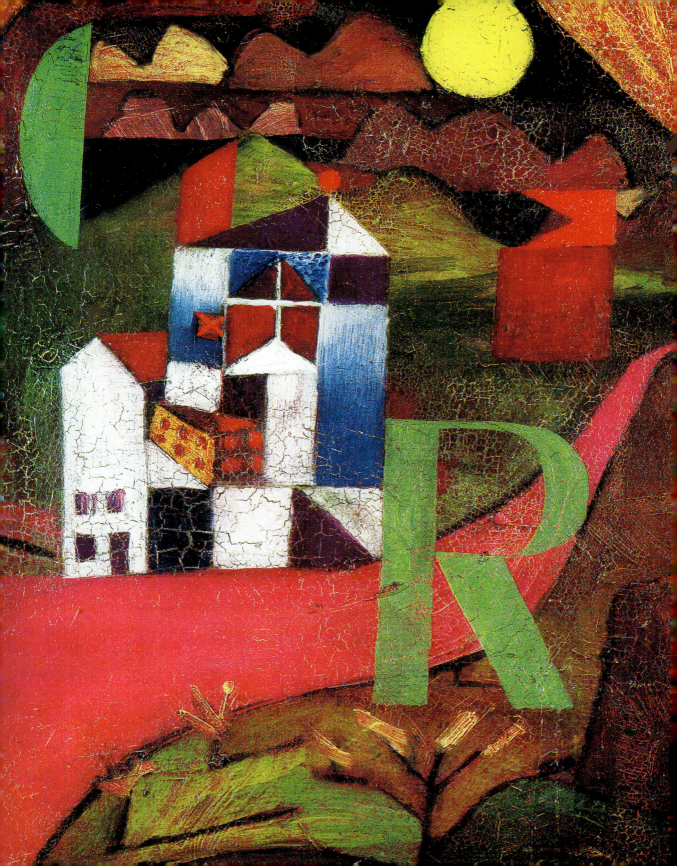

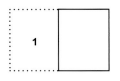

1 克利 《别墅R》 1919

看克利的画，也让我想起青年克利的生活。克利生于瑞士伯尔尼附近，年轻的克利是英俊的，有一双目光锐利的眼睛，短短的头发，留着胡须，俨然一副诗人的模样。但是，究竟要当画家还是诗人，年轻的克利举棋不定，最终他还是离家去了德国慕尼黑一所美术学校求学。这段经历在他撰写的《慕尼黑习画时代》中有记载："换句话说，我得先成为一个男人，艺术一定会接踵而至。而与女人之间的关系自然是其中的一部分。"这个时候克利大约20岁，一个带着爱情渴望的青年，正充满着对"生命流转之奥秘"的好奇，在告别了"N"小姐后，开始了与"伊夫琳"的交往。克利也有诗人的意兴："你在我灵魂深处放一把烈火，熊熊的火焰自其中升起，音乐是升华的途径。你这火之花，在夜里为我取代了太阳，亮光透入沉寂的人心。"但是这段情缘在混乱的爱情和金钱之间破碎了。"最后的密谈中没有爱情也没有恨，不留下任何痛苦的因子。我们毕竟有过一段快乐时光。"如同每一个学习艺术的青年都会面临生存的压力，克利也不例外。在生活的压力下，克利的感情经历了无数次来来回回的前进与退却、分手与和好的挣扎。克利总是思忖着："我能奉献给莉莉什么呢？艺术甚至养不活一个男人啊！"因此又思及分离。"1901年6月8日，我们讨论应该采取什么措施来使这份爱情有个庄重的结局，这是订婚期间最重大的日子。莉莉希望我有时间发挥一般及专业上的才能，她提到八个年头，她本人也要在这期间求进步。"克利并没有等八个年头，五年后就结了婚。

但到了20世纪20年代，克利蜚声艺坛，成为20世纪美术史上最受欢迎的现代艺术家之一，也是我最喜欢的画家之一，他的绘画充满了音乐感和个人化的诗意与神秘。1996年，我在澳大利亚访学时所购的《包豪斯》一书，封面用的就是克利的石版画，现在终于看到了这张原作。展览的作品中还有《别墅R》《有黄色教堂的风景》等。《有黄色教堂的风景》色彩深沉富丽，令我心醉神迷。一幅风景油画，在渐变的黑红褐色的底子上用白色的细线刻画半抽象的植物图案，白线有参差的深浅变化，微妙动人。几幅水彩，底色的渲染朦胧而有诗意，再用高度控制而有感觉的细线在其上描绘。从表面上看，似乎克利对材料并不特别讲究，一些画随便画在细条布、编织品、纸板、麻布上。但是，对材料的敏锐感觉，对色彩的微妙变化，克利有着令人叹为观止的敏感，画笔的运动明显经过思维清晰、目的明确的研究、解释与控制。也许，瑞士人的内在精致在克利这里达到了艺术化的极致，合理与不合理、偶然性与数理逻辑性对立的统一，在克利的绘画里达到了高度的和谐。克利说过："美术并不重现人们已经看到的东西，而是通过创造使人们看到东西。"他把客观世界中可辨识的形体，例如游鱼、飞鸟、树木、公园、城市、人体、植物等用精巧的细线加以表现，看上去就像神秘的形象符号，这可能也受到儿童绘画的启发。

克利的作品虽然画幅不大，但是每一幅都是在画面上把不同的色谱与几何图形对应结合起来的工程，严谨而细致。例如《野性的水》，水流线用蓝色、青绿色、赭色和粉色汇成交织的彩带，从而超越了水流动的实景，代之以惊浪悬空的图像，但是剧烈震动的线条由于渲染的水粉色而显得柔和。这种先铺涂上一种弥漫的水粉色，然后再罩一层线条的透明结构，是克利绘画的特色，意境深远，梦幻迷离，谨慎而又诱惑——还有什么词可以用来形容呢？在色彩肌理丰富的底子上，圆形、方形、弧形等几何形在他的笔下有了独特的个性，组合起来与明亮而跳动的色彩相互衬托，形成富于律动感的色彩关系，这音乐般的旋律让人心醉神迷，这种绘画特色在水彩画《北方的海》里也表现得十分鲜明。

从克利的画里，可以感受到他对自然的态度："画家是人，他本身就是自然，是自然的一部分，存在于自然的空间之中。"因此，克利制作的不是自然的一面镜子，而是自然的象征。"它超越现实，融化现实，以便挖掘出现实后面与现实内在的东西。"因而，在克利那里，对自然又是一种直觉的行动，而直觉的行动又基于艺术家的独特精神。他就是以这种独特性植根于自然，观察着自然，任由直觉导引出线条与形状，回过头来使用有意识的经验，把最初的直觉形象变成满意的结果。克利通过这种方式在自然的大地上生长出艺术的枝丫，开出富于神秘意味的花朵。这种感悟谁又能模仿呢？

1 克利 《北方的海》 1923

克利1925年到包豪斯任教；1933年被纳粹指控，辞去教职。1937年，作为堕落艺术的代表，他的102件作品被纳粹没收，而后回到瑞士居住。他的画被纳粹在"堕落艺术"展览上展出，而后又遭禁止陈列。克利回到伯尔尼后染上皮炎，1940年在卢加诺附近的一家医院去世。但是，在去世前的一年里，克利竟然作画2000多幅！画不在大，有神则名。在克利的绘画里，你可以找到大胆的探索和实验，每个形象都精巧地包含着他对某个美学问题的圆满答案。

2005年，瑞士首都建立了克利美术馆，美术馆由意大利当代著名建筑师，第二十届普利兹克奖得主伦佐·皮亚诺（Renzo Piano）设计。美术馆陈列了一些同时期其他画家的作品，自然克利的作品最多，还有一些克利早期的素描。那几张铜版人物刻得同样精细，比费宁格（Feininger）有过之而无不及，造型已然极有特点，绝非写实古典一路。他后来画的一些逸笔草草，不肯定形的铅笔素描，描写了一种朦胧的造型，全无细节，连形象也看不清。35岁前的克利主要是画素描，之后则热烈地爱上色彩并声明："我已经和色彩成为一体，我已经是一位画家了！"1920年，克利进入包豪斯成为教师，1933年离开德国回到瑞士定居，直到去世。美术馆尽可能地将克利在瑞士的所有笔迹收集起来，随手勾画的也不放过。所以展览中他的各种素描都有，并非克利最好的完整作品，以素描草图为主，色彩画仅有数幅。展厅中也陈列了克利的绘画工具，其实都十分简单——说明画一幅好画并不需要多么奢华的工具。而克利在这点上尤其鲜明，能够将一般的材料如粗麻布，做底做得十分丰富，然后在这个丰富的色彩底子上继续勾画，最后化腐朽为神奇。展厅有克利用黑线条画在报纸上的两幅作品，报纸的文字成为画面的有机部分。实际上我喜欢的还是色底上细线纵横、有控制的感觉运行，极有章法却并不死板，简直是令人叫绝。就如同克利的勾线白描总是穿插连贯，出人意料的起始、穿越和终结，却又十分有艺术的道理。概括来说，克利注重研究离本质更近的主题和形式，很少直接描绘现实生活，更侧重于抽象语言的诗意表现，把内心的幻象和对外在世界的经验结合起来。

展厅后半部有影视厅，介绍克利的艺术创作生涯，墙上是克利的生平年表，下面一排柜子上陈列了克利的照片和寄发的明信片。看克利的幼年照片，似乎没什么笑容，青年时期留着胡子，在包豪斯时剃掉了，但也还是很严肃地闭着嘴。有一张他和康定斯基的合影照片，十分珍贵，见证了两人之间的友谊。在德绍时两人就是邻居，这两个艺术大师，同样在抽象的色彩与点、线、面的形式语言上着力，但却各自走向两端，克利感性，康定斯基理性，花开两枝，各自缤纷。我喜欢看照片，从照片上看，克利的眼神总是忧郁的。而眼神显示着一个人的性格和气质，眼睛是心灵的窗户，这句话大抵是没有错的。这种忧郁，如果用文字来抒发，一定是诗意的语言，但如果用绘画来表现，会是什么样子呢？虽然是忧郁，但眼神也透着坚定。忧郁却不曾游弋的眼神，其实是知道自己要做什么，因此有了从容与深沉。可是从绘画里，看不出克利的忧郁，诗情画意是有，却也并不是开心大笑，而是优雅、有节制，隐含了愉悦的诗意和韵律。脸庞方方正正的克利，总是留着短短的头发——简单，浑圆，并非见棱见角，发际圆润向前，两边却意外地退后，给人的感觉并不锋利逼人，克制并且节制。这几点在他的绘画里也是如此，虽然尽力刻画，却不喧嚣张扬。上唇有胡须，连着下巴和腮帮，却也不长，虽不甚整齐，却也不刻意做作，一派历经沧桑的感觉，和偶然剃净胡子的时候相比，就显露出细锐的嘴角。这种细锐表达了坚韧，有不妥协的意思，是对信仰的坚守，是对自然的忠诚。

在克利美术馆中，最有趣的还是克利的作品。有一些克利早期读书和作业本的陈列，他在数学作业本上画了很多小人头像。其中一本还被做成了200多页的电子书，触屏翻页就可以看到每一页上克利所画的小人像，各种人物，各个种族，古代和现代，几乎充斥了每一页。走出展馆，给我留下最深印象的，是克利在音乐学校学习的一张照片。照片上，年轻的克利手持小提琴和其他学生在一起。克利曾经是伯尔尼交响乐团的小提琴手。

幻想浪漫的米罗

西班牙是一个出艺术大师的国度，米罗（Miró）便是其中之一。毕加索、达利和米罗被称为西班牙现代艺术三杰。与毕加索的多变相比，米罗要单纯得多，也没有达利的怪诞。也许因为这个原因，很多年前米罗的大型画展在北京举行，可以说是盛况空前，现在我还对那个展览留有深刻印象。记得当时说过一句话，巴尔蒂斯（Balthus）可以学，而米罗是不可以学的。巴尔蒂斯在中国展出时，学院派津津乐道，坚实的写实技巧可以被借鉴，然而米罗的内容与形式却是相当个人化的，任何借鉴都很容易变成东施效颦。

米罗博物馆的展厅里只有作品上方的射灯分外明亮，在射灯的照耀下，米罗的画天真清纯，清纯得像一首抒情诗，像一泓清澈的潭水，像春天临窗拂面的清风和满目的新绿。就连米罗自己也说："艺术不只是形式，它应该像诗一样，充满了回忆、联想和想象，用形象无言地向人们倾诉内心的神秘。"

米罗的抽象形态是曲线随机变化的，对应几何形态，称有机抽象形是可以的。不知道这同米罗居住在巴黎时和一些超现实主义诗人们的亲密关系有无联系？简约的画面用蓝、绿等色做出变化的底子，在其上画一些黑线和简约稚拙的色形，坚实的形与飘忽不定的底在空间形成层次上的对比。但是，这个时期的作品还缺乏风格性的统一和有机性的塑造，对现实的暗示时有时无，如《抽烟者的头》。另一部分作品则是均匀平涂的色块和堆砌于画面的复杂多样的形态，有些暗示了现实形态的原形，题目也就相当具体，如《1750年的米尔斯先生肖像》。毕加索观看米罗于1922年创作的《静物2号》时，曾经宣称："这就是诗歌。"

1 米罗
2-6 米罗的套色版画

1　米罗的涂彩雕塑　1976
2　米罗　《四要素》　1938
3　米罗　《太阳》　1949

米罗20世纪60年代后期的作品完全进入自由的境地。挥洒自如而富于感性，技巧丰富多样，造型变化而不杂乱，线条天真得如同涂鸦。稀薄的淡色与享重的原色交相使用，泼洒流淌的痕迹被高度控制，衬托着坚实凝重的厚涂色团；平涂的色彩严谨得近乎刻板，却从皱擦而略有变化的底色中浮凸出来，完整得犹如晚霞映照出艳阳的红色圆面，响亮地证明着自身在画面上的存在，使本来浓重的原色更加沉默而有力。与此同时，米罗也制作一些简洁有趣的雕塑，施以彩绘，风格亦如他的绘画一样充满风趣。进入20世纪70年代的米罗，则以他那超大尺度的图画和雕塑，证实着一个仅存的现代艺术大师仍然充满着幻想的活力与辉煌，努力通过绘画"发现事物的深刻性和诗意的现实"。

1 米罗 《风之钟》 1967
2 米罗博物馆

上海美术馆2012年举办了"现实的幻象——2012米罗版画作品特展"。这次专题画展规模不算大，主要展出米罗20世纪50—70年代创作的铜版、石版、综合版作品。版画看原作会有更贴切的审美欣赏，作品的质地肌理被充分地纳入表现的范畴，并且通过机器的挤压产生局部凹凸的立体效果，或者压成图案似的痕迹，结实厚重，既可以使黑色斑驳沧桑得像人类的历史，又能使线形的三原色跳跃呼喊腾起于画面。在白色的纸底上，泼洒以浅灰色的墨迹，像春雨下洇开的水渍流痕。然后在其上印出黑色的沉重笔触与清晰的造型，又在黑底上刮刻出有毛边的白色线痕，既形成了丰富的层次，又很和谐，不压抑，不浮躁。米罗凭独有的技巧，把黑色用得轻松而幽雅。

米罗描绘的笔触，实与中国画的写意暗合，这证明了抒情写意的因素存在于抽象线条之中，并不分中外东西。而米罗的意，是自然的迹化、纯真的显示，陶冶人的性情，美化人的心灵，以耄耋之年作画却犹如10岁之童。但是，耄耋之年绘画是无意识的本能流露，而米罗则是从文化艺术知识中积累而萌发，艺术地呈现出10岁之童的纯真。这种童真并没有因为年龄而失去，反而变得更加醇厚。2019年，纽约现代艺术博物馆的展览"胡安·米罗：世界的诞生"就揭示了艺术家在画布之上绽放的无数风格和想法。米罗曾经说过："我们加泰罗尼亚人相信，如果你想跳入空中，就必须把脚牢牢地放在地上。我来到这个地球上的原因，就是要跳得更高。"

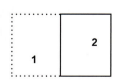

1 米罗的彩色雕塑系列　1977
2 米罗的涂彩雕塑　1967

▶ 荒诞搞怪的达利

古典艺术和现代艺术之间有没有一个统一的标准可资比较？看上去这似乎是困难的，对于当代艺术批评家而言，二者几乎是不可比的。的确，古典艺术的标准似乎明确且单纯，而当代艺术则呈现为多样复杂的视觉表现样式，其背后则是繁杂怪异的美学观念。或者说正是因为如此，艺术的标准就更加多样化、个体化，简直是一个主义一个标准，无法形成一个广泛的、普适的衡量标准。标准之间的互相参照，可以显现出当代文化的多姿多态。但是，西班牙超现实主义画家达利将古典画家和现代画家进行比较，并且列出了许多比较项，如技术、灵感、色彩、设计、天资、构图、创新性、神秘性、真实性，然后一一打分，最后取平均值，这样各种风格和主义的画家就可以进行比较了。

对达利的表格进行粗略分析，就知道他对古典艺术是偏爱的，这也不难看出超现实主义的绘画技术与古典主义有着深厚的渊源关系。达利遵从学院派的训练，对19世纪学院派极为敬仰。达利的写实技巧来源于古典绘画是毋庸置疑的，并且他的超现实主义绘画精湛的荒诞性也依赖于他高超的写实技巧。

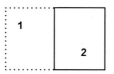

1　达利在梅索尼埃雕像前
2　达利　《欲望之谜》　1929

画家	技术	灵感	色彩	设计	天资	构图	创新性	神秘性	真实性	平均值
达·芬奇	17	18	15	19	20	18	19	20	20	18.4
梅索尼埃	5	0	1	3	0	1	2	17	18	5.2
安格尔	15	12	11	15	0	6	6	10	20	10.6
委拉斯贵支	20	19	20	19	20	20	20	15	20	19.2
布格罗	11	1	1	1	0	0	0	0	15	3.2
达利	12	17	10	17	19	18	17	19	19	16.4
毕加索	9	19	9	18	20	16	7	2	7	11.9
拉斐尔	19	19	18	20	20	20	20	20	20	19.6
马奈	3	1	6	4	0	4	5	0	14	4.1
维米尔	20	20	20	20	20	20	20	19	20	19.9
蒙德里安	0	0	0	0	0	1	1.5	0	3.5	0.7

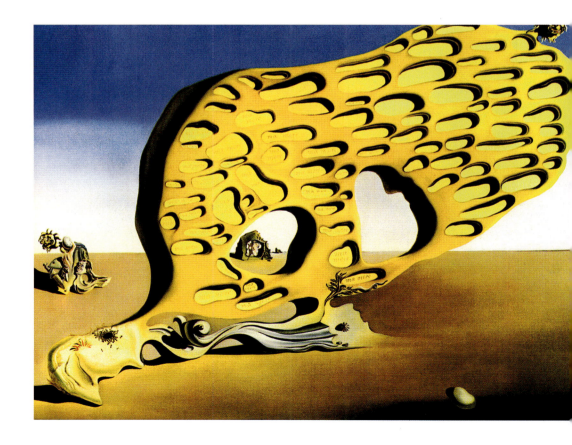

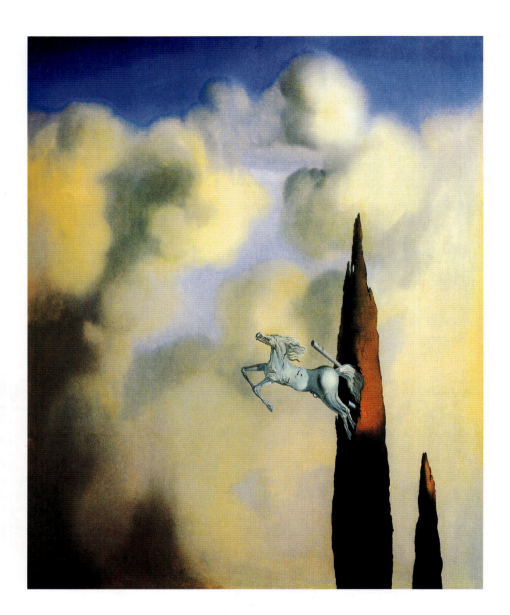

1　达利　《柏树的僵化之晨》　1934
2　维米尔　《戴珍珠耳环的少女》　1665
3　达·芬奇　《抱白貂的女人》　1485—1490
4　维米尔　《倒牛奶的女仆》　1658—1660
5　桑乔　《雅典学院》　1509—1511

有趣的是，达利几乎给了17世纪荷兰风俗画家维米尔满分。维米尔流传后世的绘画作品并不多，也就40余幅，版幅似乎也并不大，但真的是精品，作品散布在各大著名博物馆，例如《花边女工》藏在卢浮宫，《拿水碗的少妇》藏在纽约大都会博物馆，《戴珍珠耳环的少女》藏在荷兰海牙市的莫瑞泰斯皇家美术馆。根据《戴珍珠耳环的少女》拍摄的同名电影中，饰演画中人的美国女演员斯嘉丽·约翰逊（Scarlett Johansson）宛如从维米尔的笔下化为尘世中人，把画中人演绎得栩栩如生。维米尔描写的生活琐碎平凡，但是光影、色彩和构图处理得极具匠心，与荷兰其他风俗画家的绘画拉开了距离，具有一种宁静温润的诗意，也有一种耐人寻味的故事性。自然，维米尔的支巧是高超的，即善于用柠檬色、红色和绿色表现充满阳光的房间，安谧而透亮。达利给他的分数大大超过了文艺复兴大师达·芬奇，难道是达利认为现实性大于神性，人性大于神性的表现吗？维米尔只在神秘性上丧失了一分。

与达·芬奇、米开朗基罗并称文艺复兴"三杰"的拉斐尔·桑乔（Raffaello Sanzio）也比达·芬奇的总分高。罗马画派的典型代表拉斐尔只活了37岁，却留下产量丰富的巨作，收藏于世界各大著名博物馆。例如《骑士之梦》藏于伦敦国家画廊，《圣母加冠》藏于梵蒂冈绘画陈列馆，《多尼夫人像》藏于佛罗伦萨皮蒂宫，《教皇朱理二世像》藏于乌菲齐博物馆，著名的《西斯廷圣母像》藏于德勒斯登画廊，在卢浮宫也藏有他的《圣母子与圣约翰》……而在教皇宫里则有辉煌的壁画作品如《雅典学院》等。拉斐尔的绘画充满了柔美、优雅的女性气质，而以圣母题材最甚。通常依据美术史的评价，我们以为在思想性和博大性上拉斐尔会逊于达·芬奇，但是达利不以为意，因为思想性并没有成为达利衡量的标准，虽然拉斐尔只在技术、灵感、色彩上略有失分，但总分还是比达·芬奇要高。我只能说，达利对达·芬奇有一点不公平，因为就连委拉斯贵支也比达·芬奇的分数高。

```
1 2 3 4 5  6 7 8
```

1 委拉斯贵支 《教皇伊诺森西奥十世》 1650
2 布格罗 《春天归来》 1886
3 布格罗 《维纳斯的诞生》 1879
4 布格罗 《森林之神和女神们》 1873
5 安格尔 《瓦平松浴女》 1808
6 蒙德里安 《构成》 1921
7 马奈 《酒馆女招待》 1879
8 毕加索 《玛格利特公主》 1957

委拉斯贵支主要在神秘性上失了分，我认为这一评价是精准的。因为委拉斯贵支的绘画偏于写实，其技巧的朴素美妙到几乎看不出技巧来，胜过了到底有些修饰的文艺复兴大师，令无数西方画家折服，就连马奈也说他是画家中的画家。无数的古典绘画因为它们的风格而被尘封在久远的可尊敬的历史中，但是委拉斯贵支的画永远给你一种当下的感觉，让时间的流逝失效。因为"我"的消失，所以我们看到了一种明明白白的"直陈"，或许就是如此，才显得没有神秘性吧？可是，这不正是委拉斯贵支的长处吗？我还记得在伦敦国家美术馆观看《镜前的维纳斯》时那失魂落魄的样子。

欧内斯特·梅索尼埃（Ernest Meissonier）和威廉-阿道夫·布格罗（William-Adolphe Bouguereau）的得分较低，据说达利对细部严谨的叙事画家梅索尼埃多有景仰，并受其影响，发展了一种极精确的袖珍画技巧。但是，他给梅索尼埃的总分却只有5.2分，布格罗只有3.2分，我没有任何异议。在奥赛博物馆看到布格罗的绘画时我就觉得过于甜腻，这种画适于装饰华美品位的贵族家庭。达利认为他完全没有天资和构图创新能力，技术和真实性只有一点。布格罗在世时名利双收，去世后声誉下降。20世纪末，西方美术界似乎开始重新评价布格罗，他被认为是学院派艺术风格的重要画家。

让·奥古斯特·多米尼克·安格尔（Jean Auguste Dominique Ingres）的得分有点惨，但是我觉得达利的评价是适当的。安格尔描绘真实性的能力是没有问题的，当我站在他的绘画前，不是为《奥松威伯爵夫人像》中人物服装上衣褶花纹的精雕细琢惊叹不已，就是被《土耳其浴场》中对一群女浴者丰腴肉体的细节描绘所折服。安格尔将素描的准确性和线条的风格融合在一起，消除运笔的一切痕迹，创造出画面与观众之间毫无阻隔的视觉效果，在技巧上算是炉火纯青了，所以达利给了15分的较高分。达利给了倚重素描的安格尔色彩上的低分是可以理解的，但是认为安格尔的天资为零，这可叫人怎么说呢？

另一方面也可以看出，达利对现代画家的评价低得不可思议。抽象画家蒙德里安只获得平均值0.7分的极低评价，技术、灵感、色彩、设计、天资和神秘性六项都是零分，这是极为苛刻的评价了。这让我想起纽约美术学院的现代欧洲艺术教授罗伯特·罗森布卢姆说的一句话："对于那些来自蒙德里安世界的人来说，达利就如同一个诅咒。"罗兰·巴特在《明室》里分析科特兹（Kertész）为蒙德里安拍的一张照片时写道："如何具有睿智的气质而不想任何睿智的事？"这话说得饶有意味。我以为蒙德里安只由横竖线以及原色（红黄蓝黑白）组成的画，自有其专有的技巧和观念在。

马奈是印象派大师，我以为他在印象派画家中最具大将风度。在《奥林匹亚》中，马奈制造的黑白设色效果是辉煌的，整幅绘画以令人震惊的方式，对抗了学院主义风格，搭建起现实世界与绘画世界的桥梁。我在马奈《草地上的午餐》这幅画前的感觉让我赞同陈丹青对他的评价：论画面的强度、单纯、大气，他的印象派同仁无人能与他相比。在马奈的绘画里，淋漓尽致的写生快感显示了高超的技巧，达利怎么会苛刻地只给了3分？马奈勇于颠覆传统空间透视原理的科学律令，但创新性也仅仅得了5分；并且，达利居然在天资和神秘性两项中都给了0分，灵感仅仅1分，只有在真实性上给了较高的14分。这就奇怪了，真实可以作为一种标准衡量？这对现代主义绘画显然是不公平的，除非真实有更加宽泛的含义。

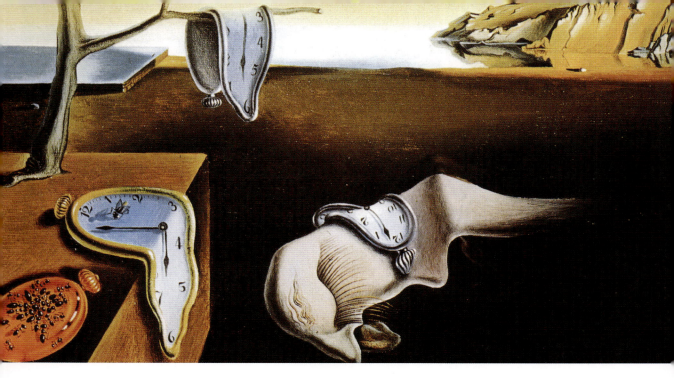

1 达利 《记忆的永恒》 1931
2 达利 《有抽屉的米罗的维纳斯》 1936

达利对自己的评价则是中等偏上，超过了大名鼎鼎的毕加索，比达·芬奇仅仅少两分。自然，这种自视甚高的评价出现在达利身上，也是可以理解的。达利认为毕加索的天资满分绝无问题，但是在创新性上甚至连自己都不如，这未免有一些讽刺。而神秘性和真实性，达利则大大超越了毕加索，达利是否以为自己的绘画充分表现了超现实梦境的真实？达利接受弗洛伊德的学说，努力想要通过乱真的绘画技术，造成一个比可见自然更为明确真实的梦中世界，就如同《记忆中的持续性》。达利的确具有非凡才能和想象力，以受文艺复兴大师影响的卓越技术描绘了梦境里的诡异形象，最知名的作品便是《记忆的永恒》，在里面刻画了软塌塌的钟表。达利式的超现实主义绘画依托由弗洛伊德所揭示的个人梦境与幻觉，把具体的细节描写和任意的夸张、变形、省略与象征等手段结合运用，创造一种介于现实与臆想、具体与抽象之间的"超现实境界"。后期达利的主要创作都围绕着基督教的内容主题，以赞扬基督及其门徒的神秘，例如《基督受难》和《最后的晚餐》，所以达利给自己的神秘性评分也不低。不过，达利没有给自己一项满分，多少还是谦逊的。如果再设立一项抛头露面的评价标准，我以为达利应该得最高分。年轻的达利就善于搞怪，在穿着打扮、言行举止上特立独行，与父亲激烈对立的达利在1929年底被粗暴地赶出家门。父亲告诉他，将会剥夺他的继承权，并终身禁止他返回加达格斯。后来据说达利将一个盛着自己精液的安全套拿给父亲，并说："拿好！现在我什么都不欠你了！"我行我素的达利用绘画和行为时时处处宣传他的"超现实主义"，也被视为波普艺术最重要的影响源泉之一。记得我有一次在达利居住过的西班牙海边小镇卡达凯斯散步，在一条街的转角边看到杆子上的街牌名字就叫萨尔瓦多·达利街，但是街牌的箭头却朝着天空，我觉得这倒是很有超现实的意味。

轻易地说艺术好坏是危险的，就如同我说过的，在艺术上，我不愿意做一个明辨是非的人。虽然在具体的艺术欣赏中我们总是潜在地表现出我们的爱憎，就如同我论说达利一样。如今，画家说，风格和媒介不重要，重要的是思想。观者说，有时作品的思想不重要，重要的是作者的情感。我说，有时作者的情感不重要，重要的是观者的观看。观看的标准反映出标准制订者的审美和爱好，折射出评价与自我评价的微妙关系。这也再一次告诉我们，艺术从来没有一个固定的标准，即使聪明精怪如达利，亦不能公正地评价艺术和艺术家，何况平庸的艺术理论批评家们。

▶ 蓝色之神克莱因

我认为克莱因是继马蒂斯之后最重要的法国艺术家。如今从全球角度来看，他也仍然是最具创造性的艺术家之一。克莱因于1928年出生于尼斯附近的一个村庄，父亲弗雷德·克莱因（Fred Klein）是一位肖像画家，母亲玛丽·雷蒙德（Marie Raymond）是抽象画家。克莱因开始并没有学习艺术，但是后来突然爆发，短时间做出惊人的艺术作品和活动。1962年，他在34岁时意外死于心脏病，那时他已处于成名的巅峰。虽然克莱因只享受了一段非常短暂但充满活力的七年艺术生涯，但是克莱因仿佛是为着艺术的创造而生，轰轰烈烈地展示了对艺术各个方面的实践：不仅仅是绘画和绘画雕塑，也包括非物质的表演、声音作品、干预公共空间、建筑项目的实验，最本质上是形成了非物质艺术的理论。这些多样化的作品都在短时间内制作出来，的确令人印象深刻。

1955年，克莱因画出了第一幅单色画，之后很快转向了蓝色。1956年，他在化学家友人的帮助下，发明了一种饱满明亮的蓝色颜料，并申请了专利，名为"国际克莱因蓝"（International Klein Bleu, IKB）。克莱因之所以喜欢用蓝色作单色画，我想是和他出生的尼斯的天空有关。克莱因选择的蓝是家乡尼斯天空的蓝、海洋的蓝，是天海融合的蓝，是最接近宇宙本质的蓝。从此，克莱因进入了非同寻常的蓝色时期，蓝色画在西班牙、意大利、德国和英国展出，获得了关注与成功。

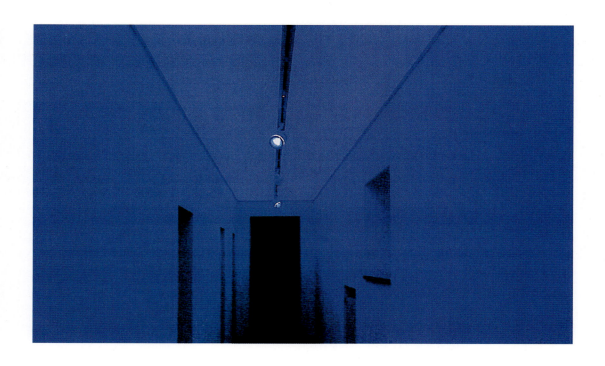

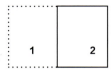

1　圣埃尔莫设计工作室
2　克莱因　《萨摩色雷斯的胜利女神》　1962

1957年，克莱因又把兴趣转向表演和手势，借此进一步探索艺术的非物质方面。他展出的作品如火或水中短暂的雕塑、声音作品、"空中建筑"以及整个空间艺术都是短暂和无形的表现，形成了他关于艺术本身的基本理念。1960年，克莱因汇集一批志同道合而又风格各异的艺术家，共同发表艺术评论家皮耶·雷斯坦尼（Pierre Restany）撰写的新现实主义宣言：新现实主义确认其集体特性，即新现实主义等同于对现实的新感知。

从1960年起，克莱因越来越多地致力于火的燃烧绘画的实验，例如把喷火器当作画笔，将炽热的火焰喷射在涂有红黄蓝各种颜料的石棉板上；他还燃烧卡纸，然后让水在纸面流过，烧焦的烙印和水渍形成一幅画。水火风雨都可以作为表达元素能量的媒介，比如《宇宙起源》的创作，克莱因将涂上颜料的画布绑在汽车顶上，然后开车在雨中行进，风雨吹打颜料，造成画布不可预测的生动变化，以形成最后的画面。克莱因在那个历史时期，用这样的行为昭告世界：当下的创作行为本身，比作品更有价值、更为重要；而构思和设计的整个过程，亦远胜于具体的、实质的、永存的作品。过程胜过结果，观念胜过物质。

形而上学的思想是他艺术实验的基础，就像他的单色绘画一样。克莱因的纯虚拟开放空间的想法首先在他的蓝色单色绘画中实现，画面采用一种均匀、全面、超蓝的颜色，毫无疑问，蓝色画成为众所周知的IKB（颜色）。对于他来说，这只不过是他意识形态"蓝色革命"的说明，他认为这种革命是整个宇宙中非物质意味的传播。康定斯基在《论艺术的精神》里对蓝色有具体的描述，而鲁道夫·阿恩海姆（Rudolf Arnheim）则说蓝色较为拘谨和遥远，令人喜欢是因为它与蓝色的天空相似。蓝色也被圣埃尔莫（Saint Elmo）设计工作室所采用，屋顶的蓝灯使过道充满了蓝色的梦幻，并且指引人们从入口进入，就像守护圣埃尔莫在船桅顶熠熠发光，引导着水手们航行在蔚蓝色的大海上。

克莱因索性就将蓝色涂抹在通常置放在船头的胜利女神上。而在他的蓝色单色画里，颜料不再是工具，颜料本身就是一幅画；大幅的IKB平涂，足以让观者全神贯注地投入其中并进入一种精神世界。克莱因是"玫瑰十字教"的信徒，他们主张轻肉体而重心灵，轻物质而重精神，追求人的生命和宇宙精神的合一，纯粹的色彩世界，能够达到理想中的精神境界。或许这便是克莱因选择IKB蓝作为表现象征的理由。

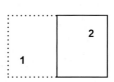

1 克莱因　《蓝色地球》　1957
2 克莱因

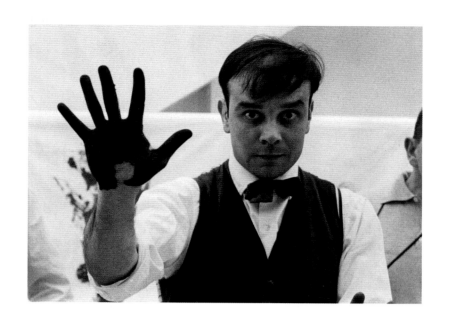

我所喜欢的蓝，并不是人们通常看到的那种湖蓝（雨后的晴空常常是这种颜色），湖蓝太模糊，似乎色性不那么肯定，略微带有大气的朦胧，虽然悠远，但到底不够清晰和深沉。我喜欢的是介于群青和钴蓝之间的蓝，钴蓝比湖蓝肯定了许多，也沉静了许多，但是还是有些浅显，不够沉着。群青有足够的幽静，不像普蓝那么沉闷，有孤寂的幽怨，但也略透出一些深紫的感觉。在中国古代传统的纹饰上，常常会出现近似群青的色彩，例如颐和园长廊的彩绘。因此，群青就带有了古旧的感觉。其实就色彩本身来讲，它应当是有足够的扩展余地的，并非像红或黄，带有明显可见的认知特性。而IKB蓝便具有蓝色最好的神秘深邃的特性。

在表现上，平涂并不能满足克莱因，他追求的是创作的整体体验，从思想、行为到知觉过程，而非作为结果的有形作品。于是他开始把蓝色涂抹在画布以外的物体上，起初是雕塑、颜料桶等，后来规模扩大，为了庆祝个展开幕，他在巴黎释放1001个蓝色气球，向公众传播自己的蓝色理念，将这件作品命名为《最初的浮空雕塑》，他甚至计划在协和广场的古埃及石碑上投射蓝色灯光，临时被政府禁止，直到他去世21年后这项计划才得以实现。

第3章

深沉与仰望：
沐浴教堂的艺术之光

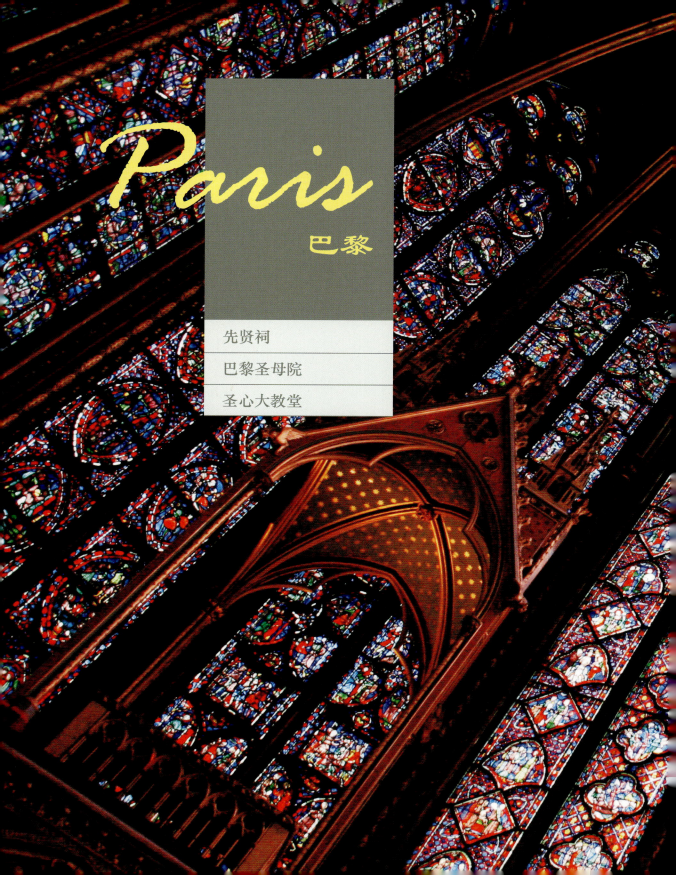

Paris

巴黎

Panthéon
先贤祠

1-1

先贤祠与荣军院有些类似，设计之初是为教堂之用。1744年，路易十五在病危时，向圣吉纳维芙许愿，如果他能痊愈，就会兴建一座教堂感谢她。吉纳维芙是 5 世纪的巴黎年轻妇女。451 年，传言匈奴阿堤拉将入侵巴黎，惊慌的巴黎人准备逃亡，她却呼吁大家留下，向万能的上帝祷告。幸运的是，阿堤拉并非想要侵略巴黎，而是要取道奥尔良的罗赫以攻击西哥特人。巴黎幸免被匈奴大军的铁蹄践踏，巴黎人却因此认为吉纳维芙是大救星。

路易十五病愈后，在 1764 年开始建造这座拥有"希腊式美感以及哥特式宽敞与光线"的大教堂。到了1790 年竣工时，路易十五早已死去，路易十六也快要上断头台。法国大革命开始，吉纳维芙的圣物也被巴黎民众视为迷信的产物，扔进波涛滚滚的塞纳河去了。 革命者将这座教堂改作他用，成为一栋法国先贤伟人的建筑，被命名为"Panthéon"，是古罗马"万神庙"的意思。中文把它译为"先贤祠"，也是绝佳的创意。

先贤祠里面的空间极大，周围的墙壁上都是历史壁画，描绘如查理曼大帝、圣女贞德等历史人物和历史事件；也有一些宗教内容的绘画。画的风格多样，有装饰性的，有写实的，也有古典风格的。但是，看上去都不会有太久的历史。众多绘画中，以夏凡纳（Chavannes）的组画《圣吉纳维芙生平》最引人注目，其中《圣吉纳维芙守护沉睡的巴黎》壁画尤为出色。壁画描绘了老年的吉纳维芙的事迹。竖构图中，幽蓝到深邃的夜空，圆月当头，月光下的巴黎沉睡着。戴着白头巾的圣女伫立在矮墙边，略带忧郁地俯视着黑暗中的巴黎城，这是一个漫长的不眠之夜……严谨的线条，概括的块面，柔和的色彩，营造出一种古典清醇的感染力。

中间大厅有时间的球摆——用线吊着来回地摆动。良久地在廊柱间徘徊，在巨大的画幅前停留，沉浸在绘画描写的历史氛围里。时近中午，还是没有什么人参观，一个穿着黑衣的女孩肃立在球摆前，像一尊凝想的雕塑。

从教堂的边门下底层地下祭奠堂，昏暗的甬道、厅堂、墓穴，照明灯像油灯一样闪烁着。如同威斯敏斯特教堂一样，这里也埋葬着近现代的著名作家和思想家。1791年4月4日，第一个安葬入寺的是革命贵族小米拉波，但到了秋天，人们认为他与路易十六不清不楚，被悄悄地移了出去。第二个伟人伏尔泰在同年5月30日迁入先贤祠。伏尔泰信仰宗教，但是主张宗教宽容，把基督教斥之为一个社会机构。他曾经说："我已经听厌了那12个人是怎样建立起基督教的，我倒想说，仅凭一个人就可以摧毁它。"那么，这个人是伏尔泰自己吗？伏尔泰于1778年5月30日去世，由于他反对教权主义的观点，未能得到宗教的葬礼，13年后法国大革命党人将他的遗体重新埋葬在先贤祠。在边廊看到了伏尔泰的棺木，对面隔着一条走道则是卢梭的棺木。伏尔泰的棺木前有他的全身大理石立像——手里拿着一卷手稿和一支羽毛笔。法国雕塑家乌桐（Houdon），曾经雕过伏尔泰的全身坐像，脸上露出惯有的、智慧的微笑，连伏尔泰自己都很满意。乌桐的作品比这个雕塑传神。

1-2

1-2　夏凡纳　《圣吉纳维芙守护沉睡的巴黎》　1989

1-3

卢梭的棺木则被设计成一栋建筑，上面写着："这里安息
着一个自然和真理之人。"麦克·哈特（Michael Hart）
所著《影响人类历史进程的100名人排行榜》一书中，伏
尔泰位居第 74 位，卢梭排在第 78 位，稍逊一筹。卢梭
1712 年出生于日内瓦，出生后不久母亲去世，10岁时父亲
被流放离开日内瓦，16岁时卢梭也离开了这个城市，开始
流浪。38岁那年由于获得第戎科学院以艺术和科学是否有
益于人类社会和道德为题的征文比赛头奖而成名。因为反
对伏尔泰在日内瓦建剧场的计划而与之发生矛盾。卢梭的
唯情论和伏尔泰的唯理论形成鲜明对比。哈特认为，卢梭
对近代的平等与民主思想做出了贡献，其思想影响了人类
达两个世纪。在日内瓦勃朗桥边有一个卢梭岛，上面竖立
着卢梭的雕像。如果放在这里与伏尔泰相对，却也是饶有
趣味。生前，两人也在一些事情上有过笔墨之争，现在却
要面对面地厮守在一起。

顺着一个甬道缓缓而行，两边是一间间石棺房，找到了
停放作家左拉（Zola）和雨果（Hugo）的房间。两人在
一间，棺木上摆放着鲜花，房间外刻有名字，对面墙上
挂着铭牌。想起雨果生前厌恶地将石棺房讥嘲为"海绵
蛋糕"，没想到最后自己也置身其中，嘴角不禁有些笑
意。1885 年 5 月29日的雨果国葬，50 万人走上街头哀悼
他。之前他的遗体安放在凯旋门前供人瞻仰，遵照诗人
的意愿，不举行任何宗教仪式，接着以"穷人的"柩车
将遗体送往先贤祠，象征着他和平民百姓之间的同心同
德。在苏弗洛特街的末端，先贤祠披着黑纱，门前两盏
三角灯向空中射出绿色的灯光，祠门在寂静中开启。先
贤祠地上铺满了数以千计的桂冠、花束、旗帜和国旗，
也是极尽哀荣了。

1-5

还有一些其他历史上的科学家和政治家埋葬在这里，例如抗战领袖让·穆兰（Jean Moulin）和居里夫人（Marie Curie）。果然找到了居里夫妇的棺墓，介绍的牌子上居然有北京召开纪念居里夫妇大会的照片。中国核物理科学家钱三强夫妇曾经是居里夫人的学生，在巴黎大学居里实验室作研究，对原子核裂变进行实验分析，1947年正式发表论文，证实了铀核三分裂、四分裂现象的存在，西方报纸称赞为"中国居里夫妇发现了原子核分裂法"。说到这里，妻子说，钱三强曾经是外公张佩瑚的学生呢。

在先贤祠一层的旁边大门两侧铭刻着为国家而死的一些著名人物的名字。离开前，在留言本上写下一句话："令人惊奇，令人震惊，神圣的文化遗产属于法国人民，也属于全人类。"

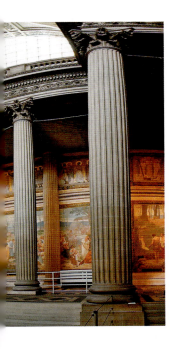

离开先贤祠，顺着苏弗洛特街下去，右拐，在街道左边突然看到一个小教堂，和先贤祠相比，实在是太陈旧、太简陋、太狭小了。绕到后面的正门进入，里面非常安静，墙上的彩色镶嵌玻璃画十分清晰立体。整个教堂宗教的情节性很强，色彩倒十分朴素。侧厅一堂里面挂满了鲁奥（Rouault）的黑白版画。鲁奥是法国后期印象派画家，风格接近表现主义，画风受玻璃镶嵌画影响，看来他对宗教艺术还是很感兴趣。墙上还挂着现代风格的基督像，黑色，面目不清，刀劈斧凿的雕刻风格。想不到这个教堂的宗教艺术倒是十分现代。还有《圣母抱圣子》的雕像，圣母正安祥地俯视着脚下供奉的白色鲜花。出得门来，注意到三角门楣上居然长出了一棵小树。

1-6

1-5 1-6 眼中的先贤祠和自己先前想象的不同。身在朴素、深暗的氛围里，感觉并不如想象的宏大。但是，法国人终究为自己的杰出儿女保留了一块圣地，留待后人瞻仰。对文化的这一份尊重，是法国所独有的

2-1

2-1 从左岸拍摄晚间的圣母院与塞纳河，圣母院被装饰彩灯映照得辉煌壮烈，宛若烈火里涅槃的凤凰

2-2 圣母院外立面上的雕刻也是风趣盎然，栩栩如生

2-3 好的建筑是有精神的建筑，也是有文化的建筑，因而也就成为时代的标志

瞻仰巴黎圣母院已经是第二次了。第一次是在1999年的圣诞节期间。那时正值圣母院维修，正面搭起了脚手架，遮掩了巍然壮观的面容，只留下内部的总体印象。19世纪法国浪漫主义作家雨果曾经写过小说《巴黎圣母院》，巴黎圣母院也因此被世人所熟知。根据小说拍摄的电影《巴黎圣母院》总让人难以忘记，曾经一个时期，CNN的新闻片头，从左岸拍摄晚间的圣母院与塞纳河，圣母院被灯光映照得辉煌壮烈，宛若烈火里涅槃的凤凰。

好的建筑是有精神的建筑，也是有文化的建筑。因而也就成为历史的时代的标志。宗教的结晶又用艺术的形式来升华，二者成为互补的关系，因此具有独特的美学意味，这是我看巴黎圣母院进一步的体会。圣母院坐落在市中心塞纳河中的西岱岛上，建筑总高超过130米，是欧洲历史上第一座完全哥特式的教堂，历史悠久，最早可以追溯到1163年，由巴黎大主教莫里斯·德·苏利（Maurice de Sully）主持兴建。到1345年建成，前后历时180多年。巴黎圣母院承载着法国历史上最重要的历史时刻：1431年，英格兰的亨利六世在大教堂内加冕，拿破仑于1804年在大教堂内加冕称帝……从10世纪开始这里一直是法国的宗教中心。

2-2

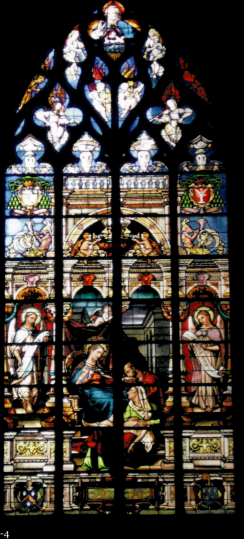

2-4　从阳光灿烂的外面进入教堂，顿觉眼前一片漆黑，眼光不由自主地落在玫瑰窗上，真的是太绚丽了

2-5　内部的灰色石头墙面相当朴素，不像罗马的教堂，用很多的彩色大理石装饰，或者挂满了油画。肋拱的线条也不张扬，有些纤细，自然消融在阔大的空间里

巴黎圣母院底层有三个并排的拱券形门洞，分别是玛利亚门、末日审判门和圣安娜门。这三个尖形的内凹门洞，饰带一层层递进缩小，上面雕满了瘦长的雕像。左侧是圣母玛利亚事迹，右侧是圣母之母圣安娜事迹，中间是密密麻麻的《最后的审判》雕刻。巴黎圣母院的三扇大门也是三卷华丽的篇章，它们并不只是装饰，每扇门上密密麻麻的雕塑，都刻满了圣经故事。拱门的上面是一排 28 个以色列和犹太国历代国王的雕像。第二层两边是尖拱双石窗，中部是直径 10 米的圆形玫瑰花窗，中间供奉着圣母圣婴像，两边立着天使，两侧是亚当和夏娃的雕像。第三层是一排细长雕花拱形柱廊，再上面是两座塔楼，总高 69 米。屋顶正中106米的尖塔高耸挺拔，塔顶十字架直插蓝天，据说耶稣受刑所用十字架及其冠冕就在十字架下面的球内封存。整个建筑是典型的哥特式，正外立面汇集拱券、壁柱、圆窗、雕像、饰带等不同时期与造型的元素，风格独特，结构严谨，美妙和谐，分明是雄伟庄严的样子。

巴黎圣母院具有地理上的优势，居住区的邻近、街道系统的易达性使得教堂本身、教堂前广场和城市形成紧密的关系，从而让宗教和现实生活融为一体，广场成为市民游戏、约会、交易和歌舞的公共场所。门洞入口的队伍在广场上蜿蜒百余米。进入教堂，遥不可及的穹顶是如此之高，几乎让人产生失望的心情。只有巨大的玫瑰窗引人注目，给圣殿涂上了幻彩。因为在黑暗里，并不是玫瑰窗提供了光线，而是分外地显示出色彩的斑斓，也许暗示了天堂世界的美好，让黑暗里的人感觉到渺小和卑微，也因此产生对天堂的向往之情吧。用彩色玻璃在窗子上镶嵌出易读的圣经故事，被称为"不识字人的圣经"。这些彩色玻璃窗将教堂内部渲染得五彩缤纷，宛如尘世幻想中上帝的居所，从而冲破了神学玄秘的迷雾。教堂内没有太多的宗教艺术作品可供欣赏，只有一些不太引人注目的雕塑。倒是拥有6000根音管的大管风琴引人注目，在黑暗里闪着金属的光泽，这也是巴黎圣母院拥有的世界上最大的管风琴。

2-5

圣心大教堂坐落于巴黎市中心北部蒙玛特高地上，仿佛从巴黎城海上耸立出来，在巴黎四周很远的地方都能看到它，是巴黎最明显的地标。

圣心大教堂是巴黎人民捐款修建的，它的建筑设计师是保罗·阿巴迪（Paul Abadie）。1876 年圣心大教堂开始建造，1884 年保罗·阿巴迪辞世，另五个设计师接手了圣心大教堂的督建工作。他们修改了圣心大教堂最初的设计方案，教堂最终于 1919 年建成。据说建造教堂是为了鼓舞普法战争和巴黎公社时期情绪低落的市民。40 多年的岁月里，它用掉了天主教徒捐献的 4000 万法郎。

3-1　圣心大教堂坐落于巴黎市中心北部蒙玛特高地上，仿佛从巴黎城海上耸立出来，在巴黎四周很远的地方都能看到它，是巴黎最明显的地标

3-1

3-2

圣心大教堂总长85米，宽35米，建筑呈罗马一拜占庭风格，通体洁白，让人不由得联想起印度的泰姬陵。钟楼高80米，居高临下，俯瞰着整个巴黎城。以蔚蓝的天空为背景，奶白色的建筑给人以安详圣洁的宏大美感，洋溢着一种不可抑制的美丽与喜悦，也具有一种轻盈的精神性，与巴黎圣母院的庄重沉稳有区别。因此也成为巴黎画家笔下经常描绘的对象。如果说巴黎圣母院承载了社会与历史的动荡，而圣心大教堂则是巴黎人精神依赖的对象。

教堂前数百级的台阶一直延伸到它对面的马路上。尽管上下都有缆车，还是选择从坡下拾级而上，建筑一点点逼近，感觉到一种巍峨的气势扑面而来，碧蓝如洗的天空被飞机划出条条白烟，仿佛教堂放射着道道白光。从坡顶回望坡下，全巴黎一览无遗地尽收眼底，因有烟云缭绕，也就生机盎然，的确是一个充满活力的巴黎。

圣心大教堂有4个小穹顶，在4个小穹顶的簇拥下，中间挺拔出一个55米高，直径16米的大穹顶。教堂正面是3个拱形大门，门廊两侧立着两尊立马铜像，一边是圣·路易，另一边是被英国人用火刑烧死的圣女贞德。据说整座教堂都采

3-2 以蔚蓝的天空为背景，奶白色的建筑给人以安详圣洁的宏大美感，洋溢着一种不可抑制的美丽与喜悦，也具有一种轻盈的精神性，与巴黎圣母院的庄重沉稳有区别。因此也成为巴黎画家笔下经常描绘的对象

3-3

用一种叫"伦敦堡"的特殊白石，当这种石头接触水或雨水，便会分泌出一种白色物质，这种白色物质能使建筑在积年累月的风雨冲刷中越变越白。因此，圣心大教堂在历史岁月的冲洗下是越来越雪白晶莹了。

走进教堂，穹隆更显高远。圣心大教堂内也有令人叹为观止的玻璃彩窗，这些玻璃彩窗曾经在1944年的战火中被摧毁，1946年按原样修复。教堂深度小于巴黎圣母院，但光线明亮。不时有人跪于圣母浮雕像前默默祈祷，无人知晓他们在心中默念什么。有教士在布道，数十人静坐默听。教堂的祭坛正面，巨大的耶稣在十字架上垂目不言，为人类的原罪哀伤。

据说圣心大教堂有全法国最大的钟。这只重19吨的大钟由一只重850千克的钟锤敲响后，全巴黎城都可以听到它那悠扬的钟声。晚上去大教堂，参加弥撒活动的人群会黑压压地挤满教堂，连过道边廊都站满了人。巴赫的钢琴赞美曲通过扩音器在教堂的穹顶回响，引起巨大的共鸣，动人心魄，气氛肃穆地营造着一个庄重的气场。前堂烛光闪闪，修女与修士身着白衣，一排排，在烛光照耀下像一大团暖烘烘的黄白雾光。雾光里传来吟咏圣诗的歌声，婉转的歌声飘荡在人群头顶，仿佛灵光洒下，众人低声吟唱《空谷的回音》：

3-4

我是空谷的回音
四处寻找我的心
问遍溪水和山林
我心依然无处寻
哦，我曾经多彷徨
四周一无安息土
笑声留不住欢乐
眼泪带不走痛苦

我说生命不稀奇
一声叹息归尘土
放弃一切的追求
任凭潮水带我走
哦，我曾经多彷徨
四周一无安息土
笑声留不住欢乐
眼泪带不走痛苦

有人曾经告诉我
耶稣正在寻找我
他的爱能够保护我
他的手能够医治我
哦，我心中多快乐
我又见到那阳光
我的心紧紧跟随他
我的口还要赞美他

朋友你今在哪里
四处奔跑何时已
如果你仍愿意听
让我再来告诉你
耶稣基督救赎主
他曾满足心无数
向他倾诉向他哭
他必使你得饱足

白日的垂目耶稣在夜晚好像要俯跌下来，张开双臂，似乎想要拥抱下面的芸芸众生。许多人信仰上帝，是因为他们无法在宇宙中找到最终的意义，无法面对现实的痛苦和终极的死亡。我尊重一切宗教中善的东西，而且这种善应该成为所有宗教的基本出发点，并因此构成人类多元和谐的信仰世界。

3-5

3-5 穹顶上那宏大的耶稣布道壁画还是一下子就抓住了所有游客的视线，画中的耶稣平举双手伸向茫茫尘世中的信人，据说这是世界上最高的马赛克画

3-6 耶稣愿意做罪人的朋友，最后悬于他所自择的十字架上，显示出一种牺牲和救赎人类的美丽。想到此，心里隐隐升起一种感动，渐渐在胸中弥漫开来

3-6

4-1

法国卢昂，围绕圣母大教堂，也有许多其他的教堂。穿过有名的戈罗斯·奥尔罗日街往西，就到了旧市场广场，1431年，圣女贞德就在此广场被处以火刑，旁边墙壁是手戴镣铐的贞德雕像。在雕像的脚下，生长着默默无闻的粉色和紫色的花。

据记载，贞德原本是一位法国农村少女，她声称自己16岁时在村后的大树下遇见天使圣米迦勒、圣玛嘉烈和圣凯瑟琳，从而得到"神的启示"，要求她带兵收复当时由英国人占领的法国失地。后来她几番辗转，得到兵权，于1429年解奥尔良之围，并带兵多次打败英国的侵略者，更促成拥有王位继承权的查理七世于同年7月16日得以加冕。随后，圣女贞德于1430年在贡比涅一次小冲突中为勃艮第公国所俘，不久被英国人以重金购去，由英国当局控制下的宗教裁判所以异端和女巫罪判处火刑，于1431年5月30日在法国卢昂被当众处死。20年后，当英国人被彻底逐出法国时，贞德年老的母亲说服教宗卡利克斯特三世重新审判贞德的案子，最终于1456年为她平反。1920年5月16日，由教宗本笃十五世封圣。

广场的中央建有现代风格的圣女贞德教堂，建于1979年。
的确，如同旅游指南上讲的，教堂从外观看就像是一艘翻
过来底朝上的维京船。维京人原是诺曼底人的祖先，素来
以勇猛顽强闻名欧洲史。也许，这就是教堂的设计师建筑
构思的原点吧？建筑原可以从相关的历史中寻找灵感，并
且将历史的元素和建筑所要表达的内容结合起来，现在这
座教堂既是纪念圣女贞德的教堂，也是纪念这位女英雄的
民间纪念馆，吸引了大批国内外游客慕名而来。建筑以板
岩或铜制鳞片做顶，面向大海方向，灰色的屋顶，也像迎
风而起的桅帆，轮廓线具有强烈的视觉动感。由于现代建
筑支撑结构技术，教堂的彩色玻璃窗占据了墙面大部分，
使得教堂有很好的采光。

4-1　圣女贞德像，手戴镣铐，微侧
着头仰天瞑目，脚下火焰线条盘曲
而上，蜿蜒到背后的石碑上。衣纹
垂立的贞德宛如烈火中涅槃的凤凰

4-2　圣女贞德被处死的地方现在是
花圃，红色和粉色的鲜花喧闹地盛
开着，活泼地展示着现世生活的和
平与繁华，让历史退到记忆遥远的
深处

4-3

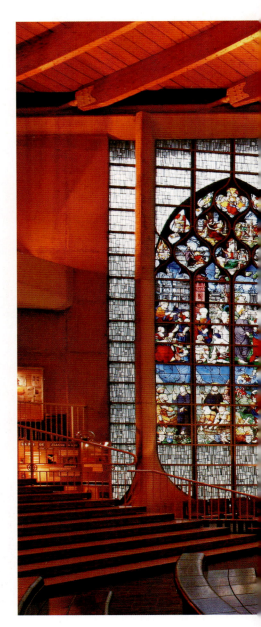

4-3　圣女贞德教堂

4-4　教堂虽然现代，但是内部有目前保存最好的文
艺复兴时期法国第一批彩绘玻璃窗，描绘了早期诺曼
底人的生活故事

4-4

211

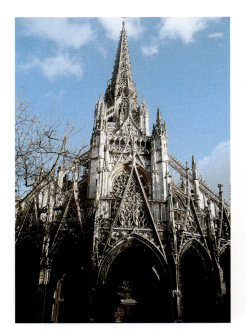

4-5

4-6

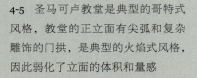

4-5 圣马可卢教堂是典型的哥特式风格，教堂的正立面有尖弧和复杂雕饰的门拱，是典型的火焰式风格，因此弱化了立面的体积和量感

4-6 梦幻般的五边形西立面被雕饰成一曲尖角装饰的对角线所组成的复调音乐，坚固的墙体由此被消解成一片热情活跃的飘雾与闪烁，令人难以察觉地消散在卢昂的晴空中

广场往北有圣帕特里斯教堂，从此往东，紧挨美术博物馆的东边有圣戈达尔教堂，再往东北一点是圣路易教堂。从圣路易教堂往东南就是圣维维安教堂，圣维维安教堂西边是圣旺教堂，圣旺教堂南边是圣马可卢教堂的前庭，再往南就是圣马可卢教堂。教堂内的玻璃窗瘦长，但是玻璃画构图复杂，以至于画面主次难分；玻璃画虽然线条细密，但是色彩单调，没有寻常的缤纷色彩，因为其间充斥了大量的白色玻璃。从圣马可卢教堂往西一点就来到圣母大教堂。卢昂圣母大教堂是辐射式风格的哥特建筑，它具有一种新的活泼风格，形成了哥特式中晚期严谨的样式。

4-7

4-7 北面侧墙柱上的两个人物雕像，双手已经残断，但是微笑的表情犹如灿烂的阳光，消除了石头的冰冷，令人难忘

5-1

5-1 既然来到了诺曼底，似乎到卢昂去看一看莫奈画过的圣母大教堂就是必然的事情

5-2 教堂前的广场并不大，站在对面的商店前，无可退缩地抬起头来观看逆光中的高大教堂，又似乎深重地壁立着，一种迫人的感觉扑面而来

圣母大教堂也称卢昂大教堂。2004年初秋，印象派画展在中国举行，在莫奈的作品里，法方最初提供了一幅《卢昂大教堂》，在中方选画人员的争取下，又争取到了巴黎玛莫堂博物馆馆藏的一幅。这样，莫奈四幅中的两幅来到中国。

据说圣母大教堂是欧洲第四大教堂，曾经在第二次世界大战中被炸，战后修复。教堂正面的两侧及上部粉白，而中间正门以下呈现深黑，不知道莫奈写生时是不是就是这种样子？

据说莫奈曾经租住在教堂对面店铺楼上的一个房间里，也许打开窗帘就可以看到教堂。于是想象着莫奈站在街边写生的样子，不知道会不会招来无数的旁观者，假如我是同时代人，我一定会守在莫奈身边……这样想着，似乎看到了莫奈正面对着教堂，眯着双眼看光线，嘴里喃喃地嘟囔着，开始在画布上用木炭画上几条标记线。

"光线大约能持续多长时间才能明显看出变化呢？"我轻轻地问，唯恐打扰了莫奈。

"这是很糟糕的，光变了，颜色也要随着变。颜色，一种颜色，它持续一秒钟，有时至多不超过三四分钟。"莫奈说着，挥动着长长的画笔，只管把颜色在画板上并列、拖动、皴擦，笔尖像是啄米的鸟喙。

"这样，你就能够画完吗？"

5-3

5-3 5-4　莫奈　《卢昂大教堂》　1892

"这样，我就只能在三四分钟内做我能做的事。一旦错过机会，我就只好停止工作。"莫奈说着，停下手中的画笔，眯着眼看阴影中的大教堂。

"哦！我多受罪，画画使我吃多少苦头，它折磨我，伤害我。"莫奈叹息一声，看着变化了的光线，将架子上花了一个多小时的画拿了下来，换上了另外一块绷好的画布。

瞬间成为美的条件，这是莫奈给我的启示。不再是固定与静止不变，不再是唯一角度的透视幻觉，时间在视觉中发生的变化，不仅看到时间在物象上创造着色彩的奇迹，也反过来从物象的表面形式中看到了永无止境的内在质变。人的意识太依赖于概念，而瞬间往往会因为易逝而容易被忽略。概念相对于片段的真实显得苍白。而且，瞬间抛弃了永恒的意义，把眼光吸引到事物的本身。或者说仅仅是把绘画自身当作一种事物进行创造的对象。绘画因此从自然中解放出来。

教堂里面没有太多的装饰，朴素、单纯，因此就有了空旷的感觉，也有效地把注意力引向建筑本身。与此相对，建筑的简洁线条沐浴在从窗口射进来的阳光下，有一种清晰朴素的审美感觉。此时，管风琴的音响在空间里低回。

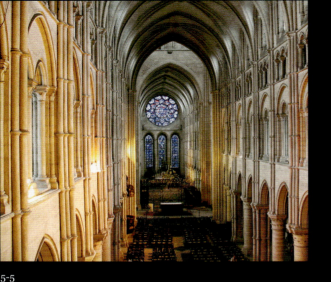

5-5

5-6

5-5 穹顶和哥特式的拱梁以及墙壁的半柱式竖线增加了一种在罗马式建筑中不易找到的崇高感。而光成为教堂最大的渴望，因为光是神性的象征，这一点倒和莫奈对光的崇拜暗合

5-6 教堂内的一段石雕楼梯，辗转引向上层，栏杆上有十字雕饰图案

实际上，等眼睛适应了光线，教堂里还是有一些东西的。墙上悬挂着宗教油画，内容与风格却并不引人注目。有一些风化的雕塑排列在教堂深处的墙边。风化成圆柔的脸庞，五官模糊了，但还是能够显露出表情，这表情也是含糊的，似乎带着安慰的笑意，或者还有一丝惆怅，在教堂昏暗的光线下静静地待着，彼此没有搭理，但也还是和谐安详地在一起。而躺在石棺上的雕像，显出一副严峻的表情。这些几乎和莫奈的画没有任何联系。莫奈感兴趣的只是这教堂的表皮，内里与他的世界无关。

2005年英法两国合作了一项欧洲文化复兴计划，将教堂的正面变成一幅巨大无比的画布，在上面投射出莫奈的教堂组画，让观众欣赏一幅幅画作的投影，与教堂融合为一体。那么，是教堂沾了莫奈的光，还是莫奈借了教堂的光？

5-7

5-7 5-8　彩色玻璃镶嵌画图案繁复，不易看出主题内容，只是异常的鲜艳美丽

5-8

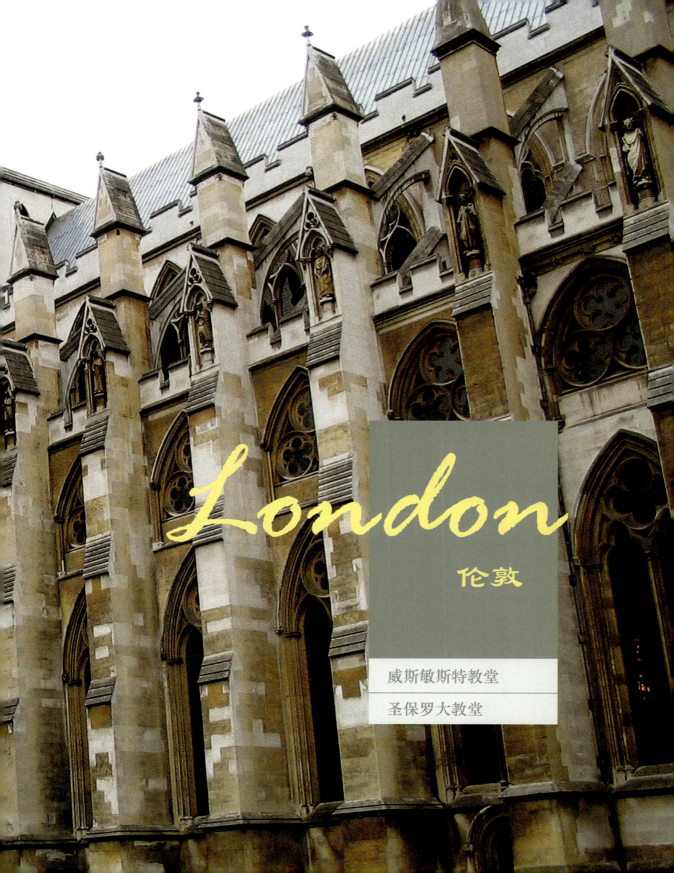

London

伦敦

威斯敏斯特教堂

圣保罗大教堂

6-1

6-1 威斯敏斯特教堂坐落在英国伦敦议会广场，整座建筑既金碧辉煌，又静谧肃穆，被认为是英国哥特式建筑的杰作

6-2 威斯敏斯特教堂的外立面有太多的装饰细节以及局部的造型雕刻，重重叠叠的庄严的哥特结构，故意暴露的飞扶壁，使得外观更加立体多变，建筑与雕塑达到了和谐平衡，而它的美与特色就在其中

威斯敏斯特教堂最初由笃信宗教的国王"忏悔者"爱德华一世于 1050 年下令修建，1065 年建成。现存的教堂为 1245 年亨利三世时重建，以后历代都有增建，15 世纪末竣工。教堂全长 156 米，宽 22 米，大穹隆顶高 31 米，钟楼高 68.5 米，一对塔楼插入天空。整座建筑既金碧辉煌，又静谧肃穆，被认为是英国哥特式建筑的杰作。

威斯敏斯特教堂的外立面有太多的装饰细节以及局部的造型雕刻，重重叠叠的庄严的哥特结构，故意暴露的飞扶壁，使得外观更加立体多变，建筑与雕塑达到了和谐平衡，而它的美与特色就在其中。刺向天空的垂直尖塔和雕刻在墙上的雕塑横带形成复杂的平衡，创造出立面的凹凸效果，由于阳光的变化得到加强。

6-3

6-3 几百年来，从历代国王到诗人、作家、作曲家、科学家，成百上千的人静静地安眠在这里，因此参观教堂就带了点朝觐的味道

6-4 威斯敏斯特教堂和英国皇家有着割舍不开的关系，因而也就和英国的近代史发生紧密的联系。1066年"征服者威廉"（威廉一世的绰号）之后，教堂成为绝大多数英王加冕的地方，是英国社会历史的见证

威斯敏斯特教堂在英国社会政治中起着重要的作用，被誉为英国"荣誉的宝塔尖"。1997年戴安娜王妃的葬礼就是在这里举行的。那时我在山西大学美术学院讲学，住在旅馆，正好看到凤凰卫视对葬礼的电视直播，目睹了高大深邃的教堂里举行的隆重仪式。但是，对威斯敏斯特教堂发生兴趣，主要是因为里面埋葬着一些历史名人。走进教堂，遇到了神父引领参观者进行短暂祈祷，使得随后的参观带有了一种沉默而压抑的气氛。石棺、雕像与墓志铭，积累起蒙尘的厚重的历史，对于英国人来说，也许是伟大的。

1540年（英国国教同罗马教廷决裂）前的600年里都是本笃教会的教堂，18世纪以后，则成了大众的游览休闲的去处，虽然仍和英国社会紧密相连。

教堂的内殿是加冕之地，所有的不列颠国王都在威斯敏斯特教堂举行。现今的伊丽莎白二世在1953年由坎特伯雷大主教加冕，据说当年电视直播了盛况。当年加冕的座椅现在还存放在教堂中最神圣的忏悔者爱德华的小教堂里。伊丽莎白二世的妹子不久前去世，而伊丽莎白二世依然健康地身居王位，让人心里暗暗为查尔斯王子着

6-4

从伊丽莎白一世的陵墓前走过，游客们各怀心思，但是都表情严肃地将眼光投放在棺椁上。入口的神职工作人员更是庄重得不得了，营造出高贵得有点阴森的气氛。懂得英国历史的游客，也许更容易满足吧，可以在形形色色的墓碑上寻找历史人物的姓名，获得发现的狂喜。大多数则是顺着规定的路线鱼贯而行地完成，对大小雕刻墓碑难以细细端详。

急。教堂里还陈列有英国橡木制作的爱德华国王座椅，1307年第一次为其加冕时所用。宝座在圣爱德华小教堂内，宝座下有一块称作"斯库恩"的圣石，原是古苏格兰国王传统的加冕座位，后被爱德华国王征讨苏格兰时夺过来，并在石上配了一把橡木椅子。此后各代英王登基时就在这椅上端坐加冕，因此，这把样子一般的椅子和下面的石头成为神圣的国宝。在这里，英王们成为正式的最高统治者，同样也成了最后的归宿。亨利七世、爱德华六世、玛丽一世、伊丽莎白一世、苏格兰玛丽王后、詹姆斯一世等都埋葬在这里。其中规模最大的是国王亨利七世的教堂和陵墓，它位于中轴线正中的最后方，占据了整整1/3的面积。它那纤细华美的穹顶，五彩缤纷的旌旗，给人以明快欢乐的世俗气氛。在它的右面是女王伊丽莎白一世的陵墓，左面是被伊丽莎白一世处死的苏格兰玛丽王后的陵墓。

在甬道的南头是有名的"诗人之角"，因埋葬了14世纪诗人乔叟和文艺复兴时期诗人斯宾塞而得名。首先看到的是彩色玻璃窗上乔叟的名字。乔叟是第一位下葬威斯敏斯特教堂的诗人，他曾经在教堂里工作过，1400年葬于此。其他还有彭斯（Burns）、布莱克（Blake）、济慈（Keats）等，说起来都是大名鼎鼎，如雷贯耳。但是，许多人的墓碑就铺在地上，任游客践踏着寻找熟悉的名字，在地面的左上角，可以看到拜伦（Byron）的白色石碑。于此纪念的诗人们，大都没能葬入威斯敏斯特教堂。他们之中的多数，其生活方式被认为是奢侈而腐化，因而在离世数年之后，才得到世人的纪念。

英国著名的文学家、艺术家，如莎士比亚、哈代（Hardy）等，都在这里建有墓室或墓碑。在威斯敏斯特教堂中还有一座莎士比亚的塑像，但是莎士比亚葬在他的家乡，而不是这里。此外还有著名的政治家、军事家、科学家等。牛顿（Newton）的墓地，位于"科学家之角"。牛顿勋爵墓地的石棺上镶有图板，描绘的是一群男孩在使用牛顿的数据。他的左手指向一幅由两个男孩持握的卷轴，卷面展解着一项数学设计。背景的圆球上画有黄道十二宫和相关星座，还描绘着出现于1680年那颗彗星的运行轨迹。

6-5　牛顿勋爵墓地的石棺上镶有图板，描绘的是一群男孩在使用牛顿的数据。他的左手指向一幅由两个男孩持握的卷轴，卷面展解着一项数学设计。背景的圆球上画有黄道十二宫和相关星座，还描绘着出现于1680年那颗彗星的运行轨迹

6-5

墓碑上的拉丁铭文翻译如下：

此地安葬的是艾萨克·牛顿勋爵，他用近乎神圣的心智和独具特色的数学原则，探索出行星的运动和形状、彗星的轨迹、海洋的潮汐、光线的不同谱调和由此而产生的其他学者以前所未能想象到的颜色的特性。以他在研究自然、古物和圣经中的勤奋、聪明和虔诚，依据自己的哲学证明了至尊上帝的万能，并以其个人的方式表述了福音书的简明至理。人们为此欣喜：人类历史上曾出现如此辉煌的荣耀。他生于1642年12月25日，卒于1726年3月20日。

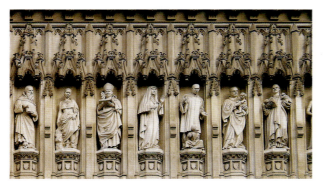

6-6

6-7

教堂北侧廊靠近管风琴处，安葬着亨利·珀塞尔（Henry Purcell），英国最伟大的作曲家，他曾经演奏过教堂的管风琴。他的墓志铭上写着："已去了那有福之地，只有在那里，他的和声才能被超越。"在这里，当年曾为他举行过豪华的葬礼。后来的音乐巨人亨德尔（Handel），安葬在西南角，塑像中亨德尔倾听着天使歌唱，手里拿着《弥赛亚》的乐谱，上面写着："我知道，我的救世主活着。"在他的旁边，是100年后葬于此地的作家狄更斯（Dickens），他的《大卫·科波菲尔》给少年时的我留下很深的印象。

在教堂西大门内，正中地上一块镶有金字被深红色罂粟花环绕的黑色大理石碑，是第一次世界大战的无名英雄墓碑，下面埋葬着一名由法国战场上运回的士兵的尸体。墓志铭为："无名者最有名。他们为英王、为国家、为人类和平正义而牺牲。"在附近，还有丘吉尔（Churchill）的碑石。

威斯敏斯特教堂西大门上方，从1998年起安置了10尊基督教殉道者塑像。他们来自世界各地，是在20世纪期间殉道的当代信徒。

6-6　威斯敏斯特教堂西大门上方，从1998年起安置了10尊基督教殉道者塑像。他们来自世界各地，是在20世纪期间殉道的当代信徒

6-7　威斯敏斯特教堂西大门上方金色的圣母子雕像

7-1

7-1　伦敦的最高处大约是圣保罗大
教堂的圆顶了

圣保罗大教堂是世界第二大圆顶教堂，仅次于梵蒂冈的圣
彼得大教堂，主体建筑是两座长150米、宽39米的两层十
字形大楼，呈对称状。从外部看是欧洲文艺复兴时代的典
型模式，但是保留了不少哥特式建筑的特点，包括在假墙
后使用露天飞梁支持承重墙，其横切图更是一个典型的哥
特式教堂的样式。波特兰石材砌成最具特色的中央圆形穹
顶，直径达34米，圆屋顶上面有十字架顶，总高113米，从
圆顶上可以俯瞰伦敦全城。

早在604年，东撒克逊王埃塞尔伯特就在卢德门山顶上建
造了初期的圣保罗大教堂。哥特式建筑的老圣保罗大教
堂始建于12世纪，1666年的伦敦大火把老教堂的大部分地
方焚毁，有关方面最后决定重建教堂，工作由克里斯托

7-2

7-3

圣保罗大教堂圆顶下的唱诗班席是教堂中最华丽庄严的地方。天花板上的绘画细腻精致，但是大理石的灰色压倒了穹顶的金色装饰。只有辉煌尽在祭坛，穹顶八幅画用单色描绘了圣保罗的事迹。1981年，黛安娜与查尔斯的婚礼大典就在这里举行，有如童话般的故事让许多人记忆犹新，如今人事已非，唯有圣保罗大教堂一如往昔地矗立在河畔，怎不令人感慨？

弗·雷恩爵士（Sir Christopher Wren）负责，一直到他78岁时（1710）才修建完成。这场大火烧毁了89座教堂，雷恩在监督修复圣保罗大教堂的同时，也监督其他50座教堂的修复。教堂内有一个雷恩的墓碑，上面写着"If you seek his monument, just look around"，意味深长。据说伦敦大多数地标在第二次世界大战中都遭轰炸被毁，圣保罗大教堂却得以幸存，但是窗户玻璃碎掉，于是用白玻璃补镶，却也保持了这种风格，黯淡之处露出朴素无华来。

7-2 7-3　圣保罗大教堂的里面，是用方形石柱支撑起来的拱形大厅，里面放着一排排的长条木椅。正面是传教讲坛，伦敦教区的主教就在这里讲经。大厅周围有许多厅室，是陈列教堂文物和教士们办公的地方。站立在宽广挑高的中殿里，感受着整体建筑设计的优雅、完美，体会着内部空间的静谧、安详

教堂也有一些王公达官们的坟墓和纪念碑。英国历史上著名的海军上将纳尔逊（Nelson）和英国首相惠灵顿（Wellington）将军的墓室就在这里。这两位将军都是19世纪初同拿破仑作战的英雄。纳尔逊在1805年10月21日指挥的特拉法尔加地角大海战，以少胜多，击败了法国和西班牙的联合舰队，打破了拿破仑登陆英国的企图。惠灵顿在1815年6月18日指挥的滑铁卢战役，使拿破仑遭到了毁灭性的惨败。对于这两场反侵略战役的胜利，英国人至今还引以为荣。在特拉法尔加广场上，竖立着纳尔逊将军的雕像，而在教堂里有威灵顿的大型纪念碑。

地下室有100个石棺，气氛多少显得有些压抑。婚葬礼都在下面的小教堂里举行，在这样的环境里婚礼未免有些伤感。但是，黄色的椅子洋溢着温暖，白色的墙明亮得减弱了压抑的气氛，有一些墙壁浮雕和躺着的石像描绘着逝者的形象，如世人景仰的南丁格尔（Nightingale）扶助伤员的大理石白色像龛，惠灵顿公爵的大理石棺，青霉素的发现者弗莱明（Fleming）的墓。地下室中还有宗教的金银玉器的陈列，教堂的模型展，等等。

7-5

7-4 7-5 圣保罗大教堂大厅的墙壁和天花板，有各种精美的雕刻和豪华的装饰，是由格兰林·吉朋斯指导创作，而他本人承担了唱诗台上花草水果与人物的雕刻。这些丰富的形植根于哥特式的装饰，却以波动的曲线堆积在主教座上，显示出对巴洛克风格的理解

顺旋转楼梯上楼，总共台阶627级，楼道比一般的宽敞。上到第一层穹顶，铁栏杆边的拱道已经可以俯瞰外面的城市风景，感觉像在佛罗伦萨的花之圣母大教堂上俯瞰。旁边有耳语廊，对着耳语廊的通孔说话，神奇的回音效果会让你的同伴在其他任一通孔都可以听到回声。

再从耳语廊爬上第二层，木梯旋道是狭窄的，上去之后可以眺望伦敦城景色。再上窄的铁梯，悬空的旋转梯上去是第三层石廊，可以抵达塔顶。圆顶底下高出十字楼的部分，是一个两层圆楼。底层四周的走廊外面，建有一圈圆形的石柱，顶层则有一圈石栏围拢的阳台，边道宽仅容一人，站在这里鸟瞰伦敦，是眺望伦敦市区的绝佳地点。放眼泰晤士河西岸，高楼峻起，现代建筑起伏错落，不像巴黎平整均齐，却是铁青色的伦敦，灰锈色的伦敦，凝重的伦敦。这也算是伦敦的特点吧。

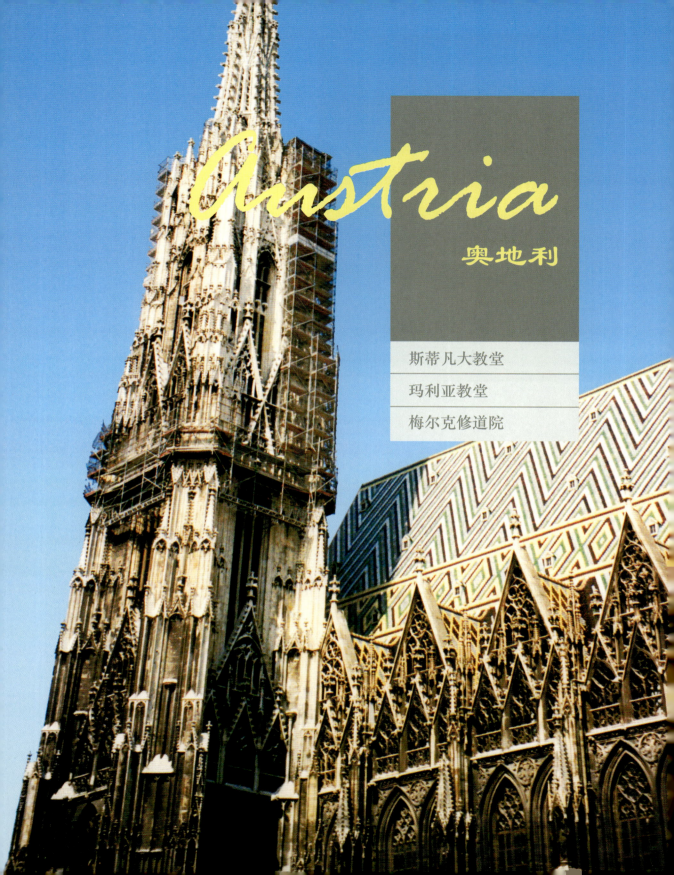

Austria

奥地利

斯蒂凡大教堂

玛利亚教堂

梅尔克修道院

8-1

8-1 斯蒂凡大教堂

8-2 动物雕刻从壁檐上探出身来，石雕人像依靠在花窗间的墙壁上，热烈的阳光照耀着这一切，显示出无数明暗和凹凸

斯蒂凡大教堂是全世界最著名的哥特式教堂之一。但是，斯蒂凡的哥特风格里夹杂了一丝多样性的因素，例如，教堂西部的双异教塔和陡峭的人字屋顶上几何形的彩色图案，都带有异教的色彩。花哨的装饰和高耸的尖塔，硬生生地从城市拥挤的建筑中钻出来。也许这也是哥特式建筑兴盛的一个目的吧。而典型的哥特南塔"施泰福尔"有137米高，据说是继科隆大教堂之后全世界第二高的教堂尖塔。它高高地矗立在城市建筑之上，成为维也纳城的标志。登上343级台阶的南塔，不仅可以把维也纳内城的景观尽收眼底，而且还可以把斯蒂凡大教堂由23万片彩瓦组成的顶部观察得一清二楚。

从外观看，南塔与教堂立面外墙的装饰风格极其协调，窗棂拱门的细节装饰极为精致复杂。但是沙石材料在经过烈火与战争之后，又受到二氧化硫的侵蚀，灰白在脏暗的墙面上斑驳流淌成痕，呈现出一种仿佛冬雪季节里的苍茫衰败的模样。第二次世界大战最后的那几天，遭受炮火袭击使教堂起火，教堂的屋顶、铜钟、管风琴和大部分玻璃窗花毁于一旦。战后的修复工作从1948年开始，一直延续到1962年。全奥地利的九个联邦州，分别负责修复大教堂的某一个部分。斯蒂凡大教堂成了一个国家民众心力凝聚的象征。

8-3

斯蒂凡大教堂前的广场不够大，站在广场看教堂未免有
些压抑。据说在对面街角的哈斯屋——现代建筑的顶层
咖啡厅里，可以将斯蒂凡大教堂一览无余。奇怪的是，
1990年建成的哈斯屋，带有凸面玻璃的建筑——底面几
何体块，上部弧形和圆柱的结合体，玻璃外墙，是与斯
蒂凡大教堂极不协调的现代风格。是故意要造成这样的
对比么？但是来参观的游客，大多数都只注意到斯蒂
凡大教堂，而忽略了哈斯屋的存在，因为在抬头欣赏斯蒂
凡大教堂的时候，就把哈斯屋置于身后了。

斯蒂凡大教堂中庭和侧廊都是交叉拱顶的设计不仅坚固，
也因此创造了更加向上的空间发展的可能；附有一个尖拱
的肋拱拱顶是哥特式建筑的特征，由此形成了哥特式高
耸、升腾的空间形式，雕饰则会破坏这种形式特有的氛
围。彩色玻璃窗毁于1945年的大火，从圣坛背后唯一的两
块免遭摧残的玻璃窗中透进了一缕缕五彩缤纷的光线，为
巴洛克的圣坛增添了一丝神秘的气氛。所以，现在的玻璃
镶嵌不再是宗教内容，而代之以抽象的色块。西门顶上的
大型玻璃镶嵌以深蓝和粉红为主，鲜艳夺目；两侧则是小
块的淡蓝淡红，有很好的透光性，色彩映照在教堂内，营造
了一种朦朦胧胧的、温和平静的愉悦感。

8-3　彩色玻璃窗毁于1945年的大
火，从圣坛背后唯一的两块免遭摧
残的玻璃窗中透进了一缕缕五彩缤
纷的光线，为巴洛克的圣坛增添了
一丝神秘的气氛。管风琴后的尖拱
彩窗闪烁着玫瑰和青蓝的幽光

8-4　侧廊壁柱边有一些小的宗教人
物雕塑，在尘埃细细闪烁的投射天
光里默默无语

8-4

237

8-5

宏伟的中殿自是有一种男性的气概。朴素的玻璃倒也有令人惊叹的素雅，甚至胜过了华丽的装饰所引起的感慨。我独自一个人待在里面，仿佛倾听着教堂的倾诉，倒不是像信徒们那样，在这里倾诉心声给上帝。亨利·詹姆斯（Henry James）在一本旅游笔记里说过："你感到这座建筑有话要说，所以你必须驻足倾听。"此时我体会到他话中的深意。

祭坛上代替通常雕塑的是一幅巨大的油画，描写基督升天的情景。布道台的精致似乎是完全不以价值衡量的精致，工匠们用全部身心所作的，不是一个商品所能够代替。因此，它骄傲地站在那里，似乎摆明了要不同寻常。布道坛是意大利发明的教堂内摆设，一般会刻有圣经故事里的情节。1515年，教堂建筑师皮尔格拉姆不仅把四个布道师的半身像塑造进去，而且还把自己以一个"倚窗眺望人"的形象塑造在布道坛的底部。他在这里开出一扇窗户，自己便半倚在半开的窗上，手中还握着他那把心爱的刻刀，从窗里探出头来检查自己的作品——一个唯一把自己摆进这样的讲坛装饰中的作品。

斯蒂凡大教堂有一座庞大的地下墓穴。当年人们在废除圣斯蒂凡墓地时，把成千上万个维也纳人的尸骨放置在此。此外，哈布斯堡王朝的成员还把自己的内脏放置于此。如今，在新旧年交替的那一刻，成千上万的维也纳人在斯蒂凡大教堂前的广场上聆听着钟声，相互庆贺新年的到来。

8-5　斯蒂凡大教堂内并不像想象的那样华丽，网状拱顶和廊柱没有太多的雕饰，反倒朴素、庄重

8-6　安东·皮尔格拉姆讲坛是装饰有趣的哥特式讲坛，是教堂内最精美的一座哥特式艺术品

在多瑙河附近的山上小镇上，和梅尔克隔河相望，有漂亮的双钟楼教堂——玛利亚教堂。国际上通常把古建筑的材料分为永久性的、半永久性的和非永久性的，粉刷属于第三类，是允许更新的，但是这种鲜亮有时也让人非常失措，是一种不和谐，是一种假音，是用一种刺目的强光照亮了幽暗的过去，昔日的色彩荡然无存。整旧如新，用现代的审美替代过去的痕迹，是美化还是破坏，这几乎是一个美学问题。从某种角度看，如果能够适当保持昔日的色彩，似乎更能给人历史的感觉。山镇上的教堂，寂寥中有一种尊严。有穹拱的塔楼，中厅又长又高，楼廊上的圆拱和列柱是美妙的，每边各有两条低矮的侧廊。横厅

极其宏伟，异乎寻常的统一完整。教堂里的装饰富丽堂皇，许许多多金色小雕像营造出一派华贵的气氛，讲经台与祭坛金饰繁密，令人眼花缭乱，反而感受不到一般教堂所具有的略有压抑的庄重。两壁悬挂的宗教油画，人物动态呆板、技法空洞，难以与意大利的教堂相比。

从教堂前的平台眺望多瑙河，直直的多瑙河在西边拐了个弯，消失在大地的绿色里，河水泛着日光，成为明亮的白链。沿河人工种植的防护林带像两条绿色饰边，装点着多瑙河。有坡有川的无垠田野蒸腾于无所不在的阳光下，没有阴影，丰饶的树林、丰饶的田地，散聚在河边的村落乡镇，白色的房屋墙面，红色屋顶，都似乎散发着微蓝色的蒙蒙烟气，让人有一种心怀敞亮的感动。人的行为，可以创造不仅合理而且美丽的景色，让自己生活在这样如画的环境里，该是多么惬意的事。

9-1　玛利亚教堂外表几乎没有什么装饰特色，就是黄白两色的外墙，仿佛昨天刚刚粉刷

梅尔克修道院建在毗邻河岸的土坡上。围绕教堂的附属建筑规模宏大，庭院里喷泉流水淙淙，天空在黄白墙面与红屋顶的对比下，深蓝得近于青翠，饱和得不可思议。屋檐点缀着雕塑，屋檐中间拱形檐壁下是贝斯赫夫（Bischof）1988—1990年间绘制的表现主义风格的壁画，线条粗放、色彩主观夸张，形式上与建筑难以协调。

在一位以德语口音讲法语的男青年的引导下，首先参观美术馆。美术馆里陈列着不少古典绘画，其中有用一个式样的金色外框装饰各种不同大小的人物风景画，再把它们拼成一幅大画，但是内容并无关联，只是尺寸的整合而已。静物差强人意，风景有些不错。人物画多宗教内容和生活场景，从内容到形式都难以引起兴趣。有两张大场面建筑风景，刻画精细入微，类于界画，窗户小拇指甲盖般大小，所有凭窗而望的人物须眉俱全，色彩朴素得近于素描，整幅画反倒单纯起来，没有琐碎的感觉。一幅描写海浪中帆船的大画，场景有点像《梅杜萨之筏》，但是人物成为巨浪的陪衬，造型也软弱无力，难以有《梅杜萨之筏》的精神境界。在一组以圣母子像为中心的油画群中，上方的一幅小风景画颇有法国巴比松画家柯罗（Corot）的意趣，其余了了，难有印象。

9-2

从美术馆出来，是西边的半弧形露天平台，眼前的河水、树木、土地、房屋在正午的阳光下营造着一种热气腾腾的茂盛景象，像舞台的布景，而背后双塔楼鲜艳的黄白在艳阳下令人眩晕地闪耀着，陪衬的蓝天没有一丝云，深得发黑。

从平台另一端进去是靠多瑙河一边的图书馆。墙壁上部一圈走廊，一头有运梯可以上下传书。屋顶绘制着宗教壁画，描绘欢乐的天使众神在蓝天白云间颉颃。在展示柜里陈列的图书中，意外发现法文与中文两种文字合印的插页：天主三位一体，1667年刊印。插图上的中西两个人物共持中国地图，中国人物身着明代服饰，引起我极大的兴趣。藏书馆过去主要展示历史人物、古代工艺品，例如13世纪的刺绣、18世纪的布画，等等。还有宗教人物的种种玩偶，以及服饰的陈列，都是匆匆一瞥。倒是走廊墙上挂着的一幅1738年绘制的素描值得细观，是以想象的俯瞰角度描绘整个修道院，居然颇像写生！整张素描用木炭条描绘，粗细得宜，房屋的顶涂了红色。这是罗森斯廷（Rosenstingl）的作品，曾被印成明信片出售。

9-4

9-5

9-4 梅尔克修道院内转角楼梯犹如螺壳的曲线，黑色的栏杆，白色的石面，饰以金色的图案

9-5 图书馆烫金的古旧图书与棕红色的书架形成了古香古色的氛围

9-6 梅尔克修道院内部的装饰富丽堂皇，自然纹样与雕像全部饰金，流光溢彩，闪耀着无数的高光点

展馆的尽头是一个大厅，高高的大窗，墙壁上的红色大理石柱冠头都有半身人像雕塑。但是，更加吸引我的是空旷的大厅中放置着的一尊全身铜像：不知其名的妇女悲哀地紧闭双眼，脚下飘落着一根羽毛。是悲伤生命如同羽毛一样随风飘荡，无足轻重么？手法有些像罗丹（Rodin）的《左拉》。屋顶仍然是天堂风景，画得像古希腊的神话故事，粉嫩的色彩弥漫着似乎轻易可得的欢乐气氛。

顺转角楼梯而下，就来到教堂。穹顶上依然描绘着天堂景色，但是画边的楼顶冠柱、拱门、屋檐画得十分立体，与实际的墙面相接，难辨真假；头顶描绘的天空，仿佛打开了教堂的顶部空间，造成开放的感觉，也拉近了天堂与人间的距离。整个教堂洋溢着热烈有余、肃穆不足的暖色调，看上去更加像一件艺术品。也许在风琴响起的时候，在圣歌唱起的时候，在信徒们的眼里，这精心营造的一切，恰就代表着上帝的荣耀吧？

Berlin
柏林

柏林大教堂

Florence

佛罗伦萨

圣玛利亚新堂

圣罗伦佐教堂

花之圣母大教堂

11-1 教堂正面正沐浴在晨光下，以白为底，以绿为线，两种色彩的大理石交织出富于立体感的图案，仿佛彩绘一般

11-2 圣玛利亚新堂室内。教堂的朴素愈加衬托出空旷的意味

11-1

圣玛利亚新堂由阿尔贝尔蒂（Alberti）设计，建于1246—1360年间，一组建筑物中包括了尖削的钟楼、教堂、庭院与墓地。看惯了罗马青灰石柱的高大教堂，再看这全然不同的风格，顿觉耳目一新。而此种又与昨日所见土褐砖石的简朴一派形成佛罗伦萨的两个极端。大门之上有大圆窗，圆窗两旁有巨大的日晷与昼夜平分浑仪圈，把科学仪图装饰到教堂上，也是别出心裁。

11-3

教堂里面有马萨乔（Masaccio）的《天主圣三像》和利皮（Lippi）等人的壁画，其中基尔兰达约（Ghirlandaio）的《洗者约翰的史迹》、安德烈亚·博纳尤托（Andrea Buonaiuti）的《西班牙人小堂壁画》都颇为精彩。

参观圣罗伦佐教堂，三面棕红木门分外显眼。及至进入里面，发觉内部设计与装饰也确乎与罗马所见不同。虽然顶上依旧是金方格的装饰，但是已然简单。地板的镶嵌图案是灰白交错的菱形图案，抽象单纯，远不是罗马教堂的花哨纹饰。按说教堂原主人美第奇家族权富一时，实际统治佛罗伦萨，不会简朴至此。查指南，知道教堂最早建于4世纪，后几经改建，最后在15世纪时，由美第奇家族的老科西莫（Cosimo）聘请菲利普·布鲁内莱斯基（Filippo Brunelleschi）改建，并有著名的米开朗基罗参与。也许有米氏，所以才有着不凡的品位？

教堂两侧有对称六龛，内置油画。其中一幅描写圣约瑟夫与圣子，巧用强烈的明暗对比，构图富于气势，张力感强，用金粉于背景，更增强阳光感，手法效果都相当现代，也许是近现代的作品。祭台前两侧各置有唐纳泰罗（Donatello）雕刻的青铜讲道台，是他临死前的作品。圣

11-5

体祭台为德西里奥·达赛第尼亚诺雕制。祭台上的圆顶壁画色彩鲜艳，造型清晰，估计有近代的修复。左墙出口边有大型壁画，多用灰、粉红两色表现，裸体肉色鲜明，色调明快，极有可能是现代作品。虽然教堂的色调清冷，然则它的细节表明今日教堂生命力的活跃。出了教堂，在侧面却还有进口，需要买票进入。以后看得多了，就知道佛罗伦萨与罗马的另一处不同是佛罗伦萨教堂更懂得如何敛钱，它们多将本教堂有些名气的艺术品藏于更衣所，然后售票参观。有的珍贵场所也是要买票进入，然则对欧共体国家的小孩十分优惠，可以免票，其他国家那是半票的好事也休想。

圣罗伦佐教堂的旧更衣所由布鲁内莱斯基设计，内有唐纳泰罗的雕刻。在美第奇家族的伟人祠堂里，则看到了不同于教堂的华丽，原来将家族的富贵显示在这里了。在厅堂中间的华盖下陈列着冠帽一顶。周围立着24幅用黄褐单色描绘的油画，展示着美第奇家族荣耀的历史。四周壁上有六具石棺，两具上有雕像。

11-5　圣罗伦佐教堂门面与圣玛利亚新堂相反，是砖石无装饰建筑，只是在平板的表面，浮凸一条条平行的砖线，饶有参差

11-6　圣罗伦佐教堂青灰色的大理石墙肋，石柱除了冠头拱檐几乎全无雕饰，青灰石色与白色的粉墙形成教堂的基本色调与节奏，朴素庄重

11-6

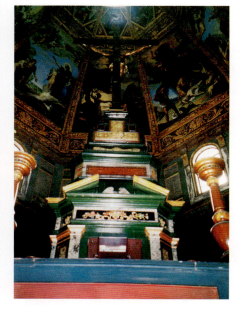

11-7

11-7 旧更衣所环堂上下都是用五花八门的彩色大理石、水纹石拼建，甚至极为精致的花草、纹章、瓶盘图形也都是彩石镶嵌，可以说是我所见彩石建筑中最为华贵的

其中，令人难忘的是米氏的新更衣所。它的空间并不大，却是比例严谨，整体感强，集中体现了雕塑跟建筑的关系，也是灰色弧拱直梁和白色的墙面，与教堂如出一辙。灰色形成了整体性构架，拱顶开有圆口。这种色彩单纯、装饰简约的风格高度控制了教堂，这是米氏的刻意追求吗？起码可以说米开朗基罗就如同他创作雕塑一样，对于教堂的设计也是不肯被教条所约束，而是极有独创的，从雕塑到教堂，出于一人之手，完美地协调了雕塑与建筑的关系。

新更衣所有两组纪念墓地，一是朱利亚诺墓，一是罗伦佐·德·美第奇墓，二者的名字并不重要，重要的是米氏在墓上所做的雕塑，象征《夜》与《昼》的两具男女裸体雕像令观者如痴如醉。造型的丰满力度和精神性的充分传达淋漓尽致。尽管米氏的女性躯体塑造得如男性般强壮，有意夸张的肌肉却并不显造作，反倒表现出受到压抑的生命力量的勃勃涌动。相对的《晨》与《昏》，女性从乳房看似乎更年轻一些，欲起的模样，动作却有些慵懒，灯光形成的点点高光在光滑的形体表面流荡。男性的表现则略逊于《昼》的造型。两组像龛内的坐像，一是《行动——朱良诺·美第奇》，二是《沉思——劳伦佐·美第奇》，生生死死，默想欲行，令观者做不绝的哲学思索。这两组雕塑杰作明媚抢眼却并不抢夺空间，而是配合得恰到好处。在这样的空间里，杜绝了外界的市声，是极适合于静思的。

11-8

11-9

11-8 11-9　在圣罗伦佐教堂藏有利皮的《圣母受胎告知》，描绘了圣母得知消息时惊讶的姿态。美丽的持花天使清澈的眼光注视着圣母，画面后方站立着两个小天使，前边一个转过头来注视着画外的观众。画面的建筑利用透视造成强烈清晰的纵深感，而红色的运用更让我印象深刻

11-10

当时一位诗人写下了这样一篇赞美《夜》的诗歌：

夜，为你所见到的妩媚的睡着的夜，
那是受天使点化过的一块活的石头，
她睡着，但她具有生命的火焰，
只要她醒来——她将与你说话。

米开朗基罗回答道：
睡眠是甜蜜的，
成为顽石就更幸福；
只要世上还有罪恶与耻辱的时候，
不见不闻，无知无觉，
于我是最大的快乐，
因此，不要惊醒我啊！
讲得轻些。

在这里，人人都被米开朗基罗所震惊，所折服。米开朗基罗是佛罗伦萨人，就埋葬在离家不远的圣十字架教堂。他的作品藏在佛罗伦萨的各大博物馆里，甚至，他的大卫永远地从半山的广场上俯瞰着佛罗伦萨这个美丽的城市。

12-1

12-1　佛罗伦萨房屋红顶片片，连成起伏的赤色海洋，白黄的墙面熠熠，四周青山环绕，连绵不尽。连湛碧的蓝天都好像是为佛罗伦萨的饱和色彩而生，鲜艳地衬托着佛罗伦萨的鲜艳，又有白云几朵与高耸出来的花之圣母大教堂、钟楼白地基色遥相呼应

花之圣母大教堂是旅游者来佛罗伦萨游览的中心内容。从圣玛利亚新堂东的意大利广场顺庞扎尼街前行，弯向科雷塔尼街，立即被教堂、钟楼和洗礼堂的外观震撼。

建筑外观的装饰把佛罗伦萨华丽一派的风格发挥到极致，乍一看，以为是彩绘的图案布满了建筑的表面，尤其是乔托（Giotto）设计的钟楼，像高耸入天的彩色方柱。整个教堂犹如风情浓郁的织锦，洋溢着视觉与精神的双重愉悦，一点也没有宗教所特有的肃穆、沉重感，与罗马的教堂风格迥异。主教堂的立面，曾经在1588年被毁，19世纪后半叶重建起来。穹顶直径42.2米，仅次于罗马万神庙，是世界第二大穹顶。

12-3

12-2 端详大教堂，表面上覆盖的是大理石，绿色、白色、粉红色大理石交替使用，以白为底，绿、红为线，兼有黄、赭、粉色，编织出几何形、点、线和一些窗楣拱缘的变化饰线图案，而红色大圆顶顶身缀白色拱肋顶着白色尖顶巍峨其上

12-3 曾经做过佛罗伦萨执政官的但丁在这个洗礼堂受洗，但丁称它为"美丽的圣约翰堂"，是最古老、最漂亮的建筑之一

12-2

洗礼堂成为与教堂分开的具有特殊职能的建筑物，新入教的人通过浸入水中来接受信仰的洗礼。曾经做过佛罗伦萨执政官的但丁（Dante）就在此受洗，称它为"美丽的圣约翰堂"，最早建于5世纪，是最古老、最漂亮的建筑之一。洗礼堂基本以绿、白二色大理石覆盖表面，图案没有教堂与钟楼的华丽，也没有后二者的红色大理石。相形之下素朴一些，它的外表受到自然的污染，不免显得黑灰脏污。

12-4

12-4 文艺复兴初期意大利最重要的雕刻家吉贝尔蒂

洗礼堂内部堂顶有13世纪的8片壁画及圆顶画。但是它的三道铜门最为精彩。佛罗伦萨洗礼堂南门由安德烈·皮萨诺（Andrea Pisano）设计制作，每扇门分为14个方形，7个方形为一条，一共28个方格，方形四周以花卉和几何图形装饰，四角突起以兽头点缀，方形内描绘《圣经·旧约》故事。构图严谨平稳，人物塑造精微，衣褶柔软飘动。青铜门框四周装饰着花卉鸟兽，体现出典型的文艺复兴时期的图案特征。北门和东门则是由文艺复兴初期意大利最重要的雕刻家吉贝尔蒂（Ghiberti）设计。吉贝尔蒂出身于金银首饰匠，在1401年的设计投标中获胜后，他用了21年制作北门上的28幅浮雕，其后又用了长达27年的时间制作东门上的10幅浮雕。画面采用《圣经·旧约》传说中的10组故事为题材，10个格子里的浮雕内容，叙述了《圣经·旧约》里的故事。左右依序而下：

一、亚当夏娃被逐出伊甸	二、该隐和亚伯
三、挪亚醉酒及方舟	四、亚伯拉罕
五、雅各和以扫	六、约瑟解梦
七、摩西受领十诫	八、耶利哥城灭亡
九、扫罗与大卫	十、所罗门王的圣殿博物馆

南门、北门都很精彩，装饰和构图手法基本相同，但是吉贝尔蒂的门框装饰更为朴素简洁，人物雕刻更为微妙生动。相比较而言，北门上的28格浮雕给人留下深刻的印象。而东门则大有不同，吉贝尔蒂减少了装饰图案，主要利用绘画的形式加以表现，细腻地塑造了人物的动态，表情刻画栩栩如生，并且利用透视再现了人物的位置、空间环境和深度，这是前两个门所没有的。东门的内容虽然也是表现《圣经》上的故事，但由于画面气氛浓郁，雕刻精美，连米开朗基罗都赞赏不已，称它为"天堂之门"。

12-5

12-6

花之圣母大教堂穹隆的设计师布鲁内莱斯基也是非同小可。能够把哥特式的轻巧、飞扬的特点和罗马沉重雄伟的特点融合，形成文艺复兴时期的杰出设计，体现古典人文主义的哲学精神，在建筑上实现"人的尺度"非常人可及。主教座堂前排起了长队，陆陆续续进入教堂，发觉里面广大的空间简朴得有些空旷，带棱的方柱间距宽大，拱顶弥高，分割锋利，色彩单纯，与圣彼得大殿对比显得过分鲜明，倒让人以为这种简朴是故意的追求。而游者的全部注意力都集中在极高的大型圆顶壁画《最后的审判》，这件16世纪的壁画由瓦萨里与朱卡利绘制，难得有人能记住是瓦萨里的作品，或许太多文艺复兴前期的名人在此留下足迹，多少掩盖了画家（作家）的事迹。而文艺复兴这

12-5 吉贝尔蒂减少了东门的装饰图案，主要利用绘画的形式加以表现，细腻地塑造了人物的动态，表情刻画栩栩如生，并且利用透视再现了人物的位置、空间环境和深度。大门的镀金至今闪闪发亮，整个青铜大门洋溢着一种金色的轻雾。米开朗基罗称它为"天堂之门"

12-6 佛罗伦萨北门上的 6 格浮雕

个词，据说还是瓦萨里最先提出来的，并且，瓦萨里的著作，给后人留下了当时美术家翔实的资料，弥足珍贵。仰着脖子看画困难，年轻人索性躺在大理石地板上，枕着背包，细细品味壁画的精彩。

12-7 12-8　佛罗伦萨花之圣母大教堂前洗礼堂内的穹顶壁画《最后的审判》，是 13 世纪拜占庭风格的马赛克镶嵌

12-7

12-8

12-9

12-9 12-10 大型圆顶壁画《最后的审判》气势磅礴，人物众多，层层叠上，直至明亮的八边孔口，基督气度轩昂，背后太阳金光四射，祥云团团，可惜造型与精神性的内层表现略弱

12-10

Rome

罗马

13-1　方尖碑在教堂前的街中心，汽车来来回回地绕方尖碑而行

13-2　从方尖碑的平台往下望，一层层阶梯顺坡而下，蔓延辽阔地如瀑布一泻千里。这就是著名的西班牙大台阶！这层层的曲线台阶无限延伸着万千风情，像是一首莫扎特的抒情小夜曲

13-1

未至圣三山教堂，先印入眼帘的是有象形文字的方尖碑。方尖碑发现于罗马某个菜园，后来移于此地。碑下徘徊着几个给人画人像的街头画家，这样的街头画家在名胜教堂前比比皆是，水平很低，不知如何得以为生？有着双钟楼的教堂紧挨街面，教堂门的台阶修在两侧，快步而上，门口正在修缮，铁架重重，从其下进入也只能在门内附近参观。没有牧师，没有做弥撒者，殿后被铁栅栏拦起。墙上挂着拉斐尔圣母样式的油画，色彩鲜艳如新制。殿后左侧一组基督下十字架白色石雕，却也塑造得生动感人。右侧小堂内的壁画已经漫漶失色，淡淡灰灰朦胧成一个色调。祭台上幽幽的烛火不胜昏暗地抖颤。

13-3

出门来到街对面方尖碑的广场，据说，在这个广场的台阶上，著名诗人拜伦、济慈、雪莱，钢琴大师李斯特（Liszt）都留下了自己的足迹……拍摄《罗马假日》的奥黛丽·赫本（Audrey Hepburn）和格利高里·派克（Gregory Peck）也在台阶上歇过脚呢。

13-3　纳沃娜广场边的圣伊涅斯教堂正面也在阴影里，而南边的海神喷泉在阳光下流水潺潺，灰鸽们逗留在海神们的头顶上，构成一幅幽默的图画

回到威尼斯广场的克尔索街口，遥望威尼斯广场，维托里·奥·埃马纽埃莱二世大理石纪念堂洁白如玉地展现在阳光下。街口男女警察神态闲散地聊着天，身边行人如流水，小车似长龙。一辆小黑车在路边停下，出来三个穿着灰衣扎着白头巾的修女，到街边的商店买了点什么，又钻入车里一溜烟而去。与威尼斯大厦对称的南边大厦正在展出贝尔尼尼的作品。走累了的妻儿在凉爽的大门厅里休息，我又独自跑到附近韦多尼教堂参观。教堂后面有巨大的圆形拱顶，有大型油画数幅，场面宏大，技法熟练，色彩明亮，可能是近代的手笔。难为教堂想得周到，灯光照明很好，游客两三人，可以静静欣赏。边堂里供奉着圣母雕像，两个白衣蓝裙的实习修女虔诚地下跪默祷，倒令我等后行者不敢从前走过，只好呆立一旁。奇怪的是供奉的圣婴，好像是塑料的赤身娃娃，表情欢乐，一如玩偶。

13-4

纳沃娜广场有宽大的所在，正午亮得发白的阳光，使周围逆光的楼房、教堂呈现一种高高的灰黑色，平面里隐藏了虚无的沉重，好像深陷在坑里的地面反射着惨白的日光，轻得像要飘浮起来，人便像走在海面上。而东北面的楼房在阳光下展现一种图案化的窗棂门楣，阳伞下就餐的游客像海市蜃楼里的情景。不真实、失色、黑白对比的悬殊，惨亮与空虚的阴暗，交织成我对纳沃娜广场最初但是永不会忘记的印象。

13-4 帕尼尼所画的纳沃娜广场绘画局部，原画以圣伊涅斯教堂为中心，描绘了广场上宏大的节日般的热闹场景

纳沃娜广场的大是因为其原来是多米齐亚诺竞技场的废墟，改建后仍然保留了面积的原形———一个规整的长方形。它的疏与周围房屋的密、街道的窄，形成了不可思议的悬殊对比。广场有三座喷泉雕塑，北面是黑人喷泉（大概因为中部大雕像的脸黑而得名），有灰鸽在揪着大鱼长须的小孩身上漫步。中间是贝尔尼尼的"伊索神话"雕塑喷泉，四座雕像象征多瑙河、恒河、尼罗河与拉普拉塔河，并且被处理成方尖碑的基座，而南边则是海神喷泉。

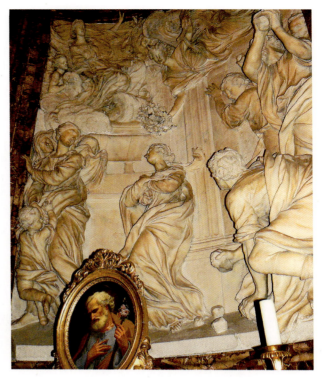

13-5

13-5 圣伊涅斯教堂少有画像，而多是场面的大理石浮雕，前景人物几成圆雕，远景人物成浅浮雕消失于石面，层层推进，形成强烈的空间感和立体感

13-6 圣伊涅斯教堂一尊圣母雕像，仿佛脚踩火焰，衣袍流荡，圣母展开双臂，似乎在风中向上天发问或者祷告，是谁的作品？任何独特的东西，总容易引起我的注意

广场边的圣伊涅斯教堂正面在阴影里，灰暗的正面如同压顶的黑云，使人心情压抑，但教堂里却是与众不同的单纯色彩———大理石雕像的白与墙面的灰色，素朴而不简陋。雕塑人物衣纹流动，动势强烈，洋溢着巴洛克艺术特有的欢快。应该说，圣伊涅斯教堂的雕塑，不再是憋屈地待在壁龛里的雕塑，受到了壁龛本身的局限，而是雕塑更加主动、更为活泼地与墙壁配合。也许，雕塑变成了主角，空间的营造似乎是为了更好地欣赏雕塑。

伫立在教堂的中殿———中殿往往是最好的观测点，从中间的过道，你可以一直看到祭坛上的雕像，因为这正好在一条中轴线上。当你要看到更整体的时候，你可以退到中殿的最后面，将偌大空间一收眼底。侧廊有木制的祈祷室，神父坐在里面，倾听跪在外面的信徒通过一个小窗口倾诉心声。这似乎很像一个心理咨询的医生，倾听病人诉说自己的病痛，然后进行分析判断，对症下药。这样去想教堂的作用，似乎也有一点隐隐的体会。

14-1

14-1 18世纪的画家帕尼尼曾经描绘过教堂广场的风景，对比着看，200多年过去了，教堂外观于今几乎没有变化

14-2 圣母大殿灰白色的正立面由富卡设计，称得上雄伟富丽

圣母大殿共有五道进口，六个有装饰圆柱的间隔方柱，二层有三大拱门，顶上屹立着圣母怀抱圣子的雕像，旁边各有两圣徒像，衣裾飞扬，仿佛被风吹拂而起。土红色的罗马尼克式方柱钟塔从右后鹤立而起，钟塔顶上是四棱尖锥顶。圣母大殿的顶上是球形建筑，球形上是十字架。据说该钟楼是罗马最高的一座（75米），而圣母大殿也是罗马四大圣之一，同时是圣母教堂中最大的一座。

14-3

14-4

14-3　里面虽然黑暗，但是顶上方形金龛精雕细刻，呈四方连续图案密布全顶，看上去一派辉煌闪耀

14-4　圣母大殿精美的马赛克镶嵌画，犹以雅各布·托里尼的《圣母荣耀凯旋》最为珍贵

从正门进去，又是一惊，色彩以金为主色，更显单纯与庄重，也隐隐有显赫的富贵气，到底不是小家碧玉，据说是朱利亚诺·桑卡罗用从美洲运来的第一批黄金镀造的。周围墙壁及两排石柱用五色大理石拼建，云水纹、冷暖色搭配协调，身在其中，不由你不肃然起敬。对于罗马教堂设计师而言，建筑物是一个可以堆满装饰物的空场所。吊灯、镶着珠宝的十字架和圣器，圣物箱和镶银缀金的家具，雕塑着色、墙梁纹饰，无一不在堆砌这富丽堂皇的光彩，历代又在不断修饰增加，尤其是主教的教堂。以后教堂看得多了，就会觉得宗教也是一种全方位的文化体系，包含了建筑艺术、装饰艺术、室内设计、绘画雕刻艺术、材料学、宗教史等，实在是需要系统的研究。由于马赛克精致图案的密布，整个教堂呈现出一种细密画的风格。

14-5

在正祭台前有地下室，是信仰的宣示圣触所，由威斯比纳尼1874年用罕见大理石装饰。祭台的铁栏杆后存放着圣婴卧过的五块马槽，收藏在银匣内。是不是真实的呢？我心里充满了好奇。也许产生这样的怀疑就是错误的。祭台对面跪着祈祷的白色大理石像据说是教宗庇佑九世，写实的手法精湛，因此雕像的表情颇显虔诚，栩栩如生。两壁小雕像亦十分精彩。意大利中世纪的教堂，祭坛下一般都会是用于埋葬殉道者、圣徒或信徒的墓室，这样开敞的两层是第一次见。

走上地面，侧堂有红衣主教正主持弥撒，众信徒手画十字，表情令人感动。在两边的忏悔室上贴着与神父交谈的可用语言，有的竟有五六种，显示了神父的语言能力。有人正跪在一侧忏悔，正面的木窗打开，白衣神父正歪头以手支颔，细心聆听，俨然一幅生动的图画！看到这样的画面，也会感到自己的罪孽消掉了一半。

教堂供奉烛台的设计也是独特的，投币入口，供桌上就会有新的如烛电灯亮起，代替了蜡烛，倒也简便。但是，过程是不是更为重要？没有了点燃敬上的过程，虔诚也打了折扣。何况烛光摇摇曳曳，恍恍惚惚，自有一种无可替代的朦胧气氛，适用于神秘的教堂。

14-5　凯旋拱门下四根宝贵斑岩石柱支撑的大华盖也是富卡设计的，华盖下的正祭台，摆放着一口存放过圣玛窦教徒遗体的石棺

小堂里埋葬着一些艺术家和意大利王室。比如左侧第一小堂是佩林·德瓦卡（Palin de Waka）——拉斐尔的徒弟之墓，拉斐尔的墓则在第二小堂与第三小堂之间。棺上有两只嬉戏的铜鸽。上方的圣母雕像是拉斐尔的助手洛伦佐多的手笔。在墓上刻着如下碑文："此处埋葬的是那一位拉斐尔；当他活着的时候，生怕万物之母——大自然胜过于他，但当他弥留之时，又唯恐自己即将死去。"再伟大的人面对死亡，也有着无可消弭的深切恐惧，不过表现的方式多有不同，常令世人产生错觉，以为伟人面对死亡，亦是谈笑风生。

15-4　光柱正好照在墙壁上的拱门像龛上，印下了明亮炫目的椭圆光团，像龛内的油画上小天使展臂飞翔在光团里。拱门的阴影固定在画面上空，浓暗如墨，神秘莫测，对比出明亮的美丽，一如天使的快乐。而庙里的游客黑影重重，剪贴在光团下沿，犹如鬼魅

万神庙给好几位艺术家如此重要的埋葬墓地，令我意外，甚至在拉斐尔墓旁边竟是洛伦佐多未婚妻的墓，则更加使人不解。典雅的建筑有性别之分，这是我在教堂里感受到的，这万神庙是男性的。政教合一的时期，为宗教服务的艺术家总是有崇高的地位。

面对入口的第七小堂祭台上，有大幅宗教画，初疑为油画，细看是马赛克，能做出如此丰富的色彩，梅洛佐·达·福尔利（Melozzo da Forli）技巧不凡。

这时再望穹顶，渐次凹进的回纹井龛一圈圈一层层缩小到顶，在一个宽带之后，成为直径达6米的圆口，通体斑驳的灰色，再过渡到彩石拼建的装饰墙，再到下面更多彩石的柱廊龛堂。我想，也许圆顶也曾经是彩绘吧。后来才知道，巴洛克时期的教皇乌尔班八世为了建造圣彼得大教堂祭坛上的华盖，拆走了万神庙门廊里的鎏金铜质天花板和大梁包皮，被贝尔尼尼熔制成圣彼得大殿的华盖。这种拆西墙补东墙的事情好像在罗马古建筑里经常发生，也因此破坏了一些更古老的建筑。

现在的万神庙是朴素的，刚劲而高贵、宏伟而堂皇的中殿，形成一个宏大的纪念性结构。穹隆的中心点高度与地面直径相同，透过圆孔，人们或许会看到神殿所奉献的对象——行星众神，灰色的高度和承重的孤独，笼罩着身在其中的人，自有一种打动人心的力量。

15-4

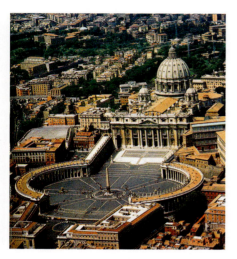

16-1

16-1　圣彼得广场的宏伟壮观，就在于它的整体设计，它的文化性与它的精神性的合一。一个宏大的建筑，如果没有艺术与精神的灵魂，就只是巨大的躯壳而已

16-2　米开朗基罗设计建造的大殿圆顶宏伟而不沉重，美丽而不喧哗，传达的是一种欲与天接的精神升腾和沟通

始于1506年，历时176年的圣彼得大教堂与广场的建筑工程，从布拉曼特（Bramante）开始，到文艺复兴的大师拉斐尔接手，还有桑卡罗等工程师一位接一位地设计施工，再到至尊米开朗基罗设计建造著名大殿圆顶，未完身先死，又有后继者马德尔诺接过接力棒，完成教堂正面，直至巴洛克的天才雕刻与建筑师贝尔尼尼完成广场两边如臂展开的椭圆形柱廊。在时间的长河中，众多艺术家和设计师的智慧长久地锻炼与融合，才凝结成如此持久永恒的宏伟与美丽。个人的名利，生命的长短都已经不再成为创造伟大建筑的妨碍性因素。一个强悍的宗教精神性也便由此产生。

圣彼得在这里被尼禄钉死，遗体就安葬于附近，250多年后，君士坦丁大帝在此建造了第一座教堂。1377年，教宗从法国阿维尼翁回到罗马后，便以此地为永远的住地，梵蒂冈由此成为世界天主教的神圣中心。我曾经数次在电视上看到教皇保罗二世（波兰籍）在教堂及广场主持弥撒，白发如雪，动作颤颤巍巍，但是依然神志清明，面色祥和。广场上，政要首脑、小民百姓云集，甚至其他如东正教的宗教掌门要人莅临，在动听的唱诗里，在喃喃的读经中，从教堂到广场一片肃穆庄严的景象，在复活节那天更是壮观。而现在，已经是新的教皇接替去世的保罗二世主持仪式了。物是人非，令人感慨。

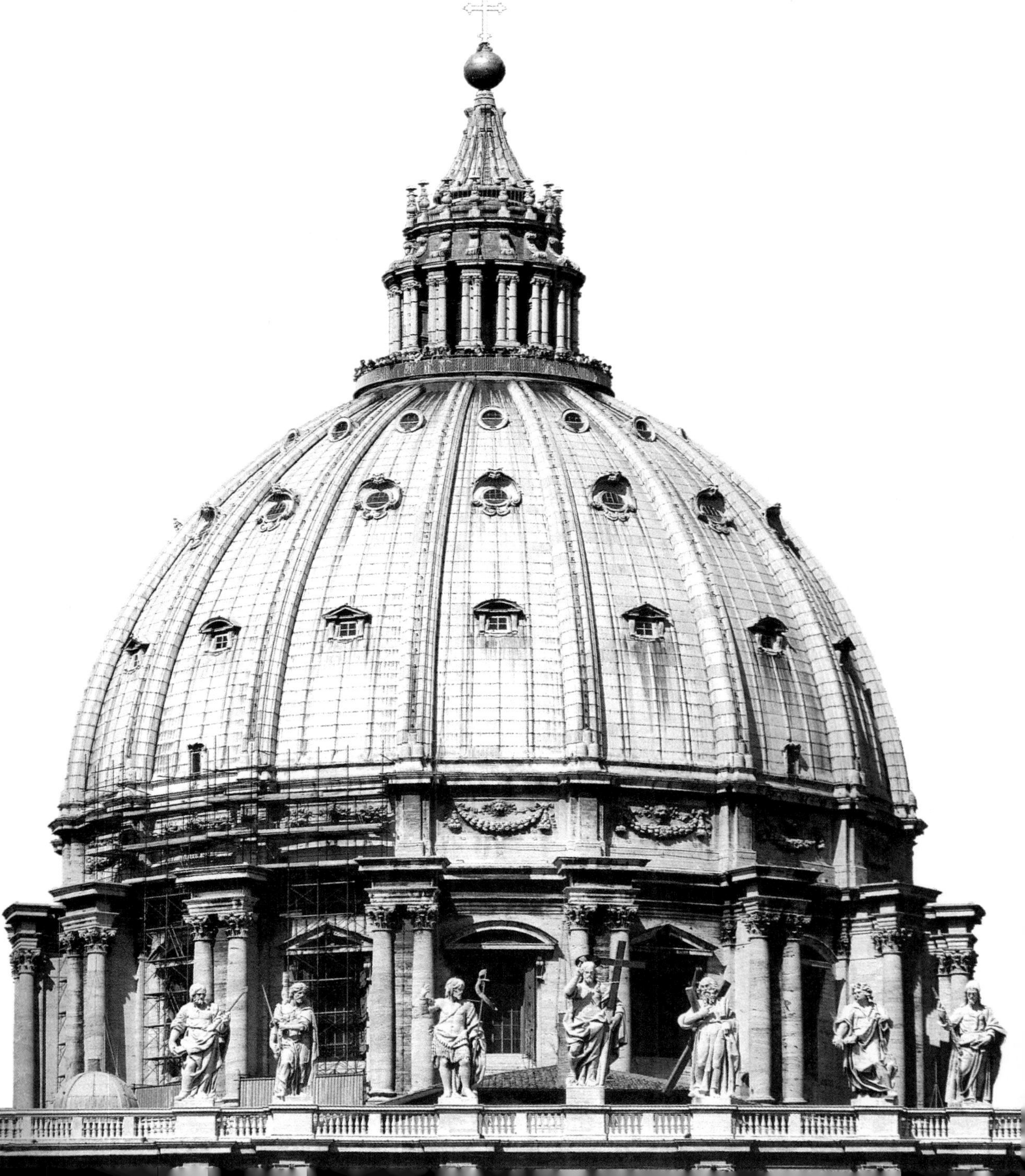

16-3

16-4

16-3 天主教罗马教皇约翰·保罗二世于2005年4月2日因病在梵蒂冈去世，终年84岁。周丹鲤一个星期后作此肖像

16-4 圣彼得大殿的华丽除了用金之外，也把彩色大理石、花岗岩的镶嵌拼接发挥到极致，并且极尽繁华雕饰彩绘之能事，精致得有点令人生厌。它的漂亮形象里散发着现世的奢侈与富贵气

16-5 宝座前四根螺旋形铜柱支撑的青铜华盖是贝尔尼尼的作品，正在圣彼得墓的上方。半圆形栏杆上99盏油灯长明不熄，光照墓地

四排284根陶立克圆柱组成的回廊，顶上林立140尊雕像，均由贝尔尼尼弟子完成。贝尔尼尼的雕塑多是太过华丽，但回廊的设计大胆豪迈，尽展才华，显示了以往缺少的雄壮意味。广场中央的方尖碑（25.37米）是教宗西斯托五世下令于1586年竖立于此。红色花岗石上没有雕刻埃及象形文字，反倒与环境协调。

教堂看得多了，印象重叠，眩晕渐生，进得圣彼得大殿，将这眩晕感推向高潮，似乎以前所有的教堂都不应称之为大殿，大殿从此成为此殿的专有名词。大殿内部长210米，拱顶高44米，大圆顶内高119米。看顶上的装饰与绘画，一定会大张开嘴，拼命将下巴与脑门拉成水平，维持庄重的形象是不可能的。

16-5

博物馆门口有265位历代教宗姓名时代碑刻，引众人驻足。里面展出的全是宗教用品，如十字架、圣杯、圣冠、圣座、圣书等，有些历史悠久，有些雕刻精良，圣器上小到寸长的天使圣女都雕得精微生动，令人叹为观止。其中一个等同真人大小的圣婴，可爱无比，简直是人间婴孩的象征。唐纳泰罗雕刻的圣体柜也非常出色，在圣体周围雕刻了从事各种世间工作的半坐女性裸像，个个不同，洋洋大观。相反，圣体衣纹复杂烦琐，不能使人亲近。一些游客目不转睛地凝视着玻璃柜内闪闪发亮的宝石、钻石、金银饰物，沉浸于俗世的审美里不能自拔。这大概也是部分圣器的装饰过于豪华、奢靡，失去了朴素。儿子说，他的感觉就是教廷十分有钱，它华贵的用具，庞大的装饰维修，众多的工作人员，证明它有钱，也需要有钱，但是它的收入除了信徒的捐款、一些投资、产业，还会从哪里来呢？

16-10　手持圣经陷入沉思的圣女像

16-11　贝尔尼尼的圣彼得宝座祭台，设计依然是巴洛克风格的发挥，整体上有一种悦目赏心的效果

16-10

第4章

…VM LIBERALIVM MVSEVM CONSTITVIT MDCCCXXVIII

丰盈与永恒：邂逅博物馆的艺术瑰宝

Musée du Louvre

1　巴黎的人有福了——炫目的卢浮宫博物馆

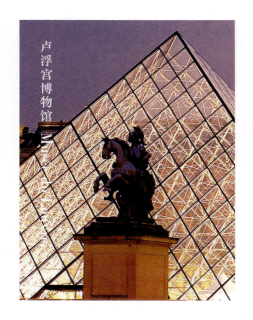

卢浮宫博物馆

据统计，目前卢浮宫共收藏有40多万件来自世界各国的艺术珍品。根据其来源地和种类分别在六大展馆中展出，即东方艺术馆、古希腊及古罗马艺术馆、古埃及艺术馆、珍宝馆、绘画馆和雕塑馆。其中，绘画馆展品最多，占地面积最大，共有35个展厅，2200多件展品。其中，2/3是法国画家的作品，1/3来自外国画家，14—19世纪的各种画派的作品均有展出，实在是异常丰富。

1-1　卢浮宫整体建筑呈"U"形。16世纪，弗朗索瓦一世开始大规模收藏各种艺术品，历经路易十三和路易十四时期，丰富地充实了卢浮宫的收藏。卢浮宫成为经常展出各种绘画和雕塑作品的场所，由这幅描绘卢浮宫的绘画可窥见一斑

1-1

沿着德侬馆高高的台阶上去，迎面是展翅飞翔的《萨摩塔斯的胜利女神之翼》。古希腊的这尊雕塑是1863年从萨摩塔斯岛的神庙废墟中发掘出来的，大约创作于公元前3世纪，高3.28米，据说是雕塑家为纪念希腊罗德岛的一场海战胜利而制作。女神站在船头形的石座上，微微前倾着身躯，张开双翼，披着薄薄的长袍，海风吹荡着，衣裙飞扬起来，仿佛闻得到海风的味道，咸腥而微凉。女神虽然没有头部和双臂，但是看得出昂首挺胸迎风展翅的妖娆，这残缺显示出一种完美，也给人留下了想象的空间。把它陈列在台阶之上的高处，接受成千上万游客的瞻仰，怕也是煞费心机的吧。这热情奔放与飞扬动态完美结合，我把它看作自由精神的物化，不由得对远古的希腊产生了幻想与憧憬之情。

1-2 1-3 《萨摩塔斯的胜利女神之翼》在德侬馆高高的台阶上，层层的阶梯好像翻腾的波浪，浪尖上的雕像好像展翅飞翔的海鸥

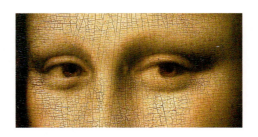

1-5

《蒙娜丽莎》被置放在卢浮宫二楼中间的一个大厅中，画前已经聚集了众多观众，大家纷纷在画像前留影，难免会把周围的人摄入镜头。画像被厚厚的玻璃所遮掩，保护着这个无价的宝贝，玻璃罩周围射出的柔和灯光，难以细细欣赏《蒙娜丽莎》的真容和细节。还好周围有达·芬奇同时期的其他作品，背景山水的表现类似于《蒙娜丽莎》，技法不差，可细细地比较研究。一张完美作品的出现不是偶然的，创作前后的绘画形成了一种上下文关系，当可看成是艺术在视觉上自然的成熟。达·芬奇在1503年完成的

1-4

1-4至1-7　达·芬奇　《蒙娜丽莎》　1503

1-6

1-7

不朽杰作《蒙娜丽莎》，几乎没有眉毛的眼睛，微微翘起的嘴角，不仅是脸上的微笑画得神秘，这女人的手，画得也饶是妖媚优雅。达·芬奇其他绘画中人物的手姿，无出其右。连医学家都从其中考证出无数内容，而《圣母、圣婴与圣安娜》也有不应被忽略的精彩。保罗·委罗内塞（Paul Véronèse）宏大场面的《卡纳的婚礼》，与《蒙娜丽莎》同列一室，众多人物的巨幅绘画，抵不上一个蒙娜丽莎的微笑。

众多的13—17世纪的意大利绘画，总的感觉是绘画题材以宗教神话为主，人物造型在中世纪都比较呆板，表情凝滞。17世纪时，造型的整体与局部都逐渐生动、坚实起来，但也只有少数画家在构图、手法上较有新意，可惜未能一一记下名字。后来的绘画，画家对色彩与自然空间的处理能力更强，初期则接近壁画效果。乌切罗（Uccello）的《圣罗马诺之战》（相同题材的画有三幅，另两幅藏伦敦国家美术馆及佛罗伦萨的乌菲齐博物馆），是远近透视及形式分析的极好范例。文艺复兴自不必赘言，宗教题材绘画中的形象更加的人间化，被描绘得更加细腻真实。

1-8 1-9 乌切罗 《圣罗马诺之战》
1438—1440

1-10

1-12

1-11

在法国大型绘画的陈列里，印象深刻的有古典主义的最后代表安格尔的《土耳其浴场》——如同肉虫般的众多裸女坐卧在充满异国情调的房间里，圆形的画面更增强了这种肉感，前景戴头巾的背影裸女显得十分突出。安格尔是大卫的学生。大卫的《拿破仑加冕》场面宏大，叙事风格，在凡尔赛宫已有一幅，但是此类题材让人感到难以亲近。相比之下，《荷拉斯三兄弟的盟誓》反而让人觉得更有意思，它的主题取自罗马野史，荷拉斯三兄弟与附近城市的另外三兄弟发生决战，起因于两个城邦之间的纷争，而荷拉斯三兄弟的胞妹是敌方兄弟之一的未婚妻，这仍然无法阻止双方毅然投入战斗。男人们出征盟誓，妇女们悲伤哭泣。现在看，也许可以有更多的解读，如人性与所谓道义的冲突。更让我关注的大卫的作品是《马拉之死》（此画藏在布鲁塞尔的皇家美术博物馆）。在浪漫主义绘画《梅

1-13

304

1-14

杜萨之筏》之前良久站立，悲剧化的情节与雕塑般的造型形成的视觉张力，今天来看仍有强烈的力量。想到是籍里柯（Gericault）27岁所作，真是让人哑口无言。这张基于真实事件的创作在沙龙引起巨大争议，受到了无情的攻击，却在英国展出时获得声誉。天才是短命的，籍里柯因坠马而死，结束了33岁的生命。曾与籍里柯是同学的德拉克洛瓦同样才华横溢。受《梅杜萨之筏》启发，德拉克洛瓦曾作《但丁与维其尔》，其后有《西奥岛的屠杀》，再有《萨尔达纳波尔之死》，张张都是大作。极具浪漫品质的《自由领导人民》画成时，他年仅32岁。据说卢浮宫收藏了德拉克洛瓦60多幅作品，令人叹为观止。

1-10至1-12　安格尔　《土耳其浴场》
1859—1863

1-13　大卫　《荷拉斯三兄弟的盟誓》　1874

1-14　籍里柯　《梅杜萨之筏》　1818

1-15　德拉克洛瓦《但丁与维其尔》
1822

1-15

1-16

1-16 德拉克洛瓦 《萨尔达纳波尔之死》 1827

1-17 1-18 德拉克洛瓦 《自由领导人民》 1830

大画悬于高墙，稍退远处可见全貌，局部只好省略——一幅画前停留的时间的确有限。此前每每从书上所见的画面现在都呈现在眼前，徜徉其中，留心寻找我关注的画家。在德侬馆二层参观，看到了17世纪法国最伟大的画家普桑（Poussin）的《阿卡迪的牧羊人》《基督治愈盲者》，还有《冬》。伟大、庄严、恬静、肃穆，这些神圣的字眼都会出现。

1-17

1-18

1-19

1-20

1-19 1-20 扬·凡·艾克 《奥顿的
圣母》 1435

参观里希留馆的佛兰德尔绘画和荷兰绘画。安东
尼·凡·戴克（Anthony van Dyck）的《英王查理一世肖
像》，我小时候在一本很薄的绘画图书的彩页上看到，那
时的印刷水平很低，色彩走样，现在见到原作不免欢喜。
扬·凡·艾克的《奥顿的圣母》绝对是令人难忘的作品。
这种重视个人外貌和心理的描写，强烈的空间结构，或许
是尼德兰绘画的特点吧。圣母依然是传统的类型，而大臣
却是一个重要的个人，这种宗教绘画里的世俗性处理令人
惊讶，描绘的严谨与深刻倒有一种难以质疑的冷静，连画
中的圣子也呈现出一幅大人相。在我看来，圣母背后端着
金冠的蓝衣天使则多少显得勉强。背后三拱门外的风景有
强烈的纵深辽阔感。

1-21

17世纪的荷兰风俗画，以市民生活的日常景象为主题，领域之广，成就之大，独特之处，非他国所能比拟。伦勃朗的画散布于世界各大博物馆，卢浮宫亦有大画收藏，其中《被屠宰的牛》令我难忘，常常因此想起后来的画家苏丁（Soutine），也画鲜血淋淋的肉块。毋庸置疑，伦勃朗在我心中占有重要地位。哈尔斯（Hals）著名的《吉卜赛女郎》，卡拉瓦乔式自由大胆的画风，被认为是风俗肖像的典范，斜视画外的女郎富于个性的微笑早已深印在脑海中，观原作如见其人，依然让我深深地感动。哈尔斯长寿，活到了84岁，也许和他总是描绘乐观开朗的人物有关。

1-22

1-23

1-24

继续寻找心仪的作品，看到了维米尔《做花边的女工》。维米尔善画平凡琐碎的日常生活，却能小处见大，细腻抒情。他对光线、色调、笔触都有精锐的敏感和完美的处理。维米尔的画总是阳光照进房间，温馨暖和的色调，主角身在其中，宛若在诗情画意般的意境中，画面有一种非常干净的朴素与坦然，让荷兰平民阶级的生活升华到一种近乎圣洁的境地。

1-25

1-26

1-27

1-29

1-28

来到叙立馆，路易·勒南（Louis Le Nain）的《农民家庭》让我感动。乔治·德·拉·图尔（Georges de La Tour）的《木匠圣约瑟夫》展现了蜡烛在黑暗中光芒的美丽，这种美丽在我少年时就曾经因为偶然目睹了拉图尔的烛光画而埋藏在心里……英国绘画只有透纳的风景让我陶醉，自以为有意境、诗意，与中国画暗通。西班牙绘画则有戈雅（Goyay）的《拉索拉娜侯爵夫人像》，显示了高超的性格表现和写实技巧。戈雅伟大，我在韩国汉城曾参观戈雅腐蚀版画展，内容之深刻，想象力之丰富，难以言尽，唯有叹息而已。而更早一些的西班牙巨匠格列柯的作品《十字架上的耶稣》则在德侬馆，展现了格列柯气质非凡、独具一格的画风。

1-30

雕像馆成立于1817年，共有展厅27个，展品1000多件，多为表现宗教题材的作品，部分为表现人体和动物的作品。《米罗的维纳斯》在叙立馆，同样有许多人在围观，如同看《蒙娜丽莎》的情景。《米罗的维纳斯》雕像高 2.02 米，创作于2世纪。维纳斯半裸着身躯，极为端庄、自然，被认为是表现女性美的最杰出的作品。据说1820年，希腊爱琴海米洛岛上的一位农民在挖土时发现了她。消息传出，正好有一艘法国军舰泊在米罗港，舰长得知消息后立即赶到现场想买下她，却没有现金。结果，维纳斯被一位希腊商人买下，并准备运往君士坦丁堡。眼见宝物就要失去，法国人不甘心，立即驱舰前去阻拦。双方发生了混战，结果珍品遭到损坏，雕像的双臂被打碎。双方争执不下，后来米罗地方当局出面解决，由法国人用钱买下雕

1-32

1-33

1-34

像，贡献给法国国王。就这样，维纳斯被运到法国，在当时引起轰动。维纳斯优雅的姿态，流动的曲线与柔软的肌肤，打动着千百年来的观众，翻卷的衣褶与光滑的身躯形成了鲜明的对比。她的左右臂都失掉了，齐端端的右臂仿佛是被截掉的，还留下了两个小小的孔眼。

在德依馆一层，米开朗基罗的《垂死的奴隶》和《被束缚的奴隶》令我驻步。佛罗伦萨学院博物馆藏有另外几尊奴隶雕像。《垂死的奴隶》看上去更加精致和完整，但是动作和表情优雅，让人难以联想到垂死的状态。这个雕像，做过我大学时素描写生的对象。16—19世纪意大利雕塑，以安东尼奥·卡诺瓦（Autonio Canova）的《普西莎及爱神》为代表，它有生动的构图与造型，坚硬的石头化作了如此柔软细腻的人体，叫人叹服这巧夺天工的手艺。还有未记住作者名、作品名的一蒙面纱女神，出奇的好。

1-32 《米罗的维纳斯》 2世纪

1-35

据说卢浮宫有198个展览大厅，最大的大厅长205米。显然，用一两天的时间根本无法欣赏全部的稀世珍品。仅仅几个小时参观，换来的是无限眩晕的感觉。因此，如果你要参观卢浮宫，得先制订一个计划，若想逐个参观六大展馆，可能得花一个星期来看，或者每年来看一次。据说塞尚常常会画到一半，雇辆马车到卢浮宫去参观。塞尚有福了，在巴黎的画家有福了，在巴黎生活的人有福了。

1-36   1-37

1-33 米开朗基罗 《被束缚的奴隶》 1513—1515

1-34 米开朗基罗 《垂死的奴隶》 1590

1-35 卡诺瓦 《普西莎及爱神》 1777

1-36 1-37 两个哀悼者，出自贝里大公约翰墓，雕塑风格受勃艮第艺术的影响

313

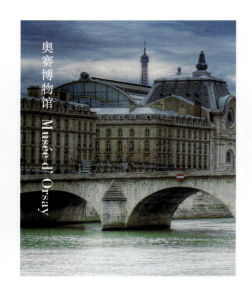

奥赛博物馆
Musée d'Orsay

奥赛博物馆坐落在塞纳河畔，与卢浮宫隔河相望。过桥，沿河向西前行。河沿的矮墙上固定着一个个绿色的长木箱，等待主人打开，这就是巴黎著名的一大景观——塞纳河边的旧书画报刊摊。在早晨清冷的寒风中，只有少数几个敬业的摊主开箱陈列，出售旧的明信片、书籍、地图、巴黎景色的速写和水彩，还有旧海报，尤其是新艺术运动时期劳特累克（Lautrec）等画家的美术招贴。

奥赛博物馆被誉为"欧洲最美的博物馆"，这话我是相信的。这美指的并不是外观，而是它的藏品。博物馆坐落于法国巴黎塞纳河的左岸，有流水的映衬，雄伟的英姿里就带了些妩媚。1898年，巴黎奥尔良铁路公司委托维克多·拉卢（Victor Laloux）在此地建设新客站大楼，工程历时两年完成。但是到了1939年，该客站就被废弃不用了。1973年，当时的法兰西共和国总统乔治·蓬皮杜（Georges Pompidou）提出，要利用它建一个国家博物馆，陈列从拿破仑三世的"第二帝国"到立体主义兴起之初长达近半个世纪的艺术作品。

奥赛博物馆1986年落成，正式向公众开放，成为世界上收藏印象派主要画作最多的地方。奥赛博物馆与卢浮宫、蓬皮杜艺术中心一道被称为巴黎三大艺术博物馆。奥赛博物馆的确称得上是连接古代艺术殿堂卢浮宫和现代艺术殿堂蓬皮杜中心的完美结点。如今，博物馆收藏的艺术品已有4000多件，其中包括绘画、雕塑、设计绘图以及家具陈设，展出面积超过45000平方米。

底层展出的是1850—1870年的绘画、雕塑和装饰艺术作品，其中有安格尔、德拉克洛瓦、罗丹等的作品。中层陈列的则是1870—1914年的作品，其中有第三共和国时期的官方艺术、象征主义、学院派绘画，以及新艺术时期的装饰艺术作品。展品按艺术家的年代和流派分设在大厅的底层、中层和顶层，顶层集中展示印象派以及后印象派画家的作品。

到达顶层，迎面看到马奈的《草地上的午餐》。画面洋溢着绘画的快感与愉悦，女人体画得严谨而又整体，背景的树荫叶枝暗色浓郁，笔触松弛写意，把黑灰色画得最有颜色感。马奈画作富于震撼力的视觉强度、大开大合的画面张力感、极度娴熟的绘画技巧，印象派中的确无人能够比肩。但是这张画当年被打入冷宫，只出现在落选作品沙龙上。古典的田园式主题被现代意义的形象所代替，神圣的宗教意义被瓦解为日常的生活放荡，自然会引起争议。但是，颠覆是马奈的本意吗？也许是，也许只是艺术家必须画他所见所感的东西而已。

马奈的另一张由日本屏风作背景的《屏风前的女人》，背景画得稀薄潇洒，仿佛流水染上的颜色，飞龙走壁般痛快淋漓。论绘画的激情与技巧的完美结合，马奈真是一个极致。但是，卢浮宫里的马奈风景画，似乎比这里所藏要好，而且马奈的《奥林匹亚》和《左拉肖像》，也都藏在卢浮宫。

2-1

2-2

2-1 2-2 马奈 《屏风前的女人》 1873—1874

2-3

《刨地板的人》是印象派所谓的业余画家、阔佬开依波特（Caillebotte）所作，这写实的功夫哪里是业余所能为？但是，这张画的技法并非全然是印象派风格，从房外照进屋里的亮光，在工人们赤裸的脊背上冷冷地闪耀着，让你入目难忘。

在国内带学生下乡写生，常常带着印象派绘画的幻灯片演示给学生。而毕沙罗的《红房子》，总是被叙说的对象。毕

沙罗画画朴实、严谨，决不会因为色彩而牺牲画面的结构，所以画面总是耐看、耐琢磨。现在看到原作，真得好好欣赏。压抑一下心跳，原作真是好看，房、树、坡、林组织成稳定的结构，细碎的笔触充实着画面。房顶的红色沉着含蓄，片片不同，与周围的灰色对比交融，真是写尽了色彩之美！相比之下，西斯莱（Sisley）的作品更活泼一些，形式上更明确，如《莫雷附近的杨树林荫道》。

对瞬间色光的执着表现，首选莫奈。不必再说印象派的意义，不必再说莫奈之于印象派的重要，一切全在这神奇的视觉，一切全在这辛勤的艺术劳动。因为最早的印象派这

2-3　开依波特　《刨地板的人》
1875

2-4　毕沙罗　《红房子》　1877

2-4

2-5

个名词术语，来源就是莫奈《印象·雾》标题的绘画，是评论家勒鲁瓦（Leroy）不怀好意的文章发挥。我喜欢莫奈的《阿尔让特依大桥》，因为所有形象与色彩都经过谨慎的推敲，小艇与树木、大桥形成很好的构图关系，当然，色彩也参与了进来。成百上千的黄、橙、绿、蓝、红的笔触组成了水面的波光，闪烁着、颤动着，到处是毫不含糊的色彩，所有的要素都作为颜料统一在它们所共同表现的事物中。这真是光学现实主义的经典样式，是运动的色光变化产生的视觉真实，是比现实更让我们神迷的世界。绘画自身开始有了自己的属性，并且成功地成为绘画的对象。

当然，也有很多画家批评莫奈。最早的时候，莫奈的《公主花园》受到了马奈的嘲笑，讽刺莫奈企图画"外光"；而德加在提到莫奈和雷诺阿时向开依波特说："您难道邀请这样的人进您的家门？"批评莫奈"只是一个有技术的、胆识不深刻的装饰画家"，这不能说没有道理。莫奈大约是印象派中最勤劳多产的画家，作品数量惊人，难免有不如意的，但是我敬佩他对绘画的热情，这热情让世界充满了光彩。

《干草垛》系列、《卢昂教堂正面》系列，让人看得浑身发热。莫奈是要跟时间赛跑么？还是跟光线玩游戏？全神贯注地对光与色的效果进行试验，莫奈已经有意识地利用了颜色的厚薄、肌理的物质性。其晚期的《荷塘》系列画得极其写意，已经接近了抽象的表达。

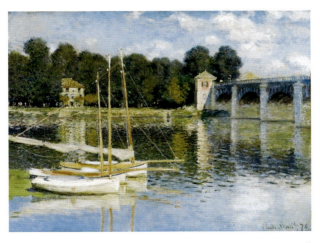

2-6

2-7

德加的《女熨衣工》让人拍案叫绝。相比之下，描绘芭蕾舞女的油画，有几张印刷品常见，现在看原作倒也不甚激动。厅中玻璃柜中陈列的德加小雕塑，颇具动感，且连续塑造系列动作，犹如连续摄影，也是生动。有一个专门的展厅陈列德加的色粉画。这哪里是自然的颜色，只是随意混合的色彩，妙不可言。德加以他极富传统与教养的绘画技巧，尖锐地凝视当下的生活，而不像其他印象派画家，对户外世界没有太大的兴趣。就算小到画室的生活，那女人体瞬间的动作形态，浴女擦背这样的动作，也可以进入画中，美得让你只有叹息。德加是个"厌世而孤僻"的人

2-8

2-9

2-10

2-11

2-12

物吗？我不大相信。但是，我相信德加是道德的、冷静的，看德加的裸女画，让你觉得他是不在场的。雷诺阿则不同，雷诺阿充满了对女性的爱，美丽的形象，柔美的肌肤，是明显的含情脉脉。雷诺阿的绘画藏品多得像莫奈，但是题材较单一，手法也比较样式化，重造型，彩色喜用青绿、粉红对比。其晚年的作品，色彩则大有变化，有几张女孩肖像画得漂亮，但是也只是漂亮而已。雷诺阿的代表作品这里都可以见到。

2-10至2-12　莫奈　《卢昂教堂正面》系列　1892—1893

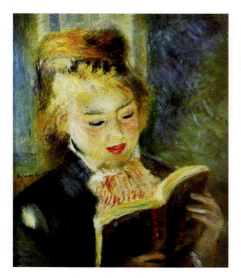

2-13

2-14

2-13　雷诺阿　《读书的少女》
1874—1876

2-14　德加　《女熨衣工》　1884

再看凡·高的作品就比较容易理解，耳朵包着绷带的自画像以及病房的写生都在。如果说莫奈还是感官的色彩，那么凡·高就是精神的色彩——不受任何色彩理论与现实的约束，情绪影响眼睛，导致色彩的观察发生异变。柠檬黄、鲜蓝、朱红、普蓝与翠绿被凡·高大面积地直接使用，全然不顾是否与现实贴切。但是，自有一种震撼的力量，即使人像写生，背景也会变成螺旋状色线，生长繁衍，由于情绪的翻腾，或幻化为灿烂星空，喧闹地充满生机，鲜明的绿色闪在眼睛的暗部，透着色彩的力度。冷暖纯色就这么互补对立地交织在一起，但是绝不生硬。黄色的应用，再没有一个像凡·高那样赋予心理表现了。

2-15

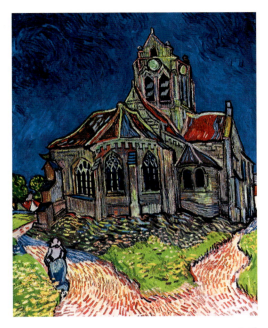

2-16

2-15　德加　《浴盆中擦背的女人》　1886

2-16　凡·高　《瓦兹河畔欧韦的教堂》　1890

2-17　修拉　《马戏团表演》　1891

相比之下，修拉、希涅克的新印象主义就多少显得做作，尽管在形式上也达到一种极致。比如修拉的一张三人女人体，似乎是用针尖点的彩，真难为那么的细。看多了脑袋里直冒出这些词：枯燥、单调、生硬，其实是装饰形式主义的极致了。这样说修拉和希涅克也许是不公平的，因为，历史地看，也许还是惊人、不可思议的吧，并且不仅预见了蒙德里安的抽象，也预见了籍里柯与马格利特（Magritte）超现实主义的怪诞。这样说，修拉的在天之灵会感到慰藉吗？接着看野兽派。弗拉芒克（Vlaminck）、马蒂斯、德朗、杜飞（Dufy），这些野兽派们的作品现在看上去像家养的动物一样温和驯顺，粗野得刻意，就显得斯文。

2-18

高更，一个向往着原始生活的文明人，总是画热带地域的人与生活——塔西提。异国情调居然会有那么大的吸引力吗？也许，无论哪个时代，都有一些艺术家愿意抛弃现代文明以及古典文化的阻碍，回归更简单、更单纯的原始生活方式，一

2-18　高更　《薇茹玛蒂》　1897

2-19　卢梭　《战争》　1894

如我自己的想法。高更那近乎平涂的画面，用色的浓郁、单纯，以及具有东方风味的装饰美，直是让须兰这个小女子为他写一篇华丽的美文——《我们从哪里来？我们是什么？我们到哪里去？》。有一点点恍惚，一点点怅惘，饶是问得人心烦。不如卢梭，有一点点狡猾，看上去却满眼的天真。从莫奈过渡到卢梭，多少感觉卢梭有一些造作和故意。煞有介事的认真，也许真的就是憨傻？因为这样认真地一叶一草地画想象中的风景，没有巨大的耐心是不行的。古人可以有，今人是难有了，现代人更没有，大家都耐不住寂寞，明知道下功夫耐寂寞是做真正艺术的基本功，却还是舍不得这样去做，因为成功的愿望太迫切了，而真正的艺术未必能够成功。

2-19

奥塞博物馆里还有纳比派的作品，如精于装饰概括的维亚尔（Vuillard），色彩苦涩而丰富的博纳尔（Bonnard）。虽然多为小画，但确实耐看。尤其是博纳尔，能把单独看似乎有些脏与灰的颜色调配得如此透明、响亮、绚丽，众人难望其项背。就色彩写生而言，莫奈之后，我喜欢他。

劳特累克，一个天才。一张背坐的女人写生，细笔笔触纵横交错，画得空灵，色彩微妙得难以言传。从内容上讲，劳特累克的画自有其不同的意义所在，不像雷诺阿画市民生活的欢乐与浪漫。劳特累克深深迷恋酒吧、夜总会和妓院，是这些世象的真实甚至是丑陋的反映——美女变成了衰老无力、愤世嫉俗的妓女。绘画表达的情感是复杂的，没有解释与谴责的，或许有些嘲讽，但并不是恶意的。图卢兹-劳特累克博物馆藏有一张他的照片，短小得有点像侏儒的身材，穿着一身绅士西服，戴着礼帽，拄着拐杖。这样的人是不引人注意的，使他得以看到生活的私密处，因此笔下有了现代生活角落里最真实的面孔。

2-21

2-20

| 2-20 | 维亚尔 | 《在床上》 | 1891 |
| 2-21 | 博纳尔 | 《盥洗台》 | 1908 |

2-29

2-29 柯罗 《宁芙在晨光中舞蹈》 1850

杜米埃（Daumier）的小型头像雕塑，恰像他的一幅幅漫画，嬉笑怒骂皆在其中。奥赛博物馆也有一些罗丹的雕塑，其他雕塑都不上心地看。相比之下，倒是博物馆巨大的空间更令人难忘。再大的绘画、雕塑放在这里，都显得渺小了。

走出奥赛博物馆的大门，天色渐暗。卢浮宫和塞纳河已是朦胧的剪影，色彩迷离，仿佛焦距不能对准。奥赛博物馆的轮廓消失在灰蓝色中——看久了印象派绘画，眼睛也已经习惯于只看色彩了。走到卢浮宫前，花园里坐着不少看书的人，更多的人从卢浮宫里流淌出来，湍湍散流在夕阳下，热闹得富有生气。相形之下，玻璃金字塔看上去有些苍白，有些暗淡。

2-30

2-31

2-30　杜米埃　《雅克·莱赛沃赫》　1832

2-31　杜米埃　《让·博雷·鲁塞尔》　1832

Centre G. Pompidou

蓬皮杜艺术中心
Centre G. Rompidou

3-1　斯特拉文斯基喷泉　1982—1983

3-2　雅克夫·阿加姆的光效应绘画
（局部）的空间，虽然没有什么太大
的意义，却有着炫目的视觉效果

蓬皮杜艺术中心落脚在巴黎最富市民气息的传统地带波布。从城市桥上过去，再往北，走到Renard街，一眼看到红蓝的建筑管道，那就是蓬皮杜艺术中心了。蓬皮杜艺术中心，全名为蓬皮杜国家艺术和文化中心，意大利建筑师伦佐·皮亚诺和英国建筑师理查德·罗杰斯（Richard Rogers）的设计，从681件竞争作品中一举中标，并在1972—1976年建造完成。这是一座未来主义风格的杰作，由纵横的玻璃管道、硕大的玻璃墙体和错综的钢架构成，于1977年1月开馆。

蓬皮杜艺术中心旁边的水池上，运动的机械雕塑兀自转动，红红的嘴唇在喷泉下骄傲地噘着。走到广场上，就可以看到正面巨大的暴露式建筑，红色的管道是电梯，黄色的管道是电路，绿色的管道是水管，空调的管道是蓝色，全都毫无遮掩地暴露在外面，还有暴露在外墙的铅灰和银色管道，构成了建筑的新美学观，仁者见仁，智者见智。

3-1

从一层正门进入，地下一层到地上二层被称作Le Forum。前门大厅有信息中心、儿童游乐场、特别展览室，以及倡导现代化设计的"青春设计"工作室。蓬皮杜艺术中心由工业创造中心、公共参考图书馆、国家现代艺术博物馆、音乐—声学协调研究所四大部分组成，供成人参观、学习并从事研究。左面的错层是开放式工业设计展览厅，空地上展出着可折叠的自行车、小汽车、割草机等，好像是一个发明设计展，出售奇思异想、造型前卫的小生活用品。二层到四层是文化中心的主体图书馆，图书馆藏书35万册，2000个座位，免费向公众开放，犹如文化集市。

从外墙圆形管道的透明电梯上楼，可以看到外面真实清楚的巴黎城。到第三层的平台，远处的埃菲尔铁塔、圣心大教堂从如海洋波浪般的建筑中浮起。

五楼到六楼是国家现代美术馆。每层都是一个长166米、宽45米、高7米的巨大空间。乘电梯到楼顶，正有悬念大师希区柯克（Hitchcock）的纪念展。最早知道希区柯克，是看派克（Peck）主演的《爱德华大夫》，后来又看了褒曼（Bergman）主演的《煤气灯下》，以及她和劳伦斯·奥利弗（Laurence Olivier）合演的《蝴蝶梦》。《爱》片里梦境的设计来自超现实主义画家达利。希区柯克一共拍摄了60多部电影，美国作家帕特里克·麦吉利根（Patrick McGilligan）在《希区柯克传》里评价道："倘若眼睛能够尖叫，你将长久地在他的激情里战栗。"近年来，中国出版了希区柯克的系列悬念小说，出人意料的结局和惊险让小说十分畅销。这个展览学术性很强，有电影片段、希区柯克介绍、家庭录像、相关艺术等。其中介绍了

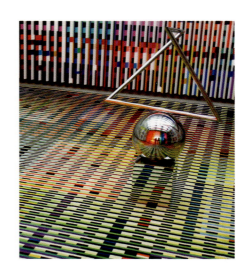

3-2

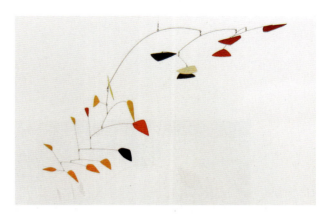

3-3

影响希区柯克的画家、音乐家，如拉斐尔前派画家琼斯（Jones）、罗塞蒂（Rossetti），都有原作展示，旁边陈列着褒曼的肖像。还有超现实主义的马格利特、表现主义的格罗兹（Grosz）、象征表现主义的蒙克、神秘浪漫主义的勃克林（Bockln）、分离主义的维亚尔，以及梦幻象征的雷东、神秘孤寂的霍伯（Hopper）、抒情优雅的瓦洛东（Valltton）等人的绘画。由此说明希区柯克受象征性绘画的影响，表现出对超现实、神秘以及女人的迷恋。眼睛和乌鸦是希区柯克特别钟爱的两个艺术形象。一部短电影用大眼睛里反映出的场面、人物来说明情节。一个桌上陈列了许多乌鸦模型，墙面还有乌鸦的阴影，地上则有玻璃的倒影，而对面的墙上则放映着乌鸦群飞的黑白镜头。整个展览令人印象深刻。

乘电梯下去，一路看建筑的内部结构，觉得局部的构造形式感很强，有优美的线条韵律感。到第五层国家现代艺术博物馆参观现代艺术陈列——专门介绍20世纪以来的西方各种造型艺术，包括立体派、抽象派、超现实主义派、结构派、概念艺术及流行艺术等各种流派的2000幅作品。

正对国家现代艺术博物馆入口的是瑞士现代雕塑家让·廷格利（Jean Tinguely）的大型组合雕塑——用工业齿轮组合焊接在一起，大大小小地富于变化，而且可以连带地转动。展厅里有很多纸上现代素描。当然，素描的定义得以极大扩展，有一些线条的感觉看上去十分敏锐生动；而有

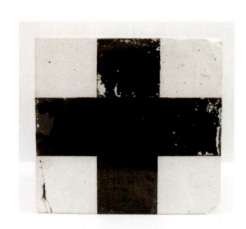

3-4

3-3 3-4　考尔德的活动雕塑和马列维奇的至上主义绘画，形成抽象造型的各自表述

336

3-5

一些除了与众不同之处，表面看则有些游戏性质，仅仅为了不同而不同，并不能成为艺术生发的理由。

美国雕塑家考尔德（Calder）的活动雕塑，悬吊着的、涂色的抽象有机形态铝片，在风中微微摆动，有一种轻盈的诗意在里面。相似的是西班牙画家米罗的大型抽象油画（其实是考尔德受到米罗星座绘画的启发，制作了一些富于幻想的星座雕塑），有肌理的蓝底上漂流着几笔响亮的红色、黄色和黑色，也是无法形容的诗意迷醉。印象派后期的画家，像野兽派的马蒂斯、德朗等也有作品陈列，现在看起来却是悦目的，一点也不粗野。

以前在画册上熟悉的作品在这里看到了原作。比如俄国画家康定斯基的冷抽象作品，色彩丰富得有音乐般的旋律与变奏，造型抽象并不冷峻。俄罗斯画家马列维奇（Malevich）的至上主义作品，有明确的单纯与清雅，不过现在看起来显得有些简单。相比之下，美国画家罗斯科那漂浮在空间中的、松散的色彩矩形有渗透与扩展的湿润感，这种富于感官的色彩美，以毫无中心焦点的宁静扩散着。法国画家让·杜布菲（Jean Dubuffet）像洞窟一样的立体绘画，白色壁面贯穿着他那图案般的有机曲线，有着变幻流动的视觉美感，像好动的小孩子在洞穴里玩耍。

3-5　让·廷格利的机器雕塑。机械化的运动成为创造幻想作品的手段，大小轮子组合在一起，倒也具有一种韵律之美："机器比什么东西都更令我进入诗境。"

337

3-6

自然，这里也少不了西班牙画家达利的作品。达利的人形桌构思巧妙，桌腿设计戏剧化，陈列在玻璃罩里，令人眼晕。还有意大利画家契里柯（Chirico）的神秘主义绘画，恩斯特（Ernst）富于质感知觉的超现实的梦幻绘画，阿尔普（Arp）的有机抽象作品。出生于巴黎的毕卡比亚达达风格的绘画和莱歇（Leger）机器形式的立体主义作品都大得极有气势，占据一个侧厅。还有抽象表现主义画家斯泰拉（Stella）的作品。

热拉尔·弗罗芒热（Gerard Fromanger）的《中国，户县》创作于1974年，是用照片加工成的绘画。背景的灰暗老屋上挂着"为人民服务"的牌匾，前景的人物是色彩鲜艳的老农，都站在那里仿佛欢迎什么人物。绘画带有时代的特色，也带有政治波普的特征，但是比较中性。因为画的是中国，所以印象深刻。弗罗芒热在1968年巴黎动乱时期，创作了许多革命宣传画，并于1974年访问中国，这幅画也许就是利用在中国抓拍的照片绘制而成。弗罗芒热

3-7

省去了素描，直接把绘画运用到画布上，他采用青蓝灰冷的颜色描绘背景，而把人物的色彩突出来。这种主观运用冷暖色彩图画照片的效果，并没有要"表现"或者"叙述"什么的意图。或许，这就是弗罗芒热艺术的特色。

此外，还有POP艺术与现成物艺术的陈列，例如杜尚的小便盆，这个也许是复制品。光效应绘画有几件作品不错，最后是影像作品。看多了，一眼瞥到墙边的防火器具，也疑心是现成物艺术。后来在一个展厅里还当真看到了当艺术品陈列的两个灭火器，以及拖在地上拉得很长的黑管子。

3-8

侧厅墙面全都是被网住的干掉的月桂树叶，打上了幽暗的光，树叶隐约散发出淡淡的幽香，营造出静谧的氛围。中间场地上支棱着一对既似树枝又似人肺组织结构的模型，铜色的枝杈向四面八方伸展，仿佛呼吸散发出来，却有着一种诗意。这是意大利艺术家朱塞佩·佩诺内（Giuseppe Penone）的《呼吸6号》，作于1978年。

现代设计展更是引人瞩目。床头的活动台灯、厕所的淋浴设备，都令人耳目一新。房屋的设计更是别出心裁，例如干裂的地面拱起，在裂缝里呈现隐藏的建筑。种种匪夷所思的建筑设想都通过模型和电脑制作加以展现，告诉你有想象力的建筑是什么。还有20世纪60—70年代的建筑草图及照片展示，其中就有卡波里岛上的一座红色别墅，坐落在礁崖之上，是作家库兹罗·马拉帕特（Curzio Malaparte）所造。我曾去该岛游览过，亲眼见证了这座传奇的建筑。

据说蓬皮杜艺术中心拥有世界上现当代艺术最完善和完整的收藏——5000位艺术家的54500件艺术品。其中，1619位艺术家的5500件绘画作品；1509位艺术家的17272件素描和画作；695位艺术家的16279件摄影作品；266位艺术家的4518件建筑作品；274位设计师的2419件设计作品；472位艺术家的2440件雕塑作品；323位艺术家的1026部电影作品。当然，这些数字随着时间的推移在不断地增加。蓬皮杜艺术中心也不断有各种临时展览，例如为庆祝建馆30周年，在2007年盛夏8月举办了"巴黎的空气"大型展览，展览反映出蓬皮杜艺术中心对当代城市文化发展问题的密切关注，将艺术与设计等领域结合起来加以展示。或许，这也是蓬皮杜艺术中心吸引人们的原因之一。

3-9

3-10

3-9 威尔汉 《犀牛》 1999

3-10 王度 《吻》 2005

3-11

3-11 意大利卡波里岛上的一座红色别墅，坐落在礁崖之上

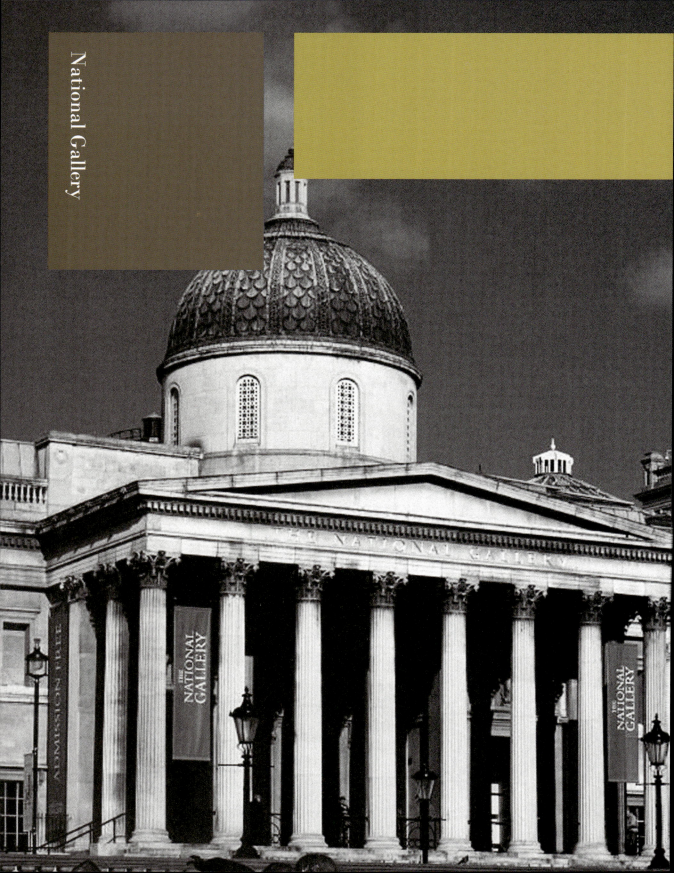

National Gallery

4　艺术是属于全体民众的——开放的伦敦国家美术馆

伦敦国家美术馆已有2300多幅馆藏，多数是集中在1260—1900年间的作品。参观展览不会收费，因此人非常多，极好地普及了艺术教育。

伦敦国家美术馆分为四个侧翼，所有作品按照年代顺序展出，1991年增建的塞恩斯伯里侧翼收藏1260—1510年早期的文艺复兴艺术。最让我感动的是达·芬奇的《圣母子与圣安娜和圣约翰》炭笔素描。优雅的形象，柔美的明暗，婉转的线条，营造出人类绘画所能达到的最神圣的境界。站在这幅大型素描面前，我感受到现世的卑微和冷硬。或许，这就是人类历史阶段的不同吧。这样想，杜尚给《蒙娜丽莎》加两撇胡子也许是有道理的，达·芬奇实在太具有代表性了。

西翼陈列了1510—1600年文艺复兴全盛时期的意大利和日耳曼绘画，许多巨幅绘画都在此得以呈现。拉斐尔的《圣母与圣子》像自不必说，安吉利柯（Angelico）、利皮在佛罗伦萨就引起了我的注意，在这里，再次看到他们的作品，让我又一次对他们刮目相看。安吉利柯，圣弗朗西

4-1

4-2

4-3

斯教派的修道僧，隐藏在佛罗伦萨的圣马可修道院里，画下了无数优美绝顶的画，笔下充满诗意。做学生的利皮更是青出于蓝，作品里的圣母美丽到无可形容，但是神情总是忧郁着。这永远的忧愁，有世俗的人间气息，却又超凡脱俗到极致，脸上洋溢着清秀的处女气息，安静、规矩、秀丽、纯净得像一滴露水，却又有预感地、安详中有些忧郁地等待着命运，等待着报信的天使，看着圣婴，等待着未来。

这里居然也有乌切罗的《圣罗马诺之战》。最早看到这张画是在巴黎的卢浮宫，其后是在佛罗伦萨的乌菲齐博物馆。这么说，这张画有几幅了。画面的人物、兵器与马匹组织得极富形式感，透视法亦有精彩的应用。随后，让我印象更加深刻的是文艺复兴末期的画家卡拉瓦乔的《晚餐》。神秀与粗野兼具，写实精于直观，能把一种媚俗大大方方地画得那么生动，真是难得。据史书上记载，卡拉瓦乔曾经打死过人，被迫离开罗马逃亡，在流浪的生活中结束了37岁的生命。也许，正是这种放荡不羁的性格、漂泊的生活经历造就了他辉煌的艺术成就，让活得超过37岁的人惭愧。

4-1　达·芬奇　《圣母子与圣安娜和圣约翰》　1499—1500

4-2　4-3　乌切罗　《圣罗马诺之战》　1438—1440

1600—1700年的绘画收藏于北翼中，有荷兰、意大利、法国和西班牙的绘画，其中有两间展室专门展示了17世纪荷兰大师伦勃朗的肖像画。《63岁自画像》是他在1669年去世前完成的，好得无话可说。伦勃朗的系列自画像从曾经的单纯明快，到最终的满脸沧桑，是人生历程淋漓尽致的写照，表现之深刻，让人难望其项背，甚至有人根据他的肖像来分析他的病情。他的另外一幅作品《洗浴》，画面不大，但是画得浑厚有力，让人无言以对。相形之下，虽然也有佛兰德尔画派安东尼·凡·戴克的几张大画，多少会让人觉得优雅中有些矫揉造作。

4-4

4-4 卡拉瓦乔 《晚餐》 1601

4-5 4-6 委拉斯贵支 《照镜子的维纳斯》 1647—1651

西班牙画家委拉斯贵支的《照镜子的维纳斯》让人惊叹，同样也是写实，但是委拉斯贵支却毫不造作，几乎看不出风格与技巧，技术真是炉火纯青。相较更早的文艺复兴时期威尼斯画派的乔尔乔内（Giorgione）的《沉睡的维纳斯》，以及后来19世纪古典主义的安格尔的《维纳斯》，委拉斯贵支只是自然地凝视照镜的女人，并不特别地将其神化与美化，只管朴素无华地行笔，笔触直指当下的感觉，以至今天看来都十分新鲜，犹如方才完成的写生——维纳斯的肌肤白润光滑，美丽的脚跟泛着粉红。幸好镜中的面容是模糊的，只看这形体就好了。我在画前忘掉了一切的形容词，离开了画，可是不知道为什么又重新返回画前，只是无语，定一下神，细细体味每一个局部生动的状态和光影的效果。这种现场的"当下"写生感，让我以为委拉斯贵支的这张画一定有模特，就如同《博士来拜》中的圣母，以自己的妻子为模特，小耶稣则是摹写自己的小女儿。

在这里，居然看到了尼德兰绘画的代表扬·凡·艾克的
《阿尔诺菲尼婚礼》，这张画被公认为"欧洲艺术中第
一幅心理肖像"。画面中许多物品引起了后世对象征含
义的猜测。例如，左边矮桌和窗台上放着的橘子，据说提
醒着人类在有罪的岁月之前最初的清白。如果不是橘子而
是苹果，是否就代表着知识的诱惑和人类的堕落？在两人
头顶上方有一盏华丽的黄铜枝型吊灯，上面一根点燃的蜡
烛在大白天燃烧着，也被人们解释为爱情的光芒或婚礼的
火焰，地上可爱的小狗则被视为忠诚的象征。同时，婚床
和鲜红的帘子似乎暗示着夫妇之爱的身体行为，按照基督
教教条，这是男人和妻子之间完美结合的一个重要组成
部分。

4-7

4-7　伦勃朗　《63岁自画像》　1669

4-5

4-6

4-8

4-9

4-10

4-8至4-12 扬·凡·艾克 《阿尔诺菲尼婚礼》 1434

4-11

新婚夫妇在洞房中执手示爱，位于两人之间的却是远处墙壁上的镜子，引人注目地反射着夫妇的背影，画家自己也被映射在镜子中央的门扉中。这处理真可谓精心独特！而用镜子来丰富画面空间，正是这幅画的特色，也因此在美术史上留下了重要一笔。虽然所有不同的元素都被赋予了寓意，但是和整幅作品的焦点——镜子比起来，也都变得无足轻重了。镜子反射出的两个微小人形看起来好像穿越了房间的边界，同时把房间的地板和天花板也显现出来，于是，镜子就扮演了空间结构中的一个神秘的焦点，它强力地吸入了整个视觉世界，成为一个凝聚一切的窥视孔。小镜框的四周镶刻着10幅耶稣受难图，图像细小得难以看清，这种尼德兰特有的细密画传统画法，在画中物品的描绘中表现得淋漓尽致。仔细瞧，画中墙上也巧妙地留下了画家自己的签名。

18世纪洛可可风格的典型画家布歇（Boucher）也有大画
陈列，例如《蓬巴都夫人》。到底是宫廷画家，路易十五
宫廷的宠人，善用玫瑰和天蓝的色调，明亮润滑的肤色，
营造出画面轻浮的欢乐。风格柔美而奢华，绘画技巧熟
练，描绘也有生动之处，但是无法引起我更多的兴趣。

东翼1700—1900年的绘画，包含18—20世纪初的威尼斯、
法国和英国绘画，风景画是一大特色，也有浪漫派和印象
派等许多佳作。英国近代风景画家透纳的风景画，独立支
撑英国风景画的名声和地位。例如作品《战舰》，色彩的
感觉、光影和空气感的处理已经接近或者超过印象派风格
的真意，说是印象派的先驱也不为过。他的一些画甚至比
印象派的某些作品更注重整体意境，更抽象，也就更接近
心境的表现。我喜欢透纳，或许是因为他的绘画里有一种
说不出来的中国画的诗情意境。关于透纳，曾经有许多故
事流传，比如把自己绑在桅杆上观察风暴中的海浪，从火
车上伸出头去凝视暴雨中迎面开来的火车，等等。所以说
他的画是对心境的描写，其实又是对自然混沌现象的细心
观察与表现，对光线与氛围的追求，抵消了对透视与素描
的清晰表达。在伦敦国家美术馆里展出的也多是透纳的代
表作品，画面充满色光诗意，虽然有些画不能免俗地想

4-13　布歇　《蓬巴都夫人》（局
部）1763—1764

4-14

4-14 透纳 《战舰》 1839

4-15 4-16 康斯泰勃尔 《运草车》
1821

要添加象形的细节。据说收藏近现代作品的泰特博物馆有
282幅透纳的藏画，伦敦的透纳画廊，所藏则更多。

与透纳同时期的另一风景画家康斯泰勃尔，对法国绘画
也有极大影响。他的《运草车》，曾被法国商人买下，
在巴黎展出，获法国沙龙金质奖。画面虽然极为繁杂，
却有真实的乡村气息，仿佛可以呼吸到雨后湿润的空
气。在同一展厅展出了康斯泰勃尔《运草车》的草稿，
与成稿几乎同样的尺寸，用稀油做出深色的底子，然后
用粗大的笔触薄涂轻绘，画得丰富概括，饶有气势。这

4-15

4-16

4-17

4-18

种痛快淋漓的感觉，让我对草稿分外心仪。展厅里康斯泰勃尔其余的画则工细有余，比较而言，我还是喜欢透纳。有意思的是，二人的支持者也互相攻击，康斯泰勃尔的风景被称为"穿厚大衣的天气"，康斯泰勃尔则评论透纳为"完全疯了"，好在还紧跟着补充有"由于有本领"。艺术家就是有趣啊！

19世纪的绘画展厅里，看到了安格尔的《浴女》和数张肖像画。其中的《莫瓦铁雪夫人》，据说画了6年之久，也算是细得极致了，但是看上去总觉得累。杜米埃的一张小画，似乎画的是山路上的骑马者与步行人，山景几乎为白，人与马呈褐色。笔触概括而流动，也是生动极了。转身又与柯罗奇遇了。柯罗画竖的四条屏油画，描绘从早到晚的四时景色，大树画得松动空灵，确乎是无人能过其右。在每张画上小小的人物都戴着犹如符号的红帽，也是有意为之吧。马奈的一张描绘开枪射击的大画，曾经被人割破，后被德加修补完整，但是还是看得到缺损。莫奈的《荷塘日本桥风景》，比奥赛博物馆的类似风景色调偏蓝绿，暖色运用较少，也还不错。更让人吃惊的是毕沙罗的一幅竖构图的大风景《赫米达日山道》，画得朴素实在，

4-17　杜米埃　《堂吉诃德与桑乔·潘沙》　约1855

4-18　安格尔　《莫瓦铁雪夫人》　1846—1851

4-19

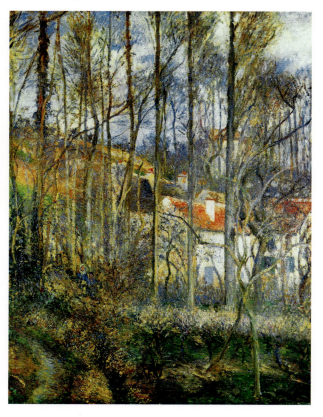

4-20

4-19 莫奈 《荷塘日本桥风景》
1899

4-20 毕沙罗 《赫米达日山道》
1877

色彩丰富厚实，是不容小觑的大家。这样的画非有老实的写生而不可得，灰色用得微妙，写生感强。

不可不提的凡·高作品有《椅子》《向日葵》《凡·高的卧室》等。《凡·高的卧室》画的是他在阿尔寄居客栈的房间——一张单人床、两把木椅子、一张小桌子、上面两个酒瓶、一个茶壶、一个茶杯，被描绘成像向日葵一样辉煌无比的黄色调。简陋的现实在艺术中如此豪华，只有永恒可以在这里居住。大资本家们希望把它买回去，用这个简陋狭小的"卧室"，来装饰自己豪华阔大的客厅。这就

4-22

是现实与艺术的矛盾吧。美术馆里也有一个侧厅专门展出德加的作品。博纳尔也有不少的作品，色彩依旧丰富。看过凡·高以后，就觉得博纳尔是愉悦眼睛、修身养性的色彩，到底是家境、心境都不同，博纳尔的一生都过着富足的日子，绘画自然也是恬静的。这里有塞尚的《林中浴女》。塞尚的风景画画得极有章法，是视觉上的新建树，史书称为现代主义鼻祖，当之无愧。新印象主义的希涅克有几张小画，点彩画点得太机械了，走到了这个地步，已经是尽头，无处可去，物极必反，另辟蹊径也就是必然的了。

美术馆藏品众多，几个小时的观看，许多名作只是匆匆而过，难以一一评述。视觉也疲劳了，精神也疲惫了。慢步出馆，站在大门口的高平台上，眺望街上的车水马龙，隔街是拉法格尔广场，也是人群与鸽群熙熙攘攘的热闹……就这样默不作声地看，渐渐从美丽的历史画卷中回到活声活色的现实。

4-21 塞尚 《林中浴女》 1894—1905

4-22 凡·高 《向日葵》 1888

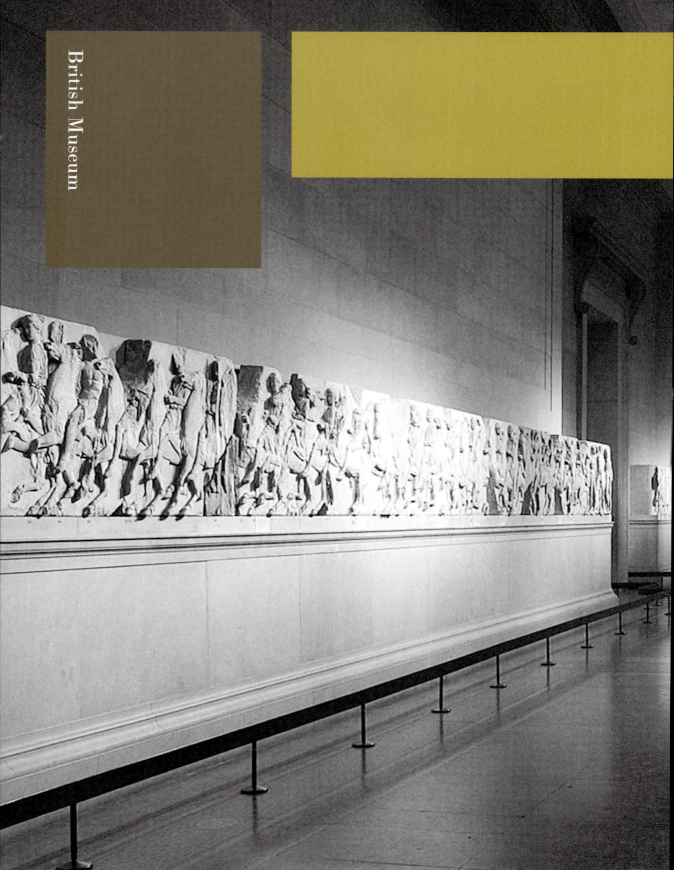

British Museum

5　世界的历史在这里汇集——令人神往的大英博物馆

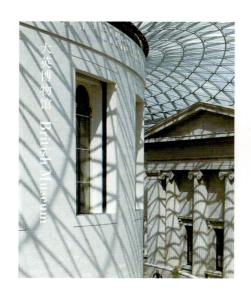

大英博物馆位于伦敦的中心，在闹区的格雷·卢塞尔大街北侧。沿街往大英博物馆的方向走，可以看到街上的行人几乎都是同一个方向，渐渐汇成一股人流。大英博物馆就在街边，始建于1753年，6年后正式开放，原来主要收藏图书，其后兼收历史文物和各国古代艺术品，这里珍藏的文物和图书资料，恐怕世界上任何一个博物馆都无法比拟。从铁门进去，正面长113米，古希腊风格的门廊，一排44根爱奥尼式石廊柱，柱顶两个大圆形涡卷，庄重利落，气势不凡。三角门楣上的"破风"亦是古希腊风格的

5-1 大英博物馆名扬天下的圆形阅览室

5-2 古埃及镀金的木乃伊面具像，公元前1世纪末至1世纪初

5-1

人物圆雕。从台阶上去，进门过方庭，走到内厅，眼前顿时一亮。里面是圆形的内厅，现代建筑，地墙一色的白，屋顶用支架和玻璃构造，采光极好，给人一种特别明亮上浮的感觉，甚至连角落里的白色大理石雕像都不明显了。内厅正面是一尊犬形的大理石雕像，是罗马时代的作品，下面却放置着投币箱。有说明，原来大英博物馆的常设展览免费参观，只有临时专题展才需买票。当然，你可以自愿向博物馆捐款2英镑。

犬的雕像后面，两边有台阶环转而上，可以到圆形建筑的上层。楼上正在举办埃及艺术专题展。而埃及馆也是博物馆中最大的陈列室之一，陈列数量达7万多件，令人咋舌。埃及自己会有这么多的文物吗？可能更多地流散海外，就像代表太阳神的方尖碑一样，只有7座留在埃及，30多座立于世界其他国家，其中意大利最多，仅罗马就有13座，这是古罗马人统治埃及时对方尖碑的疯狂掠夺。

5-2

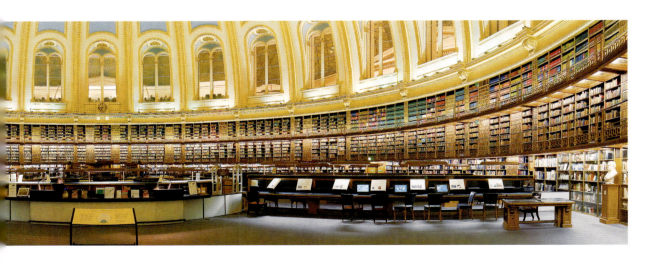

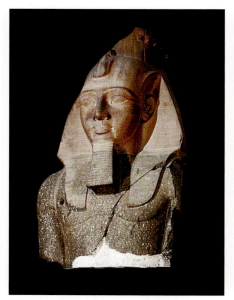

5-3

5-4

内厅下面是名扬天下的圆形阅览室。大英博物馆的藏书在世界上久负盛名，多达130万册，包括大量英国和世界其他国家、地区的经典文献、书籍、手稿、档案，不少是仅存的珍本。除英文外，还有阿拉伯文、波斯文、土耳其文、梵文、印地文、蒙文和中文等许多种文字的书籍。据说仅中文书刊就有6万多种。阅览室里面环绕四壁一圈全部是藏书架，中间是阅读书桌，一排排罗列，但是只有极少数人进去阅览。与其说是阅览室，不如说是旅游区了。闪光灯伴着窃窃私语，记载着人类热爱知识的景象，图书馆是人类文明最直接的体现。历史上许多学者、名流、政治活动家都曾在大英图书馆博览群书，进行研究和写作。马克思（Marx）移居伦敦后，在这里读书写作，数十年如一日从不间断，终于完成了影响深远的巨著《资本论》。马克思留在水泥地上的脚印的传说可能只是臆测，无从追问出处，却成为中国旅游者追索的重点。

5-5   5-6

在一层侧厅有希腊馆、罗马馆，陈列着5世纪雅典女神的祀庙和古罗马历代皇帝的半身雕像。古希腊、古罗马的雕刻、瓶画、工艺饰品非常多，精彩得每一件都不容忽略，结果看得眼花缭乱。埃及展厅里最值得一看的是罗塞塔石碑，一块有铭文的黑色太阳石，1799年在亚历山大城附近被发现。铭文是用两种文字书写的公元前196年的祭司教令，由象形文字翻译成希腊文，后人凭借此破译了古代埃及的语言。大量古埃及、亚述的雕塑，法老的雕像，刻着象形文字的石棺让人看得目不暇接。博物馆里还有巴比伦的巨大灰褐色石雕和具有研究价值的黏土刻写板。大英博物馆方面和亚述专家迈克·朱萨后来对外宣布，他们在博物馆所藏的一块黏土刻写板上发现了巴比伦撒西金（Sarsechim）的名字。而在《耶利米书》第39章记载，撒西金是尼布甲尼撒二世时期的高级官员，参与了公元前587年巴比伦侵略耶路撒冷的战役。由此可知，大英博物馆的古代文物也是颇具学术研究价值的。

5-7

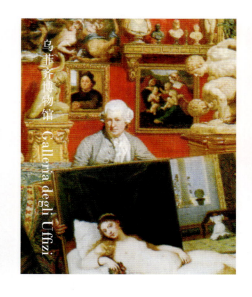

乌菲齐博物馆
Galleria degli Uffizi

乌菲齐博物馆的建筑也算特殊，由瓦萨里建于16世纪中叶——一个长凹形四层建筑，并列的两幢主楼与一座横向的过街楼形成一个庭院式广场。它的南面是阿诺河上的老桥，但丁曾经在那里邂逅他心中的情人贝阿特丽采（Beatrice）；它的北面是著名的佛罗伦萨市政厅，米开朗基罗当年就是在那儿放置他的《大卫》雕像的。

博物馆一层是回廊，间隔两个圆柱的是方柱，方柱的像龛石雕，有的正在维修，但是在铁架上挂着原大的雕塑照片，游人可以据此了解正在修缮的雕塑原貌，难得施工者想得周到。三层窗户各不相同，充满变化的风韵。科西莫一世建造乌菲齐的目的，原是要将旧宫机构移至此作为办公大厦，但是后继者弗朗西斯一世逐渐将其变成了博物馆。美第奇家族的成员把从世界各地搜集来的艺术品集中到这里，乌菲齐在1591年就成为世界上第一座现代性博物馆，就此一点，弗朗西斯一世功不可没。

美术馆位于乌菲齐宫主体建筑的第二和第三层。第二层是国家图书馆，藏有许多有关本市历史的珍稀文献，以及包括卡拉瓦乔、雷尼（Reni）、布隆奇诺（Bronzino）画作在内的新展室。第三层是美术馆的精华，坐拥45间画室和3个走廊，收藏着约10万件名画、雕塑、陶瓷等，大部分是13—18世纪意大利派、佛兰德尔派、德国及法国画派的绘画和雕刻。

6-1

6-2

6-1 乌菲齐博物馆楼上的凉廊两
边摆放了众多古希腊、古罗马雕像

6-2 博尼塞纳 《圣母子》
1308—1311

6-5

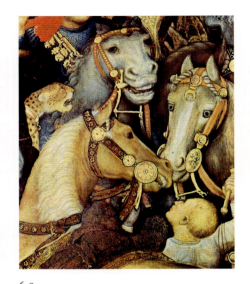

6-3

6-4

首先是13世纪到文艺复兴前的绘画。13世纪托斯卡纳派陈列室里展出的有马萨乔、乔托、杜乔·迪（Duccio di）、博尼塞纳（Buoninsegna）的作品，其中博尼塞纳的大幅绘画《圣母子》给刚踏入博物馆的观众强烈的视觉冲击。14世纪锡耶纳派陈列室有洛伦采蒂（Lorenzetti）兄弟的数幅作品和马尔蒂尼（Martini）的《圣告》等反映锡耶纳派绚丽多彩风格的作品。

14世纪佛罗伦萨派陈列室中则陈列有法布里亚诺（Fabriano）的《三王礼拜》，作品嵌在金色的拱廊形象龛中，背景的人物画得生动有趣。总的来说，早期的藏画多是关于宗教题材的，手法稚拙，技巧上模仿线刻版画的风格，人物僵硬，表情呆板，但是因为采用线的强化处理，也有明显的形式效果。到文艺复兴前期，技巧逐渐成熟，人物造型虽然还有过渡期的呆板，但是形象的刻画开始生动，构图也多样起来。例如乔托的《宝座上的圣母》、马萨乔的《圣母子》，已经体现出很强的形象处理与细致描绘的能力。而威涅齐亚诺（Veneziano）的祭坛画《圣母子与信徒》，是15世纪上半叶佛罗伦萨出现的最富

6-6

6-7

有创造性的作品之一，圣徒们不再像以前画面表现的那样和圣母子分离，而是聚集在圣母子周围，进行一场日常的交谈，背景则是布鲁内莱斯基设计的敞廊。这是一个正午时分，自然的光线照亮了这一切。我因此可以想象到，作者当时站在公共孤儿院敞廊前，心有感触，然后在创作时把它的印象画进了画面。这样的创作在当时自然是意义重大——现实的形象越来越在宗教画中自然出现。

6-3至6-5　法布里亚诺　《三王礼拜》　1423

6-6 6-7　乔托　《宝座上的圣母》　1310

6-8

6-9

6-10

6-11

6-12

在第七展室看到了乌切罗的《圣罗马诺之战》。乌切罗出生于佛罗伦萨，是一位理发师兼外科医生的儿子。我早已从印刷品中详熟它的画面形式感，现在看到原作，不由得心情激动。壁画的构图形式，立体的空间效果都表现得相当完美。矛枪的斜线极富节律，色彩的控制概括而又丰富，造型丰实浑厚，边线勾勒虚实恰到好处。过去看印刷品，不太注意背景，现在看原作发现，色彩明暗进行了有意识的压缩、处理整体、用色主观强烈，有实实在在的厚实感。

我喜欢安吉利科和利皮笔下美丽的圣母形象——深入的五官刻画，柔和的色彩，表现出一种优美的情调。安静、矜持、秀丽、清朗、安逸、贤淑……还有什么词可以形容呢？真是一形容就俗。这个耶稣的母亲，和上帝结合的女人散发着光辉，展厅也好像明亮起来。这种美丽对比着现世一切封面女郎的俗不可耐、明星的漂亮来说，后者犹如暴晒在夏季阳光下的冰凌。

6-8至6-10　乌切罗　《圣罗马诺之战》　1456

6-11　6-12　安吉利科　《圣母加冕》1434—1435

6-13

据说利皮15岁成为修士后曾一度云游四方，却因爱上修女而触怒教宗，最后只得还俗，也被世人称为修士画家。七展室里有他著名的《圣母圣婴和圣天使》。利皮是安吉利科的门徒，难怪大小油画都十分出色，其中小的三联画，多用粉红、蓝、灰、黑四色描绘，色彩单纯素雅，明暗对比强烈。有两张方形油画，画圣母子与圣徒，合掌的蓝衣圣母，脸上没有微笑的表情，是利皮不肯让自己心目中的圣母有些许世俗的表情，也由此塑造了世上最动人的形象。陈丹青曾经在一本书里这样形容利皮的圣母："我看到了从前最美丽的脸。那些安静和清秀的脸、优雅和天真的脸、静穆和神秘的脸、甜蜜和诚挚的脸、温婉和安详的脸……带着一种我们不熟悉的神情和乌菲齐时代那样沉着和古典的世界观。"相比之下圣婴却是一副奇怪的嘴脸，一个才刚出生的婴儿，金色的头发，细腻的皮肤，有着与年龄不符的表情，对比着圣母的清秀与靓丽。

6-13　利皮　《圣母圣婴和圣天使》
1460

6-14　巴尔多维内蒂　《圣母领报》
1470

6-14

6-15

6-16

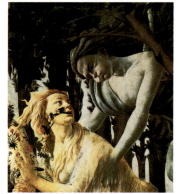

6-17

利皮的构图充实，以前少见的次要风景因素在利皮笔下与
人物强有力地结合，形成了统一的画面。其中一幅，前景
为圣家庭，右上方的祈祷少女画得相当可爱，也许利皮注
入了更多的心血。另外一幅山水草木丰满充实，顶上云端
伸出双手——上天之手，金光四射，飞鸽向下翱翔，情景
壮丽动人。利皮的画作富有戏剧性，神只具备了人格、外
貌与性格，用色高雅明净。

圣母领报的题材，有太多的画家表现，几个世纪以来在构
图与造型方式上因因相袭，样式化非常明显。有不同者，
才会有新鲜的感觉。巴尔多维内蒂（Baldovinetti）的《圣
母领报》就比较特别，色彩浮华，人物表情情节化，圣母
仿佛因为天使的闯入，脸上流露出受惊吓的表情，有一种
风俗画的意味。

人物肖像画逐渐进入绘画表现的领域，波尔莱奥罗
（Pollaiolo）的四幅竖长方形女坐像，局部的衣饰珠宝刻
画细致入微，却并不僵，色彩厚实沉稳，其中持蛇、执
剑、捧球的女郎头部画得实在生动，但是寓意隐晦不明，
让我站在画前，沉思良久。

6-18

6-15至6-18　波提切利　《春》　1478

371

6-19

6-20

6-19 6-20 波提切利 《维纳斯的诞生》 1485

当然，最值得一说的是15世纪佛罗伦萨派的陈列室，它是乌菲齐博物馆最引人注目的陈列室。这里有利皮的学生波提切利的20幅大小作品，其中《春》和《维纳斯的诞生》是他成熟期的巅峰之作。画面用厚玻璃加以防护，因此看上去色调略微偏冷。但是《春》的秀美与宏大都臻于完美，让观者不由得心醉神迷。右侧的西风之神正捉住山林女神克洛丽斯，向她吹气，西风之神忧郁的蓝色面容，与克洛丽斯带着惊奇的脸庞形成对比，一小枝花从克洛丽斯口中生出，暗示着她将成为花神。花神头戴花冠，身穿花裙，庄重典雅地姗姗而行，几欲步出画面，她轻启朱唇，想要对观众诉说什么？画面中间的爱与美之神独自站着，侧着脑袋，神情有些恍惚，多少与整体气氛不相协调，似乎是一个爱情秘密仪式的幕后住持。左边的惠美三女神携手而舞，体态轻盈，舒展地飘浮在草地上。几近透明的薄纱围裹在女神身上，疏离缠绵处理得恰到好处。三女神象征着给予、接受、回报永不穷尽的链条，爱通过它与美相结合，三人的循环也是从美到贞再到欲，然后回复到美的运动。被小丘比特瞄准的就是贞节少女。左边的墨丘利正要转身，似乎暗示了季节正要转入夏天。墨丘利把他的权杖插进橘子树，揭示了爱情从纯物质阶段，通过欣赏美这样一个高层次的爱，达到一种纯精神境界的过程。背景的树木枝叶幽深，但是深暗里透着描绘的丰富。明暗的整体与情绪的控制表现出一种内敛的优雅和高贵。

6-21

6-21 荷尔拜因 《理查德·索斯韦尔肖像》 1536
6-22 布罗奇诺 《持书少妇》 1545

6-22

《维纳斯的诞生》同样洋溢着文艺复兴浪漫、理想的情致和哲学意味，描绘了维纳斯从爱琴海中诞生，风神把她吹送到幽静的岸边，春神芙罗娜用繁星织成的锦衣在岸边迎接，身后是无垠的碧海蓝天。维纳斯忧郁惆怅地立在象征她诞生之源的贝壳上，体态显得娇弱无力，惆怅和迷惑里也有秀美与清纯。运动感和装饰美产生了惊人的绘画效果，但是背景的表现略显不足，蓝色的大海是舞台布景似的描绘。维纳斯身体的造型饱满、圆浑，没有一点点骨感（波提切利不欣赏骨感），还不算理想与完美（也许是我苛求了，每一个时代都有自己的标准）。波提切利笔下的维纳斯仍然斜斜地侧着头，流露出内怀隐忧的表情，好像对来到这个世间有一些失望。笔下所绘人物不大有笑容，这一点也像极了老师利皮。波提切利也画了《圣母领报》，虽然也是一贯的样式，但是圣母受惊的表情入木三分，动作像京剧的亮相。

6-23

6-24

来自根特的画家高斯（Goes）的《圣母诞圣子》三联画，牧人们画得极为多姿生动，忘情地凝视着地上的圣婴，而地上的天使则显得僵硬呆板，在背后冬日银光笼罩的小山上，分布了许多生动的小场景。人物按主次分出大小，背景也画得奇异：白色的天使远飞而去。这种充满戏剧性的小场景和等级森严的基督降生情景以及捐献人肖像形成了强烈的对比，从未在其他画中看到过如此表现。《三王礼拜》是宗教画常见的题材，相比之下，波提切利的《三王礼拜》并没有引起我更多的注意，浪漫、忧郁的诗人并不适合这样严肃的题材。

北方画家陈列室有曼特尼亚（Mantegna），威尼斯派的乔凡尼·贝里尼（Giovanni Bellini）、乔尔乔内、柯勒乔（Gorreggio）等人的作品。最引人注目的当然是达·芬奇。达·芬奇未完成的作品《三王礼拜》陈列在这里，褐黄色的画面，圣母与圣子均留有底色，还可以看出用稀油色起稿的痕迹，人物的动态夸张而具有戏剧性。另有一幅小画《圣母子》与同时代他人的作品比较，可以看出达·芬奇作品浓郁的明暗、柔和的轮廓、氛围情调的创造等特点。拘谨生硬的刻画被含蓄朦胧的情致所代替，边缘僵死的线条被明暗浑厚的转折代替，更有崇高的人文理念流于画间。这就是达·芬奇的过人之处了。

6-25

6-26

同展室考斯特莫（Costmo）的一幅大画，画顶充满光效果，圣母在半空仰头冉冉上升，高处象征上天的金鸟俯翔，地面众人中有一持圣经的女信徒，持书之手画得特别具体生动，让我疑心是直接写生的结果。第十六厅不开。一间圆厅里布罗奇诺（Bronzino）的肖像不错，如《黑衣青年》《持书少妇》，余者平平。

第十九展室中罗万佐·迪·科尔蒂（Lorenzo di Credi）的《女裸体像》，略披薄纱，如同真人写生。从神的裸体到人的裸体的表现，文艺复兴的过渡值得研究。这几个厅多为荷兰、德国等北欧国家文艺复兴时期及以后的作品，如丢勒（Dürer）的《亚当与夏娃》《画家父亲的肖像》，他也有一幅《三王礼拜》；皮耶罗·佩鲁吉诺（Pietro Perugino）的《牧师肖像》。北欧的绘画冷静现实，理性的因素突显，人像的心理表现刻画入微，让我点头不已。乔凡尼·贝里尼的肖像以及带小人的风景，有耐人寻味的细节。

第二十五室陈列了米开朗基罗的《圣家族圆画像》，该画是他于1504年在佛罗伦萨时完成的。"圣家族"是一个传统题材，主要描绘圣母、圣约瑟和圣婴基督。米开朗基罗为了处理好人物的衣褶关系，运用较强的明暗对比。米

6-23 6-24 高斯 《圣母诞圣子》1475

6-25 米开朗基罗 《圣家族圆画像》 1504

6-26 达·芬奇 《三王礼拜》1481—1482

6-27

开朗基罗把约瑟、玛利亚表现在专注于圣婴的天伦乐趣之中。此种情景通过三个人物的戏剧性组合得到了和谐的世俗化体现。构图紧凑，主调和谐，色彩明亮华丽，造型一如其雕塑般清晰明确。圣母也是健壮有力，全然没有利皮和波提切利圣母的优雅，也没有拉斐尔圣母小家碧玉的娴静。米开朗基罗的圣母是伟岸的、气宇轩昂的，托举着圣子，表情安详，并不是快乐，却也没有怜惜。圣母的粉红上衣与蓝袍，约瑟的黄袍，色彩的三个基本原色就这么直接、强烈地进入眼帘，让人印象难忘。

威尼斯派陈列室有韦罗内塞（Veronese）的《圣家族》、丁托列托（Tintoretto）的《丽达和天鹅》等，其中以提香（Tiziano）的《花神》最为杰出，是乌菲齐美术馆的镇馆之宝，也是意大利的国宝。另外，提香的《乌尔宾诺的维纳斯》，姿态与乔尔乔内的《沉睡的维纳斯》很相近。据说《沉睡的维纳斯》是乔尔乔内死后由提香完成的，所以提香后来又利用这个姿势画了《乌尔宾诺的维纳斯》，但是环境却在室内。因此，维纳斯看上去更像是一个贵妇，用一种坦率迷人的眼光注视着我们，小狗也恬静地在榻上安眠，窗外是黄昏还是黎明？

6-27 提香 《花神》 1515
6-28 提香 《乌尔宾诺的维纳斯》 1538

6-28

6-29

6-30

第二十八室陈列着乔尔乔内的《沉睡的维纳斯》，是我最早接触西方绘画、留有深刻印象的作品之一。现在终于看到了原作，不免感慨一番。看西方绘画的女人形象，可以看圣母，然后就是维纳斯。如果说在圣母的描绘上，更多地寄托了画家对女性圣洁美丽的想象与希望，有母性的成分；那么在维纳斯的描绘上，则更多倾向于对女人肉体的赞美，以及与精神关系的表达。

在鲁本斯（Rubens）的展室里有《伊莎白勒·布兰德夫人像》，显示了鲁本斯炉火纯青的描绘技巧，这肖像是深入人心的，具有强烈的形象感染力。卡拉瓦乔的《酒神》似乎是世俗生活和形象的阐释，画中酒神头戴用树叶编成的帽子，身穿一件像是浴衣的长袍，有一分轻浮与媚态。画里的石榴裂开了口，桃子熟得快要烂了，葡萄从盘子里掉了出来。整个画面色彩鲜艳，细节刻画非常细腻，生动地描绘出享乐、放纵的生活意象。

6-29　鲁本斯　《伊莎白勒·布兰德夫人像》　1625—1626

6-30　卡拉瓦乔　《酒神》　1596

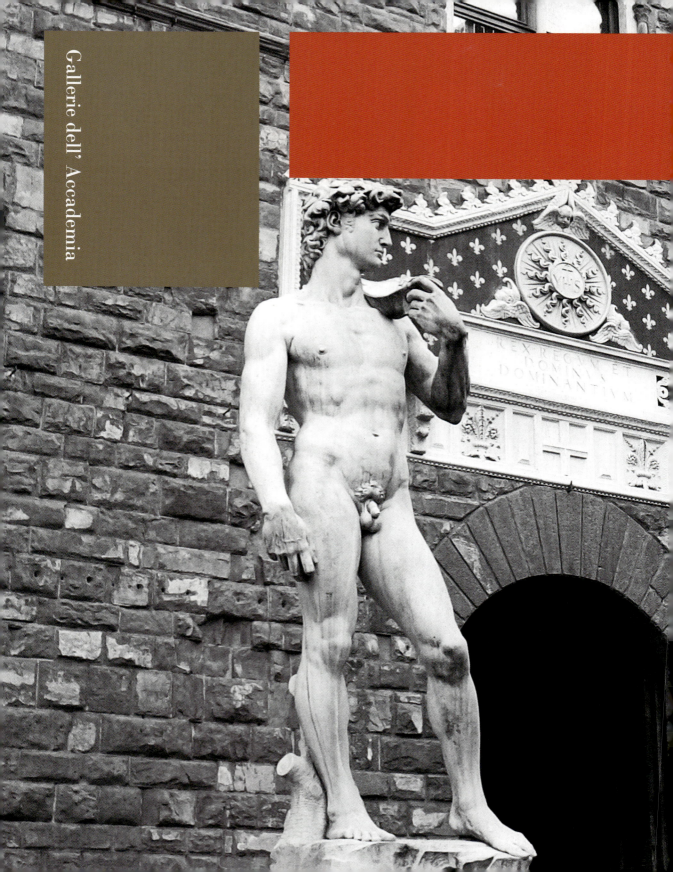

Gallerie dell' Accademia

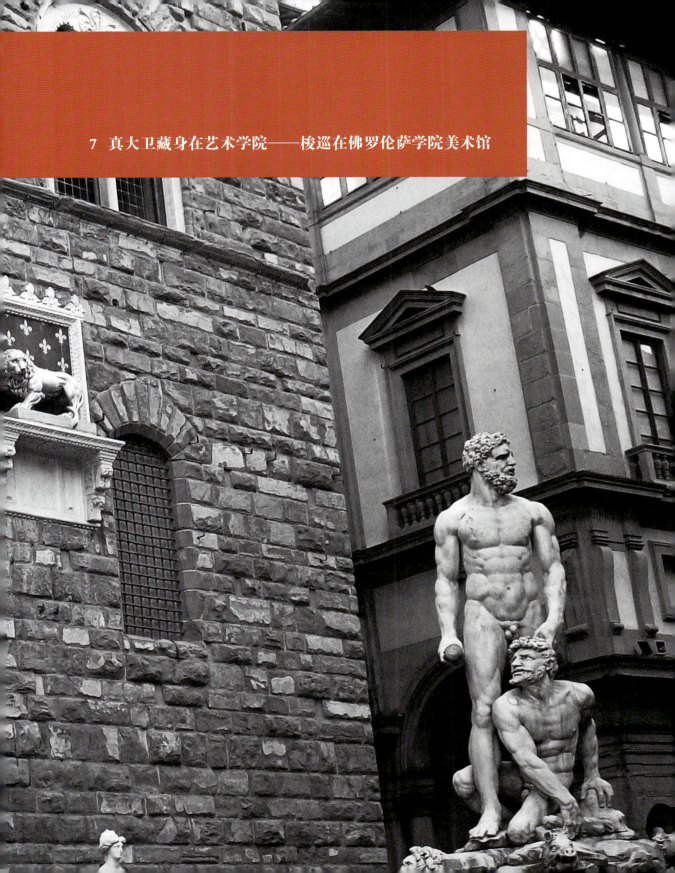

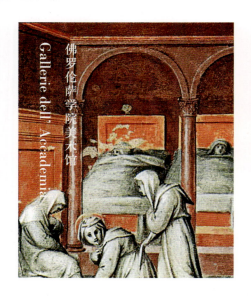

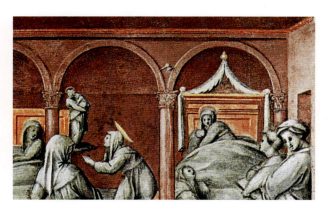

佛罗伦萨艺术学院是欧洲第一家专门从事绘画、素描和雕刻技术教学的学校，也有一个美术馆，成立于1563年。从1784年开始，学校展出搜集来的艺术品让学生临摹和学习。美术馆的门票居然和乌菲齐的一样贵，当然是因为它拥有米开朗基罗的《大卫》原作。1501—1505年创作的《大卫》，直到1872年还竖立在市政广场，后来为了安全保管才将它移到学院美术馆。现在，在它以前的位置上和米开朗基罗广场各有一座复制品。《大卫》使米开朗基罗名声显赫，那时的米开朗基罗不过29岁。完成了《哀

Gallerie dell' Accademia

7-1　佛罗伦萨学院美术馆

7-2　米开朗基罗　《大卫》　1501—1505

7-1

悼基督》后米开朗基罗回到佛罗伦萨，通过竞争获得了一块上好的加拉拉云石，这块云石就在米开朗基罗神奇的手下变成了《大卫》。如果说巴尔杰洛博物馆里唐纳泰罗的《大卫》是早期文艺复兴风格的总结，那么米开朗基罗的《大卫》就是盛期文艺复兴风格的总结。《大卫》摆在中心位置的圆厅，似乎成了游客朝拜的圣坛。一个《圣经》中杀死巨人歌利亚的裸体少年，高高地站立在那里，毫不羞怯，也不紧张，躯体自然写实，形象英气逼人，以至长期以来都是中国各美术学院素描的对象，标志着作为素描学习最高水平的描绘对象。但是，英雄光有气概是不够的，只有肩上的投石器才能把他与向巨人挑战的英雄联系起来。

美术馆还陈列了米开朗基罗为教皇朱利奥二世坟墓构想所作的数尊未完成的奴隶雕像，雕刻于1521—1523年，时间在《大卫》像完成之后。米开朗基罗的宏大构想包括了40多个雕像，但是教宗改变了计划，罗马因而失去了一座可能存在的伟大建筑和雕塑群。现在，罗马圣彼得铁链教堂里朱利奥二世的纪念墓上是著名的《摩西》像，为陵墓所作的两尊《垂死的奴隶》与《被缚的奴隶》藏于卢浮宫，四尊未完成的奴隶像藏于学院美术馆。米开朗基罗为什么要做奴隶或者狱囚呢？这几尊未完成的雕像我是喜欢的，挣扎着的躯体似乎在同未完成的岩石相搏，纠缠着欲奋力而出，未完成反倒成为一种有力的表现，躯体则变成一种人类欲望与精神的象征。所以在我看来，奴隶与狱囚可能是后人的臆想标题，或者奴隶、狱囚的所指是像"昼""夜"一样的隐喻。同样呈未完成状态的《巴莱斯特里纳圣母哀痛像》，虽然没有圣彼得大殿的《哀悼基督》表现力充分具体，更像绘画，但是仍然非常出色。

7-2

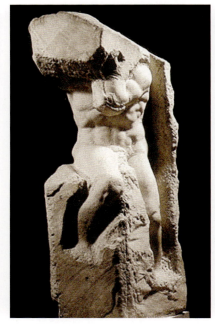

7-3   7-4   7-5

在侧厅，学院美术馆也收藏有15—16世纪佛罗伦萨画派画家的许多重要作品。毕赛尔（Bicel）的青灰色调风景，画的是山中修士修行图，表现得比较特别。洛伦兹·迪·库若迪（Lorenzo di Credi）的《宠爱圣子》，有庄严的风景图像。中世纪的绘画，风景总是宗教题材的陪衬，风景里也总带有宗教的庄严和肃穆。此外，塞迪·第·提托（Santi di Tito）的《耶稣下十字架》、罗西（Rossi）的《圣家庭》也都值得细细一观。这里也有包括利皮、巴特雷摩（Bartolomeo）、波尔诺（Bronzino）和齐拉狄奥（Ghirlandaio）等人的作品，不过平平。展厅主要的作品有波提切利的《圣母玛利亚与海》和波特摩（Pontormo）的《丘比特与维纳斯》。

两边侧厅陈列着大而无当的油画，看上去时间应晚于17世纪，精彩者不多。拾级而上进入雕塑厅，是19世纪学院成员的雕塑和绘画作品，巴罗利尼（Bartolini）的石膏模型，相比之下就显得比较朴实谦逊。雕塑厅密密麻麻地堆满了大理石与翻制的石膏雕像，使人眼花缭乱。高高的墙面层层支架上排列着绅士淑女的半身胸像，姿势表情大同小异地相似。地上中间和靠墙放置着较大的雕塑，比较有趣味的是巴罗利尼的《跪祷女像》及《坐女像》，表情塑造得十分哀伤，宛若19世纪拉斐尔前派的风格。还有妇女躺在床上的雕像，双手交叉在胸前，衣纹纵横交错，后来在圣马可教堂里看到了原作，是《索菲墓像》。帕帕罗尼（Pampaloni）也有躺在床上手持十字架弥留的女人雕像，不同的是床边跪有哀伤的孩子，像绘画的场景。

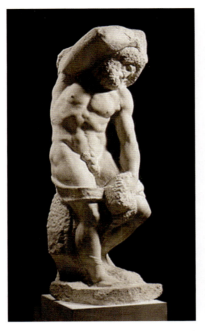

7-6

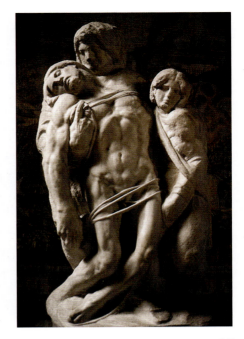

7-7

楼上展厅陈列了大量12—15世纪的宗教绘画，许多像是从教堂征集来的像龛圣画，大都画在木板上，值得注意的有马里奥托·迪·纳尔多（Mariotto di Narto）的《圣子诞生》、阿吉诺罗·伽蒂（Agnolo Gaddi）的圣像群。还有早期表现样式的《圣母领报》。早期的人物画法是线性的二度空间，衣褶以雕刻般的装饰性线条进行处理，带有线条版画的风格，很难感到衣褶下面的躯体，动态是僵硬的，人物表情严肃，情绪收敛。在晚期，以杜绰和乔托为代表，人物开始立体起来，更强调衣服下面的人体形态。尤其是乔托，开始创造平面上的三度空间错觉，构图更加秩序井然，透视法开始被很好地运用到画面里。可以说，直到1400年时，没有一位画家能够像乔托那样成功地运用透视缩短法，因为大多数都还是模仿杜绰在三度空间里画二度空间的人物。

整体而言，佛罗伦萨学院美术馆的收藏以中世纪宗教绘画为主，文艺复兴时期作品不多。作品陈列显得拥挤混乱，作品收藏缺乏历史脉络的系统性和完整性。

7-3至7-6　米开朗基罗四尊未完成的奴隶像，藏于佛罗伦萨学院美术馆

7-7　米开朗基罗　《巴莱斯特里纳圣母哀痛像》　1555

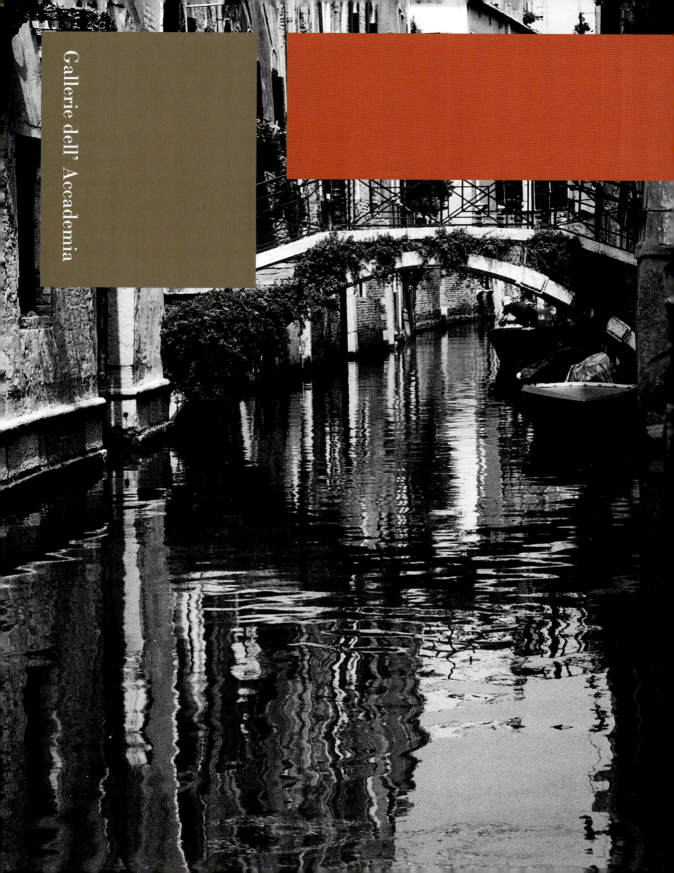

Gallerie dell' Accademia

8 在威尼斯的美丽中欣赏绘画——集大成的威尼斯学院美术馆

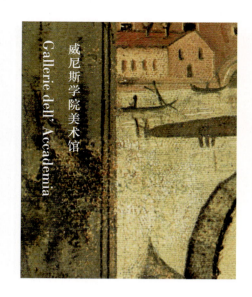

威尼斯学院美术馆
Gallerie dell' Accademia

和佛罗伦萨相比，威尼斯似乎是一个适合游玩的地方，旖旎的风景，浪漫的情调，让游人陶醉在威尼斯的阳光和夜幕下。其实，北意大利地方画派在15世纪初，逐渐摆脱拜占庭艺术的束缚，走上文艺复兴人文主义之途，而其中，威尼斯画派成就最大。因此，威尼斯仍然藏有珍贵的艺术作品，例如威尼斯学院美术馆。

8-1

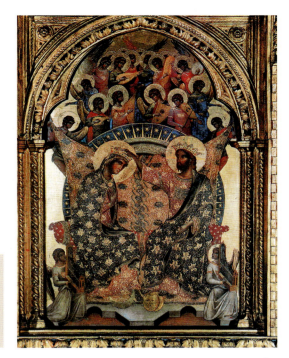

8-1 威尼斯学院美术馆

8-2 韦内奇亚诺 《圣母和耶稣》 1350

威尼斯学院美术馆的收藏品横跨了5个世纪，从中世纪拜占庭时期，一直到文艺复兴，巴洛克及洛可可风格呈现了完整的威尼斯画派面貌。威尼斯画派取材具有乐天世俗的性质，神话与现实生活都可进入描写内容，自然景色也进入描绘的视野，风景画得到重大的发展，使之与宗教绘画相糅合。内容的丰富与色彩的绚烂以及形式的优美相结合，形成了威尼斯画派的特点。但是，参观的人并没有乌菲齐博物馆的多。如此众多的绘画悬挂在墙上，似乎就是等待着你走到它的跟前，与你对视，与你神交，让你陶醉，忘记时间的存在。

展览馆依照时间顺序排列作品。第一馆是最早用于教堂内的祭坛装饰和壁龛宗教绘画。作品时常表面镀金，画面人物表情呆板，动作僵硬，显出一种整体的实际风格——严肃、不苟言笑。例如，保罗·韦内奇亚诺（Paolo Veneziano）的作品《圣母和耶稣》，描绘圣母及耶稣的生平。虽然线条基本元素是哥特式，但整体效果和背景则属于拜占庭风格，所以被认为是东西方画风的糅合。

8-3

8-3 8-4 卡巴乔 《圣厄秀拉生平之传说》 1494

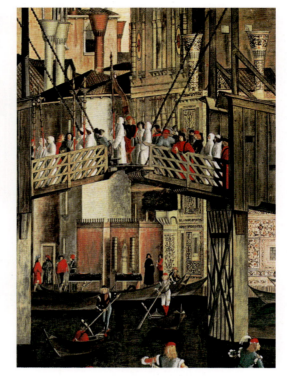

8-4

第二馆里有卡巴乔（Carpaccio）的《圣厄秀拉生平之传说》，画面的人物身着华丽的服装，表现了"对升平景象的爱"以及"充满了微妙的情绪"。

第三馆里有乔凡尼·贝里尼的《圣母领报》，贝里尼家族有雅柯波·贝里尼，其子是贞提·贝里尼和乔凡尼·贝里尼。真可谓"老子英雄儿好汉"，乔凡尼·贝里尼是其中最有名的一个。乔凡尼·贝里尼的绘画颜色多彩，画《圣母领报》题材的画家不计其数，但是乔凡尼·贝里尼把天使画成站立着的，不同于一般把天使画成跪在圣母前的姿态，处理得比较特别，动感也比较强，并且是两联画，天使与圣母分别在两个画面上。1487年，乔凡尼·贝里尼替教堂制作的《神圣的对话》，所有的人物都在无言思索，而每个人之间又好像在对话，暗地里透露出一丝忧郁。这是早期文艺复兴的代表作，呈现诗意的和谐感。

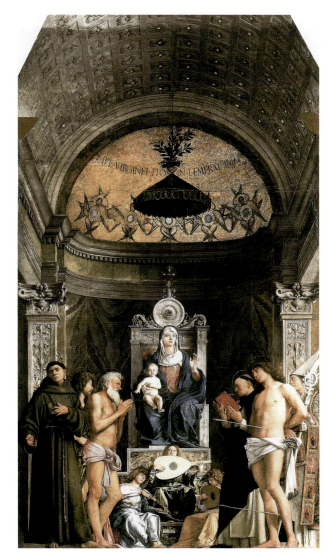

8-5

8-5 8-6 乔凡尼·贝里尼 《神圣的对话》 1487

8-6

8-7

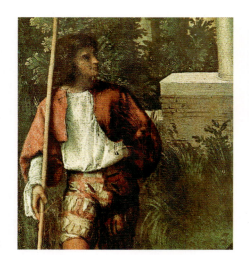

8-8

8-9

在第五馆里，还有乔凡尼·贝里尼的《圣母子》，三幅画，虽然刻画还是细腻，形象略显呆板，更能引人注目的是他的学生乔尔乔内的作品。盛期文艺复兴的威尼斯画派偏爱色彩与戏剧性效果，乔尔乔内最为著名的《暴风雨来临》，整幅画作充满了人像、梦境与暴风雨合为一体的景象。画面的寓意颇难理解，描写风雨来临的气氛和原野上的母子，天上的闪电掠取着观众的视线，远处是城堡，在浓云下被透过云层射下来的阳光映照得分外明亮。但一切似乎又是平静的，空气里无风，树叶却不断地抖动，逼近的暴风雨创造了一种紧张的感觉，这不过是骤雨降临前的一种暂时的寂静。正在哺乳的裸女是谁呢？女神？抑或是民女？左边的男子又是谁（据说X射线显示是画家认真考虑后加上去的，取代了在水流中洗脚的另一位女人）？为什么那样带着微笑回头注视着裸女？据说原先画的是一

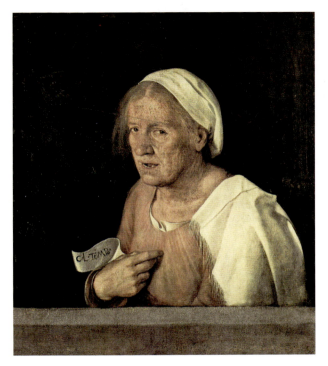

8-10

8-11

个持矛的士兵，最后改成了青年骑士。对于我来说，这仿佛是一个深刻的寓言，我更喜欢把裸女看成是自然的象征，而男人不过是人类的化身，羡慕这美丽而又充满神秘活力的大自然。画幅并不大，技法是朴素的。文艺复兴初期，如此开始表现寓言风景也算是一种创举。乔尔乔内总是把画作的风景弄成朦朦胧胧、轮廓柔和，仿佛是晕染的效果。人在辽阔的大自然前显得多少有些渺小、孤立，气氛带有隐隐的感伤，或许画家也是田园诗人吧。据说乔尔乔内相貌英俊，有音乐天赋，个性浪漫，倒也十分吻合他画中的浓厚诗意乃至凄怨的情调。

乔尔乔内只活了短短33年，死于鼠疫，真是令人嗟叹。也让人不禁遐想联翩，如果他活得更久，除了《沉睡的维纳斯》《田园合奏》，或许有更多令后人吃惊的杰作吧？旁边还有他的一张《老妇人像》，非常现实主义的表现，画得相当坚实，真实到仿佛你曾经见过这个老妇人。画像色彩很单纯，如果不知道作者，你会以为是17—18世纪的作品，很难相信这是中世纪的作品。这引起我对威尼斯画派那个时期的无限向往，就好像一个众星灿烂的威尼斯文艺夜空。

8-12

8-13

8-12 丁托列托 《拯救圣马可的尸体》 1562

8-13 丁托列托 《圣马可的奇迹》 1548

第六馆的展览重点是16世纪威尼斯画家丁托列托的作品。他的《圣马可的奇迹》，描绘了耶稣拯救他的信徒，场面颇为戏剧化，营造出奔放、激动、紧张的气氛。还有一幅绘画是《亚当和夏娃》，描绘天使正在逐二人出伊甸园的情节，是细小的局部。把不同的时空故事放入一张画面，组织得很有层次，主次分明。丁托列托是威尼斯画派最后的人文画家，曾拜师提香，被提香认为缺乏才能而开除，回想提香也曾经被老师乔凡尼·贝里尼赶出师门，也是有趣。丁托列托绘画用色有提香色彩的水准，也具有米开朗基罗人物壮阔的构图。他的绘画有市民性特征，与提香所绘的贵族奢华有所不同。

第七馆利斯尼奥（Licinio）的肖像很是精彩，卡里亚尼（Cariani）所作的男人肖像亦十分出色。

第八馆是比较呆板的宗教画，通俗的表现手法，从构图、技法与人物造型等方面都难说出色，无法引起我的兴趣。

第十馆陈列的都是大画，有保罗·维洛内塞（Paolo Veronese）的《最后的晚餐》。该画表现了奢华凯旋的景象，有明显的快乐主义风格，与其说是宗教性内容，不如说是世俗的聚餐，这张画也被叫作《莱维家的聚餐》，原来的题目曾被教会裁判法庭查禁。如果维洛内塞表现得更出色的话，我会觉得他是从另外一个角度阐释"最后的晚餐"这一重大主题。维洛内塞是提香的学生，威尼斯画派晚期的画家，也是威尼斯繁荣和富裕的歌颂者，画过许多歌颂威尼斯战争胜利的壁画和宴会场面的作品。曾修习过建筑，所以他的作品也常带有建筑风景，利用宗教的题材加入通俗画的元素融合而成。例如这幅《最后的晚餐》，三个巨大的拱门下，是一排宴会的场面，穿着奢华的祭司、粗鄙的小丑、剔牙的门徒、半裸的女人、黑人、士兵，还有许多跳来跳去的小孩，呈现的是快乐活跃的生活景象，完全没有达·芬奇名作那深刻忧郁的气氛。因为这幅画，维洛内塞被抓到宗教法庭，但最后只是改了画的名称。名字的改变虽然是教会采取强迫手段所致，但仔细想来，维洛内塞的画面也太接近世俗的场面，或许教会也还是有一点道理的。

8-15

8-16

第十一馆也是大画满墙,在墙脚还挂有凹形的拱门角画,画的多是拱门上的人物。第十二馆陈列着走廊两边的风景画,成于16—17世纪,水准平平。第十六馆是浴女群图,世俗的图式。第十七馆为城市风景画,风格接近于中国画,刻画极其细微,不惮烦琐,建筑细部一一描绘到,绝不省略了事,其间的人物点缀与整体色调趋于平淡。值得一提的是提香的《参拜神庙》,这是在威尼斯学院美术馆最后几个展室展出的巨幅壁画。提香是威尼斯画派最杰出的艺术大师之一,风格稳健有力,色彩富于欢乐愉悦、热情奔放的感觉,与乔尔乔内的宁静柔和大不相同。提香长寿,活了99岁,创作源源不断,色彩富丽堂皇,富于肉感,并专于表现人类的完善精神,情节倒不太重视,反而引起更多遐想,例如藏于罗马的《人间的爱和天上的爱》。提香的世俗性绘画也达到了狂欢性与享乐主义的极致,也许可以用"人类感情的美与力""感官的颂歌""精神的纯洁"种种词汇来形容,其肖像画也非常具有现实主义的深刻性。《参拜神庙》描述圣母小时候参拜神庙,深得祭司的欢心。中间卖鸡蛋的老妇人,颇为生动地反映了当时社会的情景,宗教绘画里,这样现实性的写实人物最具有打动人的力量。富于情趣和经验的大师,常有这样的写实表现。

在普拉多博物馆藏有格列柯的许多作品，例如正在给圣子喂乳的《有好奶的处女圣母》《圣家族》，以及令人印象深刻的《耶稣下十字架》。格列柯绘画夸张的衣纹动态和色彩的对比，也会招致"形式破碎""形象矫揉造作"的批评，但是这一切无法阻挡他对后世产生的巨大影响。现在我们认识到，格列柯是一个充满了独特精神气质的画家，这种气质在凡·高那里也可以感受到，在表现主义画家那里更是得到了充分的体现。

9-2

据说普拉多博物馆的藏品大约有5000幅素描、2000幅版画、1000种硬币及奖章、700多件雕塑作品，2000种包括从壁毯到彩色镶嵌玻璃窗的各种装饰艺术品。绘画作品根据其诞生的不同时代被放置在不同的展厅内，其中较为著名的、作品较丰的画家都有自己独立的展厅，例如西班牙著名画家格列柯、委拉斯贵支、戈　　雅等。

生于希腊克利特岛的格列柯，25岁时来到意大利，受到威尼斯画派的影响，得到了丁托列托的帮助和提香的称赞。富于哲学气质的格列柯总是以宗教故事和肖像为主要题材，在造型上将人物的体型拉得特别长，并且有些扭曲，在色彩上也带有一种敏感、激动的气质，笔触的豪放造成颤动摇曳的光色效果，构图也营造出动荡不安的感觉。例如《牧羊人的崇拜》描绘了圣子诞生的时刻；《扛十字架的基督》描绘了肩负十字架的基督，纤细苍白的手指抱着十字架，而随后这两个手掌将要被钉在十字架上。虽然伤感，却是把磨难作为一种甘美的忘我境界，脸部表情呈现出忧郁而富于宗教激情的神态。

9-3

9-2　格列柯　《扛十字架的基督》
1590—1595

9-3　格列柯　《隐喻：点蜡烛的男孩》　1600

9-4

9-5

17世纪中叶，西班牙出现了两个伟大的画家，其中一个就是苏巴朗（Zurbarán）。不像格列柯，苏巴朗从未离开过祖国和家乡，生活在寂寞安静的状态中。他以圣徒、殉道者和修道院修士为描绘对象，画面充满纯洁质朴的气息和沉郁静穆的特征。就连《静物》里一字排开的四个杯罐，也静穆得如同修士一样。普拉多博物馆藏有他的《圣彼得·诺拉斯科梦见天堂一般的耶路撒冷》，读《圣经》的彼得睡着了，红衣天使翩翩而来，带给他一个天堂的梦。如此朴素清澈的画面，克制而禁欲，但却具有一种非凡的内在力量。《在十字架上的耶稣前的画家圣路克》，生动地描绘了写出福音书的路克仰望着十字架上的耶稣，二人仿佛在默默地对话。而肖像《圣卡斯尔达》塑造了一个宗教传说中的圣女形象。传说卡斯尔达是图雷多一个穆斯林王的女儿，在衣服下藏了面包带给被囚禁的基督徒吃，在关口处，士兵检查她衣服下带着什么，当卡斯尔达拿出来时，面包变成了一束玫瑰花。

英雄的出现有时是并肩而立的，比苏巴朗名气更大一些的是委拉斯贵支。委拉斯贵支接受过格列柯的教育，17岁获得艺术家的称号，25岁时成为国王腓力四世最赏识的宫廷画家。在来访的佛兰德尔画家鲁本斯的劝导下，委拉斯贵支到意大利旅行观摩，回到马德里后成为宫廷大司礼官。让人遗憾的是，委拉斯贵支的死显得有一些无意义——因为忙于国王腓力四世的长女与法王路易十四的婚礼，竟操劳过度而死。

9-8

9-7

普拉多博物馆藏有委拉斯贵支的《诗人路易斯·贡戈尔像》《流浪汉默尼普》，他对人物精神、心理的刻画颇为深刻，其代表作品《教皇英诺森十世像》藏于罗马。委拉斯贵支不仅为王室绘制肖像，也为历史事件留影，例如《巴尔达的受降》，描绘了17世纪的西班牙战争。神话题材的著名作品有《酒神巴库斯》，描绘出一群喝醉酒的农民百姓；《火山神的锻冶者》则真实地反映了铁匠铺工匠的工作场景；最为著名的晚期作品有《宫娥》和《纺织女》。画家本人也出现在《宫娥》画面中，拿着调色板为国王夫妇画像，画面中间的小公主骄傲地成为引人注目的主角。我个人十分钟爱《纺织女》这张画，织女们瞬间的动作和表情，描绘出一种令人感动的真实，犹如织锦上的一群背景人物，其中一个回过头来注视着前景的织女。此时的画面，犹如将几百年的过去不动声色地再现。面对画面，让人有一种当下的现场感。委拉斯贵支的技巧高超到朴素的地步，即不以华丽的技巧和色彩宣示于人，而是以最直接的视觉观感呈现一种最专注的凝视，让你学会像他那样观看，让你难忘，让你震动。

9-9

9-10

9-11

9-11　戈雅　《1808年5月3日夜枪
杀起义者》　1814

9-12　拉斐尔　《主教的肖像》
1510—1512

9-13　博斯　《尘世快乐的花园》
三联画　1503—1504

9-12

18世纪的伟大画家戈雅，在普拉多博物馆藏有众多作品，
如《陶器市场》《玩偶游戏》《暴风雨》《秋千》等。像
格列柯一样，戈雅也去过意大利，却是以流亡的方式，原
因据说是刺伤了一位国王邀请的外国画家。回到马德里
后，戈雅为皇家绘制挂毯画草图，后来成为皇家画院会
员，并晋升为副院长，成为宫廷首席画师。但是，即使作
为一个宫廷画师，戈雅对现实生活仍然保持了尖锐、深刻
的观察方式，有足够冷静的态度。《1808年5月3日夜枪杀
起义者》描绘了一排法军枪杀起义者，戏剧性的场面有各
种对比效果，让人怦然心动。

总之，西班牙绘画有关宗教的神秘和人类对自身的信心之
间既丰富又复杂的关系，已经成为解释人性深邃、永恒经
典的一部分。这些丰富个性的人物形象以及极具西班牙地
域特色的风景描绘，不仅体现了这一时期的艺术成就，也
从视觉形象上反映了这一时期西班牙社会生活和精神文化
方面变化的生动局面。不过，由于普拉多博物馆的大部分
收藏品来源于原来的西班牙王室，所以藏品集中于宫廷肖
像画和宗教题材画这两大主题，也反映出西班牙历代王室
的审美倾向。所藏作品真正对外开放的约1500件，90%都
是油画，其余10%是雕塑和珠宝。

9-13

另外，普拉多博物馆藏有荷兰画家博斯（Bosch）的作品最多，因为原西班牙国王腓力二世最欣赏他的画，并大力收藏，最值得瞩目的是《尘世快乐的花园》。同时藏有意大利古典绘画大师拉斐尔的《圣家族和羊羔》，提香的《沉醉在爱与音乐中的维纳斯》《女神接受黄金雨》等，以及安吉利柯的《受胎告知》。除此之外，还有米开朗基罗、丁托列托、波提切利、维洛内塞、提埃波洛（Tiepolo）等人的作品；佛兰德尔的鲁本斯《三女神》以及约尔丹斯（Jordaens）、安东尼·凡·戴克等人的作品；法国有拉·图尔、布歇等人；德国有文艺复兴大师丢勒的《亚当》和《夏娃》以及巴尔东·格林（Baldung Grien）、克拉纳赫（Cranach）、埃尔沙伊默（Elsheimer）、门格斯（Mengs）等名家的作品。这些藏品使普拉多博物馆跻身于世界著名博物馆行列之中。除荷兰大师伦勃朗的作品外，此间还展出了荷兰画派勃鲁盖尔（Bruegel）的《死亡的凯旋》和《雪天的风景》，以及从事各种题材的荷兰小画派作品；英国画派的庚斯博罗（Gainsborough）、罗姆尼（Romney）、劳伦斯（Lawrence）以及其他著名画家的作品。

值得一提的是，在该馆所藏欧洲其他绘画巨匠的作品中，鲁本斯和提香的作品比欧洲任何一个博物馆中的都更有代表性。所以，在旅游指南上提到普拉多博物馆就会提及让西班牙人充满自豪的一句话："想要充分了解提香、波提切利、鲁本斯，就必须到西班牙来；想要给予西班牙绘画正确的评价，只需留在普拉多。"

AMPHITRITE

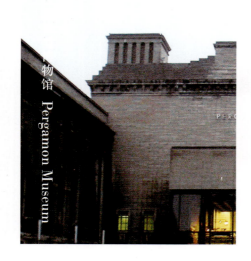

帕加马是公元前284年独立的希腊化国家之一，是亚历山大帝国崩溃后，在小亚细亚西北部建立起来的一个小城邦，其首府帕加马城就是今日的贝加玛，在土耳其西海岸。公元前197年，攸美尼斯（Umenis）成为帕加马国王，大兴土木兴建建筑物，其中之一的宙斯祭坛建成于公元前180—前170年。"在帕加马有一座高40英尺，刻有杰出雕像的宏伟大理石祭坛——整座祭坛被'巨灵'之战环绕着。"罗马人卢修斯·安培利于斯（Lucius Ampelius）在《值得纪念的事实之书》中这样描绘这座伟大的帕加马祭坛。祭坛基座四周装饰了高2米、长130米的浮雕带，基座上面的柱廊内也有较小的雕塑。1878年，德国考古学家

10-1　"宙斯祭坛"被陈列在帕加马博物馆正中，祭坛基座四周的浮雕生动地描绘了巨灵之战

10-1

10-2

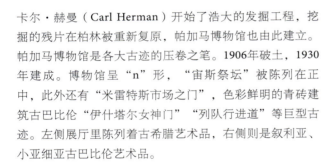

卡尔·赫曼（Carl Herman）开始了浩大的发掘工程，挖掘的残片在柏林被重新复原，帕加马博物馆也由此建立。帕加马博物馆是各大古迹的压卷之笔。1906年破土，1930年建成。博物馆呈"n"形，"宙斯祭坛"被陈列在正中，此外还有"米雷特斯市场之门"，色彩鲜明的青砖建筑古巴比伦"伊什塔尔女神门""列队行进道"等巨型古迹。左侧展厅里陈列着古希腊艺术品，右侧则是叙利亚、小亚细亚古巴比伦艺术品。

一进去就是一个高大的中庭，很好的采光让展厅呈现着一种微暖的白，很适合雕塑那种灰灰的石质，整个展厅里洋溢着亮亮的古风。1864年，在希腊帕加马出土的"宙斯祭坛"，在博物馆里复制再现，神庙的众神与巨灵作战的浮雕饰带环绕在墙面的高处，被认为是用来纪念帕加马人在军事上的胜利。公元前165年，当来自小亚细亚的入侵势力进攻时，帕加马人与罗马盟军联盟，击败了敌人。国王尤门斯二世下令建造祭坛来炫耀自己的胜利。祭坛和装饰浮雕在中世纪时受到基督教的破坏，损失很大，但仍然是希腊化时期留存至今最为庞大、最为完整的雕塑艺术品。每一个人物好像都有一段神奇色彩的故事发生，格斗中夸

10-3

10-2 巨人在战败垂死之际，他的母亲盖亚从地中涌出，用手分开女神雅典娜以祈求宽恕

10-3 手持盾牌的女神背影也十分优美，身躯在衣纹中隐约可见

10-4

10-5

张的姿态使构图充满戏剧性的律动，一百多个比真人还大的石雕形象在宏伟的装饰带中凸现出来。一些女神也加入到拼杀之中，这是希腊神话中令人印象深刻的一点：女性的冷酷、沉着里隐隐透着优胜者的高傲。虽然优雅、恬静、庄重、雍容的气度是古希腊雕塑所特有的，但是痛苦和毁灭的残酷却在帕加马的雕刻中被淋漓尽致地加以表现。

博物馆将祭坛的西侧面按原尺寸复原，台阶从地面高而陡地升起，并且支撑起巨大的基座；基座形成了n形，中间部分开敞，基座的外围有115块大理石板的浮雕饰带，饰带上面是突出的檐板；檐板上是无数优雅的爱奥尼亚式圆柱支撑的长廊；长廊的内墙上还有小型装饰带，描绘了赫拉克勒斯之子忒勒福斯的事迹。

10-6

10-7

各个侧厅也有不少精彩的石雕，精彩得让人向往那个时代。有一些明显看得出是复制品，包括整体神庙护廊的复原。除了马之外，狮子是希腊石雕中经常出现的动物，表情和造型相当古朴与醇厚，味道上有一些接近中国古代的石雕。我一向以为，人类的各种文明总有一些相同的地方，虽然更多的人是看不同与相异，但我更注意寻找可能相似与相同的地方来印证人的基本性。

古希腊雕刻对人的塑造是一个难以企及的高峰——衣纹组织得极有序，垂立或者飘起的衣裙证明形式就是美，数的和谐就是美［毕达哥拉斯（Pythagoras）已经证明］。肉感的人体包裹在衣衫里，显示着或显或隐的兴味。也有一些衣纹处理得相当繁复，中国古代的"曹衣出水"也是有序的形式处理，但是少见写实的繁复。人物都优雅得像哲人，由此也可以追想柏拉图等先哲。英雄是被歌颂的对象，是二者塑造了希腊的文明。女性的柔美处处可见，难道希腊就没有猥琐和丑陋？

10-6 10-7　狮子是希腊石雕中经常出现的动物，和中国古代石雕也有几分类似，但更加符合解剖学原理。狮子咬噬人类的情节与姿态也十分触目

411

10-8

10-9

10-8 10-9　　"伊什塔尔女神之门"

10-10　穆沙塔宫殿的墙雕，8世纪，图案沉穆而富丽

众多的人物雕像不仅特征鲜明，细节的表现也是精心，服饰、发型等刻画入微。柔软飘荡的衣带甚至改变了石头坚硬的属性，残断的肢体仿佛暗示着曾经有过的英姿和辉煌，具有激发观者所有想象的神奇。希腊艺术家，我要拜在你的脚下……人物之间的相互关系，那顾盼的神情，妖娆的姿态，虽斑驳且风化，仍不能掩去绝代的风采。无头的女神像姿态曲转百媚生，有头的女神像微笑如波，让人怦然心动。优雅，也许只有古希腊艺术可以毫不羞愧地担当这个赞美。

希腊雕塑里马的造型最生动，人兽搏斗的姿态最动人，还有美妙绝伦的石柱冠头。那开朗的气度原本就是古希腊人的气度啊，让那些对古希腊文明崇拜的观者张大了嘴巴，不断地用镜头摄下精彩的石雕局部。我想起了在奥林匹亚博物馆看古希腊雕塑，想起了在大英博物馆看古希腊雕塑……古希腊艺术与文明在我的心中永远是一个不可企及的高峰……

10-10

当然，不仅仅是古希腊艺术引人注目和震惊，侧厅里的叙利亚、小亚细亚古巴比伦艺术也精彩绝伦。迦勒底亚王国古巴比伦宫殿旁用来进行盛大宗教游行通过的"列队行进道"也在这里陈列，两侧的要塞墙壁上装饰着制作精美的狮子像。这条道路通过"伊什塔尔女神之门"，这座女神之门保存完整，高达12米，门的墙壁饰以用青黄色的琉璃砖砌成的牡牛和其他动物以及人物的形象，色彩鲜明，雄伟壮丽，让今人对国王尼布甲尼撒时代（前604—前562）充满了好奇的想象。

旁边的博德博物馆主要展出古埃及美术和初期基督教作品，据说古埃及的莎草纸制品有上万件。

Gemäldegalerie

柏林绘画艺术馆是新建筑，白色的大厅，它将战后达姆勒
美术馆和博德博物馆的藏品统一起来，故而藏品丰富。柏
林绘画艺术馆于1998年开放，展出了从中世纪祭坛画一直
到18世纪欧洲的绘画作品。

第一到四厅展出的是13—16世纪的德国绘画，主要是圣像
画，画面上的圣母永远是严肃的表情，没有丝毫的笑容。

11-1　11-2　勃鲁盖尔　《尼德兰箴
言》　1559

11-3　伦勃朗　《戴金盔的男人》
1650

11-1

只有怀中的圣子活跃一些，稍许打破一点圣像画的呆板。穿行其间，犹如从中世纪的沉重中匆匆而过。第五到七厅展出的是15—16世纪的荷兰绘画，描绘了一幅幅世俗生活的世象，安谧的市民生活、丰富的生活细节和表情，足以令人细细地观看和体味。在第七厅挂着勃鲁盖尔的《尼德兰箴言》，众多的人物、丰富的内容和奇异的想象力，组成了一个精彩绝伦的画面，非常坚实和耐看。据说勃鲁盖尔经常穿着农民的服装到农村去和农民生活在一起，因此描写这样题材的画总是分外生动。可以说，勃鲁盖尔是欧洲画坛上最早重视描写农民生活的一位画家，他的作品广泛收藏在欧洲各大美术馆里。第八到十九厅展出的是17世纪的佛兰德尔与荷兰绘画。17世纪的佛兰德尔绘画，是以世俗的异教性质和乐天主义的生活态度展现于世，它发展了扬·凡·艾克和勃鲁盖尔的艺术传统，并进一步改变演进，其中最重要的画家是鲁本斯。鲁本斯是技巧纯熟、创作丰富多产的画家，题材上也无所不包。据记载，1879年在安特卫普举办了一次鲁本斯作品搜集展览会，展品总计有2335件，其中可能有学生的手笔，因此能在世界各大博物馆里频现鲁本斯的大作也就不足为奇了。在第十厅里陈列了伦勃朗的《戴金盔的男人》，金盔画得金光耀眼，反

倒比隐约的脸部更吸引人。伦勃朗的油画是博物馆的镇馆之宝，这是毫无疑义的，这个17世纪最伟大的画家之一，具有强烈的艺术个性和独特风格。神秘而魅力的光在伦勃朗的绘画里扮演了一个突出的角色，笔触深沉而活泼，具有强烈的精神感染力。他的自画像就像是一个人的历史长廊。在第十八厅有维米尔的《戴珍珠耳环的少女》，如今，根据这幅名画拍摄的电影也已经公映了。第二十到二十二厅展出了18世纪英国、法

11-4

11-5

11-4 维米尔 《戴珍珠耳环的少女》 1662—1665

11-5 卡拉瓦乔 《胜利的丘比特》 1601—1602

国、德国的作品。第二十三到二十八厅是17—18世纪的意大利绘画和更早一点的法国、西班牙绘画，其中有以画烛光著称的法国画家拉·图尔的作品。这位画家擅长描绘夜晚烛光下的景物和人物。长夜漫漫，烛光修长，映衬出黑暗里人物忧郁的表情，具有一种浓重的精神感染力。展厅中还有一些威尼斯画派的风景杰作也令人印象深刻。意大利绘画则有17世纪初的卡拉瓦乔的《基督呼唤使徒马太》和《胜利的丘比特》。这个具有魄力、胆量和创新精神的画家，在神话和宗教绘画里也有风俗性表现，诸神圣者事迹犹如日常生活场面和人物。卡拉瓦乔也许是最具有平民精神的艺术大师，可惜仅仅活了37岁。第二十九到三十二厅则是15—16世纪的意大利绘画，有波提切利的《唱歌的天使和圣母子》和《西蒙内塔·维斯普契肖像》。我在佛罗伦萨的乌菲齐博物馆里已经深刻感受到波提切利的力

量……此间利皮的圣母像显然不及乌菲齐所藏的精美。此间也藏有文艺复兴大师拉斐尔的5幅作品，这个成功显赫的画家也仅仅活了37岁。美术馆的中间大厅陈列着古典雕塑，虽然典雅优美，却没有绘画那样吸引人们的目光。

埃及馆实际上是夏洛腾堡的埃及博物馆，转藏这里，馆里有著名的《王妃尼斐尔提蒂头像》敷彩雕塑，出土于埃及阿玛纳遗址。王妃被誉为古埃及最美丽的女人，雕像表现了王妃优雅、迷人的气质。德国考古学家路德维希·博尔夏特（Ludwig Borchardt）在发掘当晚的日记中写道："此时此刻，任何描述都是无力的，你只能亲眼来目睹。"雕像出土于朝廷雕刻师托特莫斯的工作坊，里面还出土了许多完成或未完成的王室成员的雕像，只有这个美妙绝伦的古埃及杰作让人神往。

11-6 波提切利《西蒙内塔·维斯普契肖像》1476—1480

11-7 《王妃尼斐尔提蒂头像》敷彩雕塑

包豪斯档案馆
Bauhaus-Archiv-Museum für
Gestaltung

大兴趣，并在美术学院的基础教学讨论中深化了自己的想法，随后在教学实践中加以落实。1995年，为适应社会经济发展对设计的需要，中央美院成立设计系，自己就顺理成章地到设计系进一步落实自己的教学设想。市场经济的发展促生了许多的设计院系，大家也都在探索现代设计教育的基础课教学。自己通过摸索和思考形成的一套新的教学体系，随着多部教材的出版，逐渐在全国艺术设计院校中产生了影响，这是始料未及的。可以说，曾经在全世界产生影响的包豪斯，在中国的影响虽然晚了半个世纪，但

突然发觉自己今生和包豪斯有缘。研究生毕业后，一个偶然的机会，翻译包豪斯的基础课奠基者伊顿的《造型与形式构成》，1990年由天津人民美术出版社出版，算是中国最早对包豪斯基础课程的介绍吧！初衷是想对中央美术学院的写实素描教学有所改进，却由此展开了对包豪斯这所在现代设计史上闪耀着光辉的造型设计学校的研究。恰巧一个包豪斯的图片展在广州美院展出，专程前往参观，引起了我对现代艺术教育的极

12-1

它的精神却鼓舞了一批设计教育的先行者，按照中国的具体情况，结合现当代西方设计的发展，探索着中国的现代设计教育。从这个意义上说，包豪斯仍然是一座大海上的灯塔。

按图索骥，去寻找心目中现代设计教育的发源地——包豪斯档案馆。看见了街边矗立的彩色柱子——博物馆的标志物。顺甬道往里走，看到挨着运河的白色建筑，这是由包豪斯创立者格罗皮乌斯设计的蓝图，于1979年建成。在第一次世界大战结束后，在德国战败的艰难日子里，格罗皮乌斯创立了包豪斯，并发表了《包豪斯宣言》，强调了"艺术与技术的统一，艺术家与手工艺的结合，艺术教学与工场相融合，一切造型活动的最终目的是建筑"，从而开辟了现代设计教育的先河。

包豪斯从1919—1933年，经历了从魏玛到德绍再到柏林的地域搬迁，最终被迫关闭，只是因为纳粹认为包豪斯过于激进。但是，在包豪斯的不同时期却聚集了一批世界级的艺术大师，例如费宁格、伊顿、克利、康定斯基、施莱默尔（Schlemmer）、纳吉（Nag）、阿尔伯斯（Albers）、密斯·凡·德·罗（Mies van de Rohe）、拜耶（Bayer）、布鲁尔（Breuer）等，使得包豪斯充满了实验的精神和创新的勇气。风格派和构成主义在包豪斯的教学发展中起着主要的影响。学校对实验性持包容态度，因此在现代绘画、雕刻、工艺的基础上，向建筑、家具、印刷、舞台装置、染织等设计领域扩展研究，使得包豪斯极富魅力的多重性。格罗皮乌斯自己也说过："美学上的革命已经赋予我们鲜明的洞察能力，能够领悟设计工作的真意，正像工业生产的机械化也提供了实现这种设计意图的新工具一样。现代艺术的美学革命给现代设计提供了强大的动力，借助这种力量，现代设计最终突破传统的约束脱颖而出。"

12-1 包豪斯档案馆建筑由包豪斯创立者格罗皮乌斯设计。这是展厅的内景

12-2 施莱默尔 《抽象造型雕塑》1921—1923

12-3

12-4

12-5

包豪斯档案馆内部的展品主要是这些杰出人物的作品，绘画、雕刻建筑模型和招贴画，虽然不是大作，但是多少可以嗅到当年的气息。克利的一张小画，朴素而精彩。瑞士画家克利1921年任教于包豪斯，独特的造型课程讲座和绘画教师的技术指导，对包豪斯和他自己都有重大深远的意义。施莱默尔1920年任教于包豪斯，因常常描绘一种独特的几何学式的人像而被人们推崇为冷静的造型艺术家，担任石雕车间和木雕车间的造型师傅。看过很多次他的雕塑的印刷品，现在见到了原作，也是分外亲切。康定斯基作为著名的表现派艺术家和教育家，当时已经57岁，是包豪斯任教者中最年长的一位，担任壁画车间的造型师傅，并主持关于造型和色彩的讲座。他以极大的热情投入教育，与包豪斯共进退，直到学校被纳粹关闭的最后时刻，因此成为最受学员尊敬和爱戴的师傅。康定斯基的艺术理论也成为自己大量艺术实践的最好注解。

师傅的称呼在中国是亲切的，仿佛一声大叔。包豪斯里就是把教师称为师傅，而学生就是学徒。但这并不意味着包豪斯就是作坊，把它说成是试验车间可能更为恰当。学生除了配备指导学习造型形式法则的造型师傅外，还配备了指导特定工艺范围内的制作技术的手工师傅。在包豪斯，任何一种观点和构想都能得到实践的检验。包豪斯设计的弯曲的钢管椅子、几何形的简洁台灯，以及各种生活器皿都陈列在展厅里。现在来看，这种设计仍然有着鲜明的形式感，不会令人产生过时的感觉。包豪斯的设计呈现着明显的构成主义风格，这种风格的几何形式美感和满足功能需要的社会主义思想吻合，和时代的经济发展水准吻合，它是美的创造和工业化的生产技术的吻合。

包豪斯最初建校于魏玛，1924年由于政治原因迁移到德绍，在德绍迎来了学校发展最繁荣的日子。如今，格罗皮乌斯设计的教学楼依旧在，已重新进行了装修，正面用玻璃覆盖，现在成为美术学校。在市郊，还有包豪斯住宅区，也是格罗皮乌斯等人设计的。学校的校舍和格罗皮乌斯住宅被联合国教科文组织指定为世界文化遗产。如今，德绍正是以包豪斯而闻名于世。在魏玛，也有包豪斯学校的遗址，是里特维尔德的设计。还有包豪斯博物馆，藏有500件物品，这些物品倾诉着1919—1924年包豪斯在魏玛的历史故事。现在在魏玛还有包豪斯大学，保留了一些格罗皮乌斯设计的实验住宅。后来包豪斯搬到柏林的时候是在一个电话工厂内，不知道现在是否还在？想来已经拆除了，因为包豪斯在柏林的时间并不长。

离开包豪斯档案馆时，在留言本上写下了感言："他山之石，可以攻玉。"在其中一页也看到了到德国学习设计的中国留学生写下的留言："包豪斯的革新精神依旧在鼓励着人们！"

12-6

12-3　包豪斯铁茶壶，璐姆·斯鲁兹基设计

12-4　包豪斯设计的钢管椅子

12-5　包豪斯茶壶，玛丽娜·勃兰特设计，1924年

12-6　包豪斯台灯

第 5 章

祛魅与解咒：管窥西方现当代艺术

1	2

1 沃霍尔 《玛丽莲·梦露》 1967
2 沃霍尔 《玛丽莲·梦露双联画》 1962

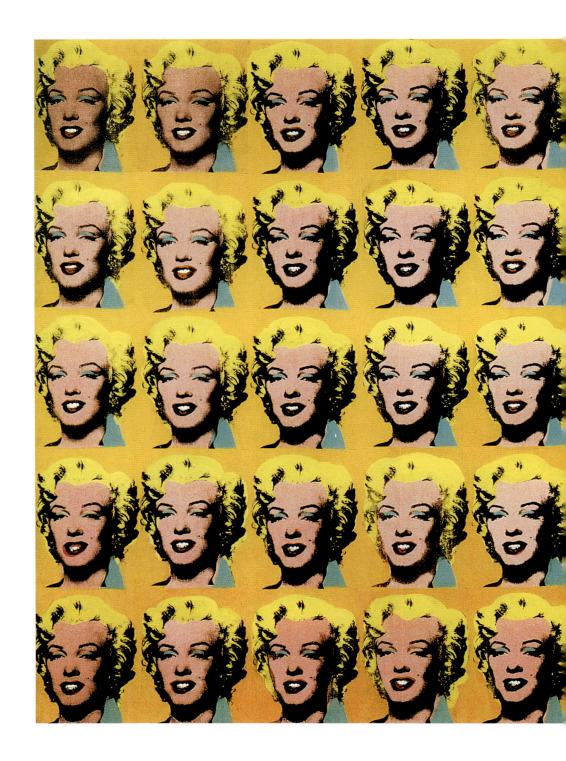

435

▶ 瑜伽的呼吸与行为艺术

每一个人都在自然地呼吸，但是伊顿说：呼吸可以看出一个人的气质，深长的呼吸是君子所为，与山川潮汐的韵律相同，而短促的呼吸是小人所为，表明了其心有戚戚的状态。

这也许暗通瑜伽的功理。印度古老哈达瑜伽士追求人体极度的表现，有时会进行将身体缩挤在小箱子埋入地下数天的表演，以证明人体的潜能被开发。瑜伽大师被埋入地下几天几夜之后仍然活着，这是闭气的高人功力。也许比潜水闭气高明了许多，因为有记载，世界纪录的屏气潜水纪录是十分有限的，不过是10多分钟而已。印度大师的表演令人神往。

瑜伽的各种流派都讲究呼吸方法，在练习瑜伽时，练功者要严格控制自己的呼吸节奏，《瑜伽经》里写道：掌握了姿势以后，便要控制呼吸。控制吸气和呼气便是调息。在外、在内，以至于静止不动，都因应时间、地点和数目而调节，呼吸又细又长。最后是呼吸既不在外，也不在内。一是把呼吸和体位结合到一起时，二是把呼吸融入自然的生活当中。阿南达瑜伽（Ananda Yoga）要求身体某部位反复收紧及放松，同时配合呼吸方法将能量带至该处。阴瑜伽（Yin Yoga）则强调呼气和吸气有意识地以不同时间和长度进行，以配合瑜伽的姿势。昆达利尼瑜伽（Kundalini Yoga）特别着重几种呼吸的技巧：鼻孔的交替呼吸，缓慢、横膈膜的呼吸，以及一种叫"火焰"的呼吸法。瑜伽理论认为，控制呼吸也能克服一切疾病、怠惰、犹豫、疲弱、物欲、谬见、精神不集中、注意力不集中，此外还有忧虑、紧张、呼吸不匀等。这些都是令意识分散的障碍。

1 印度瑜伽师尼基·凯鲁加尔
2 阿布拉莫维奇 《有海景的房间》 2003

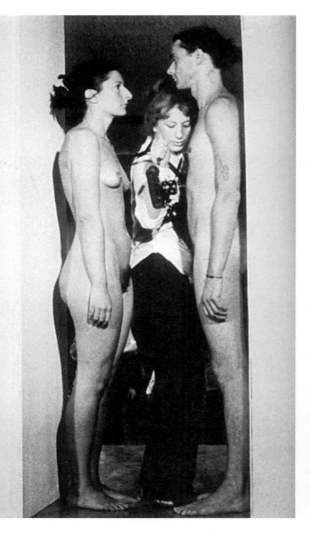

1-2 阿布拉莫维奇 《不可估量》 1977
3 阿布拉莫维奇 《节奏：2》 1980

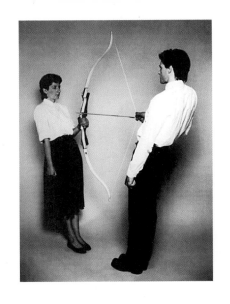

我的一位气功师傅告诉我，她晚上睡眠的时候可以停止自己的呼吸，而用皮肤代替进行。躺在床上，将两手叠放在脐下4寸左右的地方，然后平心静气，把呼吸放慢，一点点闭气，渐渐地张开浑身的毛孔，仿佛皮肤松松地收放，吸纳着更为辽阔的夜深处自然的气息，吸纳林木枝叶散发的清新，释放身体污浊的气息……

这样的修持也可以变成一种艺术的演示行为。杜尚在《与皮埃尔·卡巴内的对话》中说：你可以认为你的每一次呼吸都是艺术作品。或许这是说，艺术包含在所有的生活细节中，并不只是某些生活中，包含在一举一动中，甚至在无意识的呼吸里。2002年11月，在纽约肖恩·凯利画廊，一个女性行为艺术家玛丽娜·阿布拉莫维奇（Marina Abramovic）就是展示自己的这种修持，阿布表演的时候采用了计时器。把注意集中在当下的那一个瞬间，时时刻刻关注人的感官体验，不管它们是多么平常，特别是人们无法控制的呼吸的自然感觉。呼吸是连续不断和最易感知的，因此呼吸最容易使人集中注意力。正如古籍所载：你尽量控制着不让水溢出的感觉一样。

制气比静修更加需要集中精力，制气需要数息和控制，当水从碗里溢出时，呼吸就是恢复注意力的最有效的方法。但是需要向观众表演制气吗？阿布，你盯着观众，直到周围的光线黯淡下来，只剩下脱离物象而存在的可见的光环。呼吸似乎消失了，一种悲伤出现在脸上，有眼泪挂在眼角。这样的形象是观众眼里的阿布吗？但是阿布，我看见你在洗手间的时候，你坐在那里，你是屏着呼吸的。然后你用手纸擦干净自己。有记者说，你用你天真的人性（或动物性）庄严地阻止了人们的非分之想。观众只是同情地看着你努力保持身体的端正。

440

早在1974年，年轻漂亮的阿布拉莫维奇就做了一个行为艺术《节奏：0》，把自己的身体呈现给观众："我是你的对象。桌上有72样物件随你在我身上使用。"这的确是富于意味的挑战，不仅指向了观众，也指向了自身，在整个表演过程中，阿布的衣服被扯碎，经受了涂抹、冲刷和划伤的种种戏弄，被戴上花冠、化妆，甚至被用枪抵住头颅。阿布用这样激烈的方式来体验自己生理与心理的忍受极限，同时也暴露了动手的观赏者内心黑色的欲望：对无助者进行施虐。现在的行为没有那么激烈了，是一种与观众隔离的平和的方式，也显示了阿布随着年龄发生的变化，其中也许有瑜伽呼吸的作用吧？

午夜的画廊，观众不多，没有什么人想看你如何睡觉，尤其是他们也很困的时候。在短暂的睡眠中，我看到你躺在没有床垫的大床上，胸脯慢慢地起伏，这呼吸是悠长缓慢的，是睡眠自然的呼吸，是身体机制自然地运作。脱离了你的意识，即使是脑死亡，一个生物性的身体也会自主地呼吸。这个时候的阿布是脆弱而自然的。

也许我也应当学会艺术地呼吸。但是当我试图控制我的呼吸时，我发现我的心慌意乱，仿佛自己不会呼吸了，憋得自己面红耳赤，心突突地跳动，一旦意识到自己在呼吸，这种无法自制的紊乱就突然袭来，我感觉到我要憋死了，就像我沉浸在黑暗的水箱里一样。

呼吸应当是自然的，不管是小人还是君子。于是我重新忘却呼吸地自然呼吸着，看阿布从开放的舞台上，从她展示了自己118小时的台子上走下来，肖恩·凯利画廊里挤满了150多人，恢复自然呼吸的阿布谦逊地说将这件作品奉献给"纽约人民"，然后就到后面的房间去喝胡萝卜汁去了，毕竟这几天她只吃一顿中饭。

注：

阿布拉莫维奇1946年出生于前南斯拉夫贝尔格莱德，后生活工作于荷兰阿姆斯特丹。曾在意大利、荷兰、美国、西班牙、日本、瑞士等国的博物馆、美术馆举办个展。20世纪70年代的系列行为艺术表演广为人知。她用割破皮肤、砍破手指的方式故意让自身遭受痛苦，仿佛自我鞭笞的宗教仪式。80年代进行了《短暂的目标》系列表演，租用录像展示了整个过程。90年代的行为艺术《巴尔干的巴洛克》在1997年的威尼斯艺术节上获奖。阿布拉莫维奇还有作品《不可估量》以及《节奏：2》等，也是极富挑战性和启发性的。

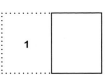

1 阿布拉莫维奇 《节奏：0》 1974

▶ 浴缸是一个象征

现代浴缸的雏形在19世纪已经出现，而到了20世纪才有可能在普通家庭加以普及。茉莉娅·卡瑟戈的《自由、平等、清洁：20世纪的卫生风尚》，记载了20世纪初只有4%的法国家庭有浴缸。但是在当代行为艺术中，浴缸是一个不可或缺的角色，这倒是令人分外地思考。大抵暴露出身体的行为总是和浴缸发生着关系，是身体寄托的一个场所。例如，特雷莎·穆拉克（Teresa Murak）的行为艺术《种子》，把自己浸泡在浴缸里，周围是棕黄色的泥浆掩盖了身体。史图尔特·布雷斯利（Stuart Brisley）的《今天，无所谓》则把自己浸泡在一个肮脏的浴缸中，呈现着一种令人厌恶的污秽感。艺术家在伦敦画廊之家进行表演，浴缸里充满垃圾和动物肢体，在这样的汤水中，布雷斯利浸泡了近一周的时间。这种不健康和受虐的色彩倾向，充斥在表演的过程中，艺术家或许就是以这种极端的方式，宣泄内心深处对社会和宗教道德规范的不满。

也许浴缸又像是一个子宫，适合于蜷缩在里面寻找一种温暖的安全感，周围的温水犹如子宫里的羊水，激起一种原始的情感。纳比派画家博纳尔也喜欢画浴缸中的女人体，20世纪30—40年代是他创作浴者题材的大尺幅作品的高峰期，而《浴缸里的裸女和小狗》成为这类题材的终结之作，浴水从围绕裸女（也许就是他的妻子玛莎）的浴池边略闪微光的瓷砖上映出她肌肤上最柔淡的色彩。 是否浴缸也涉及一种有关女性情色的暗示？

1 穆拉克 《种子》 1989
2 布雷斯利 《今天，无所谓》 1972

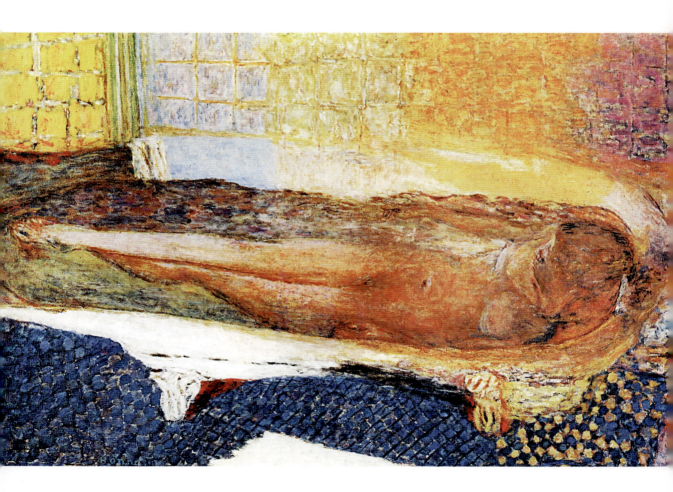

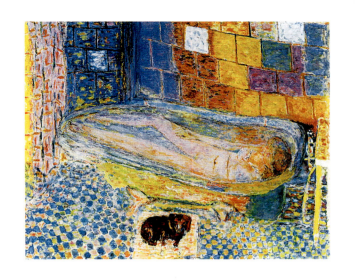

在博纳尔的画《浴缸里的裸体》中，人体躺在浴缸里，仿佛死尸一般，浴缸的形状被收缩得看上去像是一块孤零零的墓碑。的确，浴缸有时也像一个打开的棺材，或者说是坟墓，躺在其中，也许是一个永远的长眠。许多凶杀故事的场景，都把浴缸作为一个很好的道具。鲜血从白色的肉体上流下来，流进了水里，浴缸里的水逐渐变红了起来。一个女权主义的批评家或者会对此有强烈的和男性观点不同的反应，例如琳达·诺彻林曾经在其论文《博纳尔的"浴者"》中带着强烈的语气说："我要用一把刀刺向这些外表令人愉悦的人体并大声呼吁：'快快觉醒！擦干水！把他扔进浴缸里！'" 或许，这和琳达本身的经历有关系，因为她写到母亲常对她说："离开浴缸，否则你被泡化了。"这种对浴缸的恐惧与迷恋让人联想到从子宫到坟墓，生命的开始与终结，洗礼盆和灵柩。

1 博纳尔 《浴缸里的裸体》 1937
2 博纳尔 《浴缸里的裸女和小狗》 1941—1946

1

2

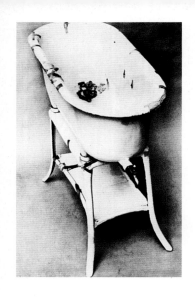

这也会让人们联想到大卫的《马拉之死》。这幅最为有名的涉及浴缸的绘画，也是大卫最伟大的绘画作品，牵涉到空间的概括和雕塑似的人体，有着高度戏剧化的效果，此时的浴缸，就如同死亡的棺木，有着鲜明的现实感。比垂死的马拉更有意思的故事是关于博伊斯的。联邦德国莫斯布洛希市立美术馆曾经举办过一个博伊斯的作品展，展出结束后，作品没有贴上标签就放入了地下室，其中有一件作品是博伊斯儿时母亲为他洗澡用的儿童浴缸，博伊斯在肮脏的浴缸里涂上凡士林，贴上胶布条，用白绷带包了些黄油放在浴缸里。有一天馆里要举办活动，馆长夫人到地下室去找椅子，发现了这个小浴缸，觉得正好可以用来冰啤酒，便请人把它抬上来刷洗得干干净净，用完后又放了回去。后来美术馆要把借来的展品归还借主，这才发现闯下了大祸。此事如何了结不得而知，但是如果博伊斯还健在，或可把这行为也看成是他整个作品的一部分吧？

1 博伊斯 《儿童浴缸》 1960
2 大卫 《马拉之死》 1793

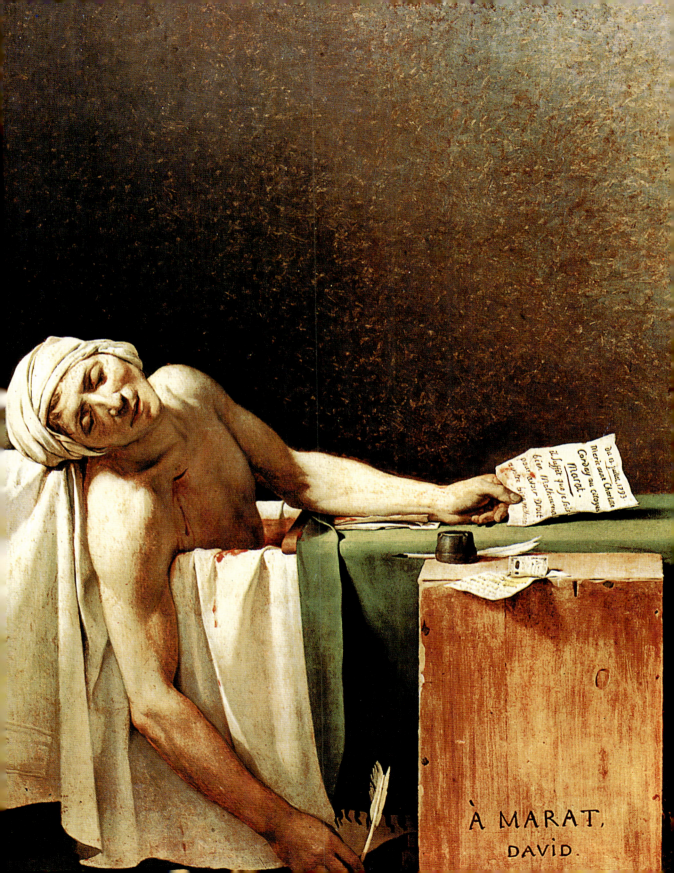

À MARAT,
DAVID.

▶ 人体艺术的流变

人体的艺术从来都是一个可以说，但是又很容易乏味的话题，因为其中充满了趣事和所谓的文化。不妨说，其实就是一个性的问题。我是亲历了1988年北京举办的第一次"油画人体艺术大展"盛况，每天涌向中国美术馆的群众多达15000人次，随后发生的是是非非，都已经过眼烟云，虽然现在看来那时的画家是相当的克制。中华人民共和国成立后在美院开设人体课，也要经过国家领导的批示，现在看来这也是匪夷所思的事情。今天，人体艺术已经是大行其道，有人会写人体艺术论，有人会把人体艺术研究变成国家科研项目，有人会在课堂上讲演人体艺术时当众脱光现身说法，证明如今的社会舆论已经是非常宽容了，宽容到可以拿人体当所谓的"艺术"来胡闹。

说人体艺术实在还是有些乏味，不妨拿作品来比较看得更清楚。例如，乔尔乔内的《沉睡的维纳斯》，把牧歌般的田园风景和娇美匀称的人体结合起来，显示出一种哥特式与人文主义结合的诗意美感，我敢说，这的确是神圣的，这个33岁就死掉的画家，并没有在自己的作品中显示女性的性感，这几乎是文艺复兴时期人体绘画的一个特点。相比之下，多年后出现的提香的《乌尔宾诺的维纳斯》，动态身姿似乎有相同的影子，却多少显示出世俗情爱的色彩，这在《普拉多的维纳斯》里似乎就更明显了。一个萨提尔正在揭开纱帐去为她遮阴，这个萨提尔也许在提香看来是没有非分之想的，而在今天的人的眼光里或许就不同了。

1　提香　《乌尔宾诺的维纳斯》　1538
2　乔尔乔内　《沉睡的维纳斯》　1508—1510

	3
1	
2	

中世纪的神学将裸体的象征性含义区分为自然的、世俗的、虚拟的、罪恶的，淫荡与丧失道德的裸体是被严加禁止的。因此，尽管宗教题材和神话题材中也不乏裸体，但是人们并不会对波提切利的维纳斯产生邪念。

如果再看委拉斯贵支的《镜前的维纳斯》，可能会是另外的感受。在这张画前，我曾经徘徊良久，被委拉斯贵支的色彩所感动，在这张画前，我感受到画家在当下用色彩去描绘自己看到的女人体所呈现的美感、自然、轻松、单纯，是没有杂念的。并不想要神性的崇高，不可思议的笔触与色调呈现出一个真实的现场的女人，是不是维纳斯其实并不重要，一个照镜子的维纳斯，是天下女人自恋的写照。

继承了这种现场感，并且多少显示了性感的是戈雅的《裸体的玛哈》，我们不妨把它看作人体自然的呈现与解放，到底是比让-安东尼·华多（Jean-Antoine Watteau）自然了许多，华多的女人有贵妇的性感。与此对应的，让我想起马奈的《奥林匹亚》。但是《奥林匹亚》具有更多的侵略性，那种对自己身体的自信挑战了男性的眼光。

古典的最后余音应该是安格尔。拉长的《后背的维纳斯》显示出一种人体比例的经典处理，的确优雅，但是，这优雅里遮不住对女性人体的崇拜，到底是有性。看安格尔其他的女人体，如《土耳其浴场》，这一点就掩饰不住地流露，到底比不上乔尔乔内，时代的区分也可以由此洞见。鲁本斯也画过一张《冷淡的维纳斯》，丰腴的肉体似乎是过于肥满了，也许是一种另类的维纳斯阐释。

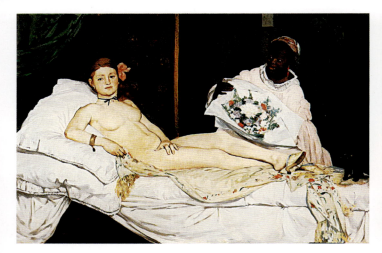

裸体艺术暴露了一个道德、性和欲念的问题，而这个历史遗留下来的问题也牵扯到现在的社会与生活。19世纪裸体艺术成为重要创作题材，并且也逐渐被社会所接纳，说明美学的进步正是一种普遍的道德观念发生蜕变的表征。现实主义的女人体将人体的现象与本质尽情地解释，其中也有色情的一面。库尔贝的《沉睡》多少显示出色情的一面，或者说色情在人体中其实无处不在，充盈着强烈的肉欲暗示。他的《浴女》则被参观沙龙展的拿破仑三世用马鞭抽打画面，认为作品粗鄙下流到不成体统。显然，在此之前形成的古典审美定势排斥着现实主义的描写，排斥着社会性的、自然性的表现。更明显的还有柯勒乔的《朱庇特与伊娥》，不可否认地证明性在人体中的表现早已存在，裸体艺术承担着表达人类情欲的使命。埃贡·席勒（Egon Schiele）的人体绘画是一个例子。他公然地描绘性爱的动作，已经不是隐晦，而是明显了。但是，席勒总是有苦涩的世纪末心情在其中，似乎不如克利姆特来得温馨和性感。

1	2	
		3

1 马奈 《奥林匹亚》 1863
2 鲁本斯 《冷淡的维纳斯》（局部） 1614
3 库尔贝 《沉睡》（局部） 1866

20世纪，从博纳尔到马蒂斯，从表现主义到毕加索（Picasso），从卢西安·弗洛伊德到培根，从阿尔贝托·贾科梅蒂（Alberto Giacometti）到巴尔蒂斯，从珍妮·萨维尔（Jenny Saville）到斯宾塞，形成了一个非凡的裸体画画廊。但是粗略地过一遍，就可以知道所画的裸体多是不完整、不和谐，甚至是不优美、不动人的。在这个世纪裸体画与美学的、道德的、精神的批评总是难脱干系。裸体艺术从未放任自己，而是多少与精神、道德和美学的规则表示一致，并且也引发观者在更高层面上的思索。接近21世纪，情况多少有些变化。裸露的人体一直徘徊在两个极端之间，时而是认识的对象，时而是欲望的对象。总体上，寻求官能满足的通俗裸体艺术的适合尺度是不断地放宽着，显示出包容的态度，或可从人类学、心理学和社会学的角度来审视。

但是，如何评判一幅人体画是艺术作品还是色情，标准是难以确定的，最终往往也许会指向作者的动机和观者的体验，色情人体具有较为简单的目的，这一点通常从《花花公子》类的色情杂志中的人体可以见到。同时，色情的表现分程度不同，逐渐由隐晦走向公然，这一点和社会观念的容忍有关。例如，塞西莉·布朗（Cecily Brown）喜欢描绘性爱的场面，有的是直接的性交的表现，但是布朗利用激荡交错的线条降低内容的敏感性，形象因此模糊不清，作品呈现出粗率的一面，不能从传统的美学角度来评价，例如《十几岁的鲁莽人生》。而美国画家埃里克·费谢尔（Eric Fischl）富于情节性的绘画里，显示出赤裸裸的性，并且这些性总是现实得令人不安。卢西安·弗洛伊德的《躺在破布旁边》，其裸体绘画则用生冷的现实主义描绘出肉体的丑陋和粗野，这残酷的真实将性推得远远的，无论如何引不起观者的欲念。

女性身体在视觉艺术中之所以重要，因为它是男性艺术家笔下的创造物，是供男性欣赏的性尤物。按照弗洛伊德的精神分析理论，男性欣赏画中的女性人体，自然是满足情欲和窥视的愿望。福柯提出了权利理论后，批评家于是说，男性欣赏画中的女裸体，是为了满足权利的欲望，即男性对女性的占有和女性对男性的从属。拉康（Lacan）的镜像理论则认为，男性从对女性的窥视中反过来确定对自身的主体性。这显示出批评与审视的二元论，也就是男性与女性、窥视与被窥，反映出性别与社会的关系。在这个二元结构中，男性支配着女性，拥有霸权的主导力量。

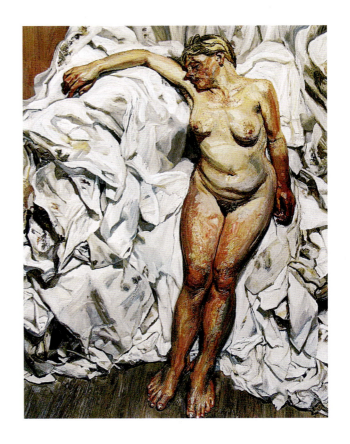

1　丽莎·尤斯塔维奇　《品尝红果》　2004—2005
2　柯林　《珍妮特与梅》　1999

抽取了性，人类对自身的剖析是一个明显的特征，现实主义的审美代替了浪漫主义，人体就显示出一种畸形的美感，例如约翰·柯林（John Currin）的作品《珍妮特与梅》，扭曲着的形象实际上反映的并非女人的丑陋，可能直指人类的荒谬。而在丽莎·尤斯塔维奇（Lisa Yuskavage）的裸体画里，却是极具争议的姿态，明显是无力的主题，却有着女性独有的色彩运用，仿佛女性的脂粉味道都可以闻到。有时是难堪的、成熟的人体，却有孩童般的脸孔，作者声称自己画的是感到不快的和难以应付的状态。似乎是男性的眼光看女人，却被女性的画家所关注，只是技巧上显露出女性的气质到底是不够沉稳，例如《品尝红果》。人体于是不再优美，卢西安·弗洛伊德专门描绘丑陋的人体，把人体上升到美学的丑，这一点又具有真实到不忍一观的力量。肥硕的、苍老的、松弛的皮肤，难看的肉体似乎没有灵魂，只是展示着肉体的不堪入目。甚至，皮下那网状的蓝色的小静脉，肚子上清晰可见的褶子、皱纹与粗糙的肌肤，皆一一夸张地陈列。这是真实的丑陋。

在写实画家中，如果把帕尔斯坦（Pearlstein）画中的女裸体《坐在铺着红色印第安毯椅子里的女模特》与另一位画家珍妮·萨维尔的大透视如建筑般的女人体相比较是有意思的。这是以一种嘲笑的态度探求女性肉体的体块与肌理，来自女画家的笔下多少让人惊奇。

除去垂老的丑陋被画家真实地加以刻画，身体的残疾也被艺术家加以注意，英国摄影家乔·斯彭斯（Jo Spence）因为患乳腺癌切除了一个乳房，她用相机记录下自己的精神和生活状态，用她自己的话来说就是通过影像对自己进行"治疗"。

女性的裸体更多地出自男性画家的笔下，但是在当代，这一点有所改观。在性的主题方面不免涉及贞洁与放荡、清纯与堕落的主题。什么是美？什么构成了性？这些多少会是一种疑问。而女性艺术家在这场身体的展示中关注什么、做着什么，的确令人感兴趣。女性主义认为，男性艺术家无法真实地再现女性，因为在他们的笔下，女性身体是物化的没有灵魂的东西，是霸权专制眼光的产物；而由女性艺术家描绘女性身体，便是女性身份的一种自我再现。但是，当今的女性画家更多地显示出对女性身体可能性的探索，可能有好奇，甚至对自身的一点迷恋。因此，一些女性艺术家把自己的身体作为艺术表现的对象，比女权主义时期冷静得多。但同时也带来一个问题：女性对自我身体的表现就是真实的吗？

有趣的是，维也纳著名的列奥波多博物馆，2005年曾举行过一个主题为"赤裸的真实"20世纪早期色情作品展，观众如果能本着展览的"赤裸"精神，穿得少或者全裸的话，就能免票进场。当时正值夏季，展馆的主人伊丽莎白·列奥波多（Elizabeth Leopold）说："我觉得赤裸比穿衣服更好看。"在获准免票的人中，大多数人选择了穿泳衣，只有少数人敢于全裸，这到底需要一点勇气，观看人家容易，被观看就是另外一回事。

我曾经看过关于斯宾塞·图尼克（Spencer Tunick）的纪录片，老实说，我感到很震动。成百上千不同肤色的男女裸体呈现着自然的状态，无论美丽与丑陋，混合在一起，没有相互的抚摸、没有性，只是组成了某个形状，形成了一个阔大的景象。图尼克对自己的工作评价是："有时我觉得自己是名探险家，有时我觉得自己是名罪犯，有时我觉得自己是艺术家。我在压力下工作。……争论存在于这样的事实之下——即我使用城市作为背景。"

1-3　图尼克的人体摄影

图尼克后来又创造了最多人拍摄裸体摄影的纪录，不再有警察查禁，拍摄地点也从城市扩大到自然环境。2007年5月在墨西哥城，这一举动吸引了多达1.8万人参与。同年6月3日，图尼克又在荷兰阿姆斯特丹拍摄，近2000名男女赤裸身体，紧挨着七层圆形停车场的围栏密密麻麻站着，除此之外，图尼克还拍摄了上百名裸体男女在一座桥上骑自行车的场面。2007年8月18日，图尼克在瑞士阿莱齐冰川拍摄，将近600名志愿者充当裸体模特，这次上冰山拍摄集体裸照的活动是由环境保护组织"绿色和平"发起的，希望借此推动人们认识到气候变化的严峻性，以唤起世人对气候变化的关注。我觉得图尼克是聪明的，他借艺术的名义释放了人们想要裸露的心理，将男女人体不分美丑地混合呈现，并且也有分寸地挑战了公共秩序，并通过逐渐扩大影响给自己创造了名正言顺的机会。这次他更加聪明了，裸体和环保捆绑在一起，还有什么比这个更"政治正确"呢？

在当代人体艺术中，身体作为行为的一个重要工具，甚至被作为精神对肉体摧残，寻求极限忍耐的一个对象，人体变成了肉体，精神与肉体极为分离，并且表现出极度的对肉体的憎恨。即使架上绘画，也主要表现出扭曲、残断、变形和乖张的倾向，艺术家们极度地发挥着人体的社会讽喻功能，自然的美、标准的美似乎留给了通俗艺术和摄影形式。对人体艺术如何重新界定（这个界定好像不存在了）？或者，企图界定本身就是不合理的？急于给或要一个说法也许是不适合的，时间是最好的评判，时间的筛子把艺术的金子留下，时间的激流把艺术的流沙冲走。

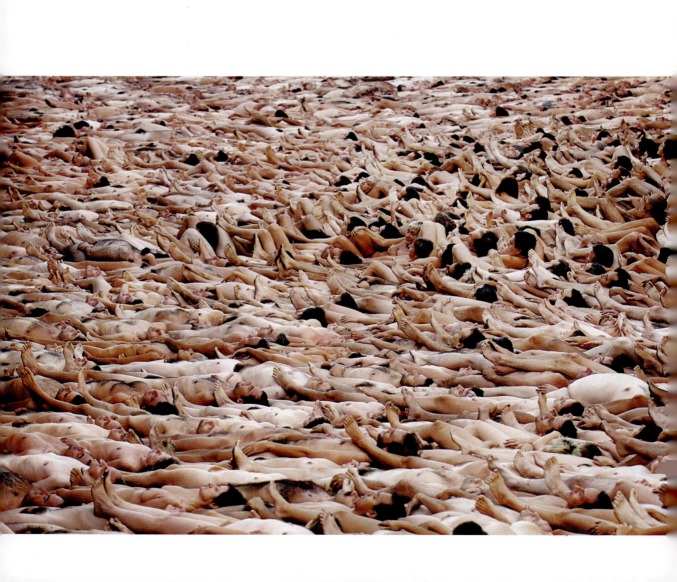

1-2　图尼克的人体摄影

▶ 想象的艺术收藏

曾经有朋友问我，假如你能够拥有一幅画，你会想要哪一幅？不假思索，我的头脑里出现的是蒙克的《呐喊》。为什么？我也没有任何理由。

2004年8月22日，蒙克博物馆在大白天被人持枪打劫，蒙克代表作《呐喊》以及另一幅重要作品《圣母玛利亚》同时被抢。经过两年的跟踪，名画终于被挪威警方寻获，并送回蒙克博物馆，博物馆为此安装了价值640万美元的安全系统。在追踪一起银行劫案时，牵引出蒙克绘画盗案的策划者，结果《呐喊》成为该犯交换刑期缩短的资本。据蒙克博物馆总监透露，《呐喊》的角落曾遭到重击。1994年国家博物馆另一版本的《呐喊》就曾被偷走过，小偷使用了最简单的办法：用梯子从窗户爬进了博物馆，并在原来挂画的地方留下了一句话："多谢你们糟糕的保护。"三个月后，警方在奥斯陆以南65公里处的一家酒店将画找回。

1 蒙克　《呐喊》　1893

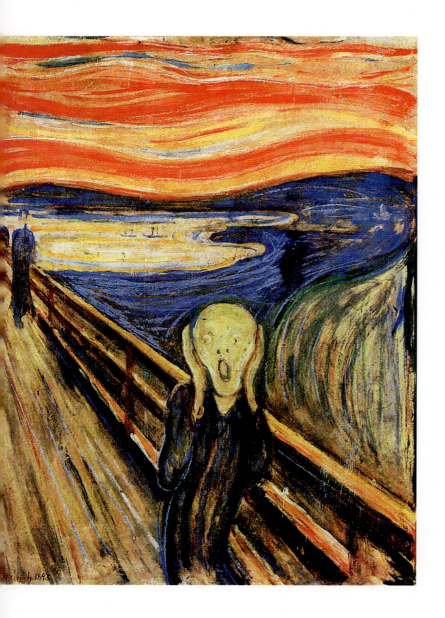

《呐喊》创作于1893—1895年间，当时，蒙克离开旅居多年的法国搬到柏林，亲人相继去世，他在孤独和绝望中创作了《生命》系列，《呐喊》是其中最具代表性的作品，我以为是表现出了人类的绝望，也是对现代人焦虑感的深刻揭示，这"呐喊"之生动，让天地为之动容。我曾经凝望着《呐喊》里那一张O形的嘴，这如同符号般的嘴里发出的声音，从两只手间穿过来，然后迅速地扩张开来，在天地间震响。也许正是黄昏的时刻，天上的红云波动着，也化作了流荡的音波，褐色的地面也是动荡不安地曲转着，只有远处一汪湖水泛动着金亮的阳光，似乎在绝望中增添了一点慰藉？这是无法猜测的，就像笔直的桥梁伸向何处，两个静着的人影伫立在桥边，似乎并没有被这意外的呐喊所震慑，抑或根本就是惊呆了？这也是无从得知的，也许，只有蒙克自己才知道。这"呐喊"是那么的透彻，骷髅般的脸型就算是对死亡的暗示吧，这"呐喊"之歇斯底里，连身形都扭曲了，越发显得呐喊分外的惨烈。是谁呐喊并不重要了，5岁就丧母的蒙克，始终被病痛、死亡的阴影所笼罩，这样一颗敏感的心，发出这样的呼声是可以理解的吧？在这个焦虑不安的时代，所有心有沟壑的人都从这一声呐喊里抒发了胸臆。

《呐喊》一共有四个版本，蒙克博物馆有两幅，第三幅在私人收藏家手中，最好的版本则归属奥斯陆国家博物馆。现在每幅的估价都不会低于6700万美元，不过，这个数字是我后来查阅资料才知道的，当时回答问题时我并不知道，虽然，我估计它是值钱的。

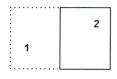

1　蒙克　《呐喊》　1893
2　蒙克　《呐喊》　1895

当你能够收藏一件世界名作时，你愿意收藏哪一件？对于这个不可能实现的意愿，我的回答是蒙克的《呐喊》，这是一个不假思索的回答；而朋友是问题的提出者，所以对这个问题的回答显然是经过思考的："要是我收藏，就会收藏达明·赫斯特的钻石骷髅《献给上帝之爱》。"

达明·赫斯特如今号称是国际艺术圈的第一红人。钻石骷髅以18世纪印卡人骷髅头为模具，在上面镶嵌了8601颗钻石，总重量达1106.18克拉，价格高达7000万欧元，这可以看成是历史上最昂贵的艺术品了。这件作品在英国伦敦著名的前卫艺术画廊白立方展出时，身穿黑色制服、佩戴耳机的保安神色严肃、如临大敌般仔细地检查着每个进入参观的人，"不准带包进入""不准拍照""不准触摸"的警示语随处可见。展厅里的每一个角落都在闭路电视的严密监控下，所有参观者都必须在专人陪伴下，搭乘一台可容纳10人的电梯进入展厅，参观5分钟后就必须离开。

灿烂的钻石镶在骷髅上，亏达明·赫斯特想得出来，钻石镶在其他东西上也许并没有太多惊奇。美国某公司为了推广其新赞助的Big Brother/Big Sister of America基金会，特地设计了一个百万美元甜筒，用了87颗正方形祖母绿切割钻石，5.63克拉浓彩金钻，548颗圆形钻石，设计物正是公司的主打产品樱桃香草华夫饼甜筒。虽说出售这个超豪华甜筒的所得将全部用于基金会，但是多少带有商业气息。更直接的还有

将无数钻石镶在胸衣上的，由珠宝设计师莫沃德（Mouawad）设计的名为The Sexy Splendor Fantasy的胸衣，价值1250美元。两个罩杯由一个101克拉的天然梨形钻石连接而成，其余部分镶嵌了2900颗小钻石。戴这个胸衣的胸部金贵了。

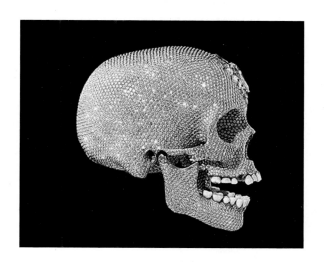

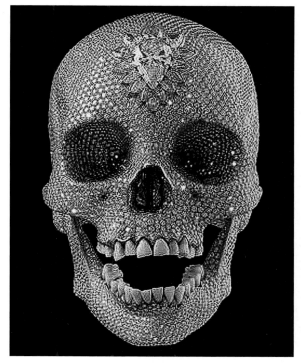

1　达明·赫斯特和《献给上帝之爱》
2-3　达明·赫斯特　《献给上帝之爱》　2007

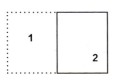

1　达明·赫斯特像
2　达明·赫斯特　《生者对死者无动于衷》　1991

镶在骷髅上到底有些不同凡响，人们对骷髅所象征的死亡的恐惧或许可以化解一二？这样说钻石所代表的昂贵的力量也许也太大了，或者现世的钻石的灿烂与死亡的骷髅的孤寂如此完美的结合，恰恰象征了达明·赫斯特所要表达的意味？达明·赫斯特本人对这一作品的解释是："我只是通过对死亡说'滚蛋'的方式来歌颂生命。我选取了死亡的终极象征符号作为主体，又在上面盖满奢华、欲望和颓废的终极象征符号，这难道不是对死亡说'滚蛋'的最好方式吗？"就形象上看，我觉得镶了钻石的骷髅张着嘴大笑着，仿佛是对这个世界发出开心的嘲笑，或者，也并不是嘲笑，而是从死亡的黑暗处发出灿烂的光明的微笑，犹如凤凰的涅　。或许，在某些人眼里，对骷髅的造型已经视而不见，而是钻石的璀璨炫花了人们的眼睛，由此激发了人们的喜爱之情？或者说，是死亡解脱了苦难的生者，因此才可能像钻石般珍贵而耀眼？或许，我们也可以把整个参观过程看作一个艺术品引起的后续行为，而这个灿烂昂贵的骷髅头正对着所有好奇的眼光发出冷冷的讥笑。我们就把这看作上帝对人类的爱吧。

实际上，艺术与金钱的紧密关系在这件作品上得以如此彰显，也恰恰说明，当代艺术的大胆想象和极端概念离不开财团的支持，作品的珍贵性因为钻石的珍贵而凸显出来。根据英国白立方画廊传出的消息，达明·赫斯特2007年的个展卖出2.5亿美元，成为最值钱的当代艺术展（这个销售额几乎跟巴塞尔等著名艺术博览会不相上下）。达明·赫斯特还制作了一件将鲨鱼悬置于甲醛内的艺术品——《生者对死者无动于衷》，轰动全英。在白立方画廊的展览，还有鸽子标本、描绘剖宫产的绘画，等等。伦敦皇家美术学院教授诺曼·罗森豪说："达明·赫斯特不仅擅长宣传自己和同伴的艺术，而且也擅长艺术创造。……达明·赫斯特将自我宣传建构在独创性和气势之上，这给他带来了相当的收获。"这话说得有理。

为了制作《献给上帝之爱》，达明·赫斯特与邦德街珠宝店"本特利和斯基纳"合作，从该珠宝店购取钻石。这个被《艺术回顾》杂志誉为当代艺术界中最强大的艺术家——达明·赫斯特说："制造这个铂金、钻石头骨最大的费用是购买一颗50克拉的巨大高档钻石。而这颗钻石将被放在头骨的前额上。"达明·赫斯特接着说："单单这颗50克拉的钻石将花费300万~500万英镑。这是除王冠珠宝以外，珠宝商有史以来出售的最大单钻石。"2007年8月30日，达明·赫斯特在伦敦的发言人称，这件装饰品以1亿美元的价格卖给了一家投资集团。

想要收藏钻石骷髅的朋友，并不是为了上帝的爱。朋友的电脑屏幕上，把达明·赫斯特《隔离的因素向这一个共同的目标游去》作为屏保，倒也好看。但是两个人想象的不同的收藏，无意把这两者联系在一起，却也有一种巧合在里面，那就是共同面对死亡的主题，蒙克和达明·赫斯特的反映是如此的不同，一个用色彩与造型反映出内心无限的积郁和块垒，而另一个则采用了冷嘲和物质化的态度，细细琢磨，却也体味出当代艺术与传统艺术的本质区别。到底是不同了，在达明·赫斯特的作品《女孩，喜欢男孩，喜欢男孩，喜欢女孩，就像女孩，喜欢男孩》中，生命的短暂不是通过呐喊的方式加以表现，而是用漂亮的彩蝶和锋利的剃须刀的并置加以阐释，似乎更加冷静和哲学化，仿佛并非置身其中，而是冷眼旁观［这倒让我联想起车尔尼雪夫斯基和布莱希特（Brecht）表演理论的区别］，但是视觉表现是富于生理性的，这也是当代艺术与传统的区别所在。

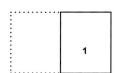

1 达明·赫斯特 《女孩，喜欢男孩，喜欢男孩，喜欢女孩，就像女孩，喜欢男孩》 2006

471

▶ 艺术和疾病的关系

艺术和疾病有着紧密的关系，通常有很多艺术家接近疯子，凡·高不用说是一个典型的例子，在创作的高峰期住进精神病医院，随后用猎枪自杀。蒙克也曾经一度精神崩溃，1908年住进丹麦哥本哈根的一家疗养院。绘画只是发泄，却并不能治疗他们的心理疾病，而西方把绘画作为药物，已经有很长的历史。从14世纪开始，医院就把绘画作为治疗的辅助手段。在那时，医院常常是教堂的一部分，教堂是精神的治疗圣地，而医院是肉体的医治场所，或者说是教堂。在当代，社会逐渐认识到艺术的医疗作用，美国曾经在1989年成立了"全国医疗艺术协会"，1997年，协会和佛罗里达大学举行了"如何把创造性艺术和医药治疗相结合"的学术讨论会。各种各样的展览，例如"肉体与灵魂——当代艺术与医疗展"（麻省林肯市德可多瓦美术博物馆1994年）、"医疗的美术"（佛罗里达州奥尔兰多美术博物馆1995年）相继推出。

在历史上，这样的范例举不胜举。在当代，艺术呈现两种极端：一种是具象理性思维的艺术表现，如概念艺术、大地艺术等，艺术家是思想家、哲学家，必须要对社会和自我进行深入的思考，然后用视觉表达出来；另一种则是感性的艺术表现，这种感性的艺术表现的机制，就是癫狂、神经质、歇斯底里、极端情感化。能够听说的好像都是负面的贬义词，实际上，的确就是如此，一个情感充溢的人，假如掌握了艺术手段，就会是一个极好的艺术家，否则，就是疯子。但是，在现代艺术中，这个界限还真是很难区分，这是因为现代艺术取消了视觉技术的标准，艺术变得不那么好判断了。

1   2

1　妮基·圣法勒　《我的心属于玫瑰》　1965
2　妮基·圣法勒　《让·廷古利与黄色天使》　1992

我曾经很多次把瑞士艺术家让·廷古利（Jean Tinguely）写进我的教材里，只是因为他的集成机械装置很符合我的教学要求，机械的轮子形成了韵律与节奏。廷古利的雕塑是可以运动的，所以这里面需要有理性的研究作基础。但是最近我才知道，他的第二任妻子妮基·圣法勒（Niki Saint Phalle）也是一个艺术家，并且趋向于用艺术来治疗疾病。妮基是法国人，18岁私奔，在纽约结婚，开始画画。三年后生女，全家返回巴黎，很快精神严重崩溃，进入尼斯精神病院治疗。在住院期间学习绘画发现对治疗有帮助，遂立志成为艺术家，并的确因此而康复。1956年认识廷古利夫妇，她的第一件雕塑作品就是廷古利打的支架。四年后，妮基离婚，与廷古利共同使用一个工作室并成为情人关系。

在这个时期，妮基产生了向作品射击的念头，并付诸实施，妮基自己说："在我的作品旁边挂着一幅布布姆伯格（Broomberg）的白色浮雕作品，当我凝视着它的时候，突然出现了一个十分奇妙的想法：我想象作品正在淌血、受伤，就像其他人一样。对于我来说，这幅画作变成了一个有感知的人……如果我们在熟石膏后面涂上颜色的话，那究竟会发生什么事呢？我对廷古利讲述了我的观点和想法，希望向画作开枪射击，并令它淌血。他对这个想法表示十分兴奋，并建议我立刻开始动手……"

妮基组织了十几次这样的射击，瞬间的射击也好似瞬间的发泄，狂躁的情绪通过飞溅的颜料得以视觉的呈现。这是没有受害者的谋杀，是暴力的安全的释放，竟也会引起妮基狂喜的感觉，"对着我的画作开枪的时候，一股激情让我感到非常震惊"。妮基学画是对的，否则，她就无从发泄这种病态的暴力狂躁情绪。当然被射击的不是真人，换成了《劳申伯格的射击》《金刚》，于是阐释就有了可说：叛逆的姿态，教条的批判，现实与理想鸿沟的跨越。

法国另一个画家杜布菲曾经搜集了不少精神病人的绘画，却也给艺术家们带来启发，因为在杜布菲看来，正是由于他们不受约定俗成的文化的干扰，才能创作有创造性的艺术。患精神病的艺术家阿道夫·韦尔夫利（Adolf Wölfli）和阿洛伊斯·科巴兹（Aloɪse Corbaz）近来能够得到国际的承认，这主要也是因为杜布菲的大力推介。

精神病是一个值得着墨的字眼，犹如维辛格（Wiesinger）曾经说过："精神病患者经常为若干虚构的目标所驱动，其中最重要的就是渴望驾驭他人，而不是谋求平等条件上的相互合作。"以此来看就可以理解希特勒的行为。著名的奥地利哲学家施利克（Schlick），在去大学讲课途中遭一个第二次企图杀害他的精神错乱的学生的袭击，重伤而死。法国演员安东尼·阿尔托（Antonin Artaud）曾经被爱尔兰驱逐出境，并被当作一个危险的精神病人关进了法国的精神病院，第二次世界大战时期，他在各种各样的精神病院度过，受电痉挛治疗，备受困苦，但是却独特地把艺术与生活融会在一起，以致无法分出彼此。阿尔托写过一篇关于凡·高的论文，而凡·高也在生命的最后时刻，住进精神病院，并且不断地描绘精神病院的风景。

疯狂的思想可能是对艺术有所助益，虽然疯狂的艺术家个人总是不幸。在对于疯狂语言的表现方面，我还要从雅克·德里达（Jacques Derrida）等人的作品中去认识。心理学家赫马·莱恩认为，所有的疾病都是心理的，是心理冲突、心理压抑的结果，精神病自然就更是了。奥地利诗人格奥尔格·特拉克尔（Georg Trakl）也患过急性恐惧症，因斯布鲁克（我去过这个城市，是一次冬季奥运会的举行地）的文学编辑菲提出把维特根斯坦捐赠的奖金的一半给他，当特拉克尔到银行取款时，却突然恐惧地冲出了银行。1914年他加入陆军卫生队，曾经看到一名士兵开枪自尽，也模仿着想要自杀，被送进一所精神病院，并被诊断为精神分裂症，一个月后，他服用过量的可卡因自尽。

但是，有的精神病治疗则是阻断思维的神经，疯狂的思想消失了，减少了疯狂的行为的可能，但是，自由的思想也消失了。在乡下的清晨散步，我看到了老农在剪枝嫁接，这是一种催生更大更好的水果的方式，自然是外科手术所不能比拟的。

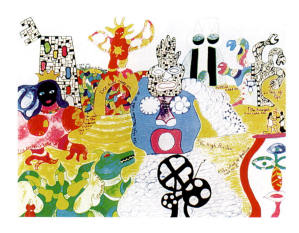

从凡·高开始，绘画似乎已经呈现出一种迹象，经由野兽派再到表现主义，发展到感性热情的抽象，痉挛的情感似乎找到了自己的理论与主张，最终发展到极致，具有精神病倾向的绘画出现也就毫不奇怪了。或者极致而言，"疯子"与"正常人"，其实都是"正常人"下的界定，而这一切标准，似乎又是相对的，只不过是因为，这个世界是属于多数的"正常人"的。美学家罗宾·乔治·科林伍德（Robin George Collingwood）说："美术师是治疗社区社会疾病的良药，是治疗'意识沦丧'的良药。"这么说，我们以为的"正常人"，也是有疾病的了，也就是说，人们在机械麻木的忙碌中，在媒体狂轰滥炸的冲击下，已经丧失了表达的愿望，失去了审美的意识；而现代艺术，则增强了人们对自身情感的表达力和对外在世界的感受力。现代艺术，通过触动人们的心灵隐秘和痛苦来达到激发和排泄的作用。这样看来，艺术的确是人人需要的医疗和保健不可缺少的一环。

1 妮基·圣法勒 《劳工手套》 1960—1961
2 妮基·圣法勒 《塔罗公园》 1991

▶ 数量与个性的存在

沃霍尔是第一个认识到数量的重要性的艺术家吗？ 数量总是重要的，海纳百川，积少成多。 朝拜的信众要在漫漫长路上磕不计其数的头，念珠在手中不断地拈动，转经筒在一只只手下不停地旋转，总是和数字有关系。云冈石窟里成千上万个小石佛，也显示了一种虔诚的心理。但是，宗教的数量和艺术不同，传统的艺术追求唯一，而非批量的复制。 但是，什么时候数量开始在现代艺术中成为重要的因素呢？ 一个坎贝尔汤罐头本身大约只是让人们注意到它的食用性，谈不上有趣和乏味，不会引起人们感情上任何的反应，除非一个饥饿的乞丐看到它。虽然，成百上千的坎贝尔汤罐头通过丝网印刷表现出来，似乎去除了艺术家的个性，但是，第一个把货架上的罐头排列在画面上和美术馆中的做法，却使得沃霍尔成为艺术的中心人物。数量的增加去除了商品的个性，也去除了艺术家表现的个性。但是，这个个性化的过程并不是到艺术家就停止了，而是延续到观赏作品的人，因为观赏的人感觉到了视觉的疲劳。

可以说，数量的借鉴也许来自商业，沃霍尔精明地发现了这一点。他复制罗列坎贝尔汤罐头、可口可乐、布里洛肥皂盒和汉兹番茄酱装置的数量，唯一的形象变成了被无限复制的类像，也显示出工业化生产和消费时代的特征。当唯一成为众多时，我们被众多的表面所吸引，而不再去顾及唯一曾经代表的意义。《十六个杰姬》，四个一排，一共四排，在拍卖会上卖出170万美元的高价。这张丝网画挂在富翁罗伯特·勒曼的豪宅里，勒曼夫人是不是很得意呢？

但是，数量的增加似乎也产生了视觉的单调，或许，这种单调也是观念的需要，批量的生产使得毫无个性的产品从流水线上产生出来，或许这也是沃霍尔把自己的"画室"称作"工厂"的寓意吧。这让我想起平克·弗洛伊德乐队（Pink Floyd）的《迷墙》，我们的教育和无形的约束正在制造出这样一批毫无个性的机械般的人才，就如同安东尼·葛姆雷（Antony Gormley）《土地》中那上万的陶土泥人。

1

1 沃霍尔 《200个坎贝尔汤罐头》 1962

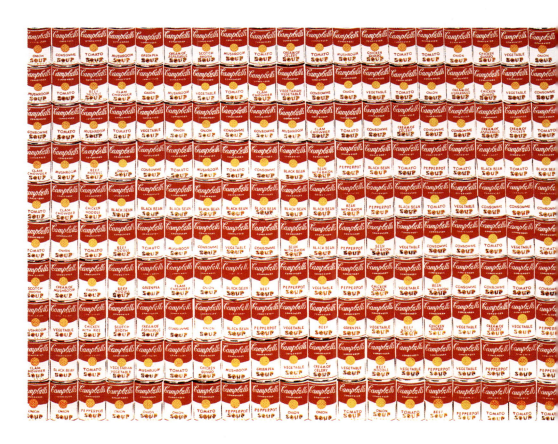

葛姆雷　《土地》　1991

本雅明曾经在《机械复制时代的艺术作品》中指出，环绕艺术的神圣光环在机械复制时代已然黯淡，两重物象意义的消失在所难免，一重是原作所具有的独特性，一重是作品中所表现的物象的意义。原作独特性的消失带来的是艺术功能的反转，绘画不再是表现谋职那个事物的形象，而是呈现一个司空见惯的图像。作品物象的本质的消失是对象不再具有任何个性的性格特征，而成为一种被广泛使用的符号。对图像进行数字化处理，图像就不再是独一无二的。现代的数字复制技术在计算机普及的今天广泛应用，正在方便地替代机械生产的技术，让物象的个性消失。这样，不仅消失的是艺术家的个性与存在，消失的还有被制造的对象的个性与存在，那么，这样做的理由何在呢？罗兰·巴特说过："重复是一种文化的特征。"重复产生的意义和乐趣曾经被我在形式基础课上反复谈到，但是重复产生的单调与乏味，却也值得充满兴趣地去研究。数量在现代艺术中正在毫无节制地被使用，数量消除着高雅，使艺术走向通俗，但是，数量也可以创造伟大的景观——每一个相似或者相同的单元组成一个巨大的形象，例如克里斯托·贾瓦切夫（Christo Javacheff）的《阳伞》，成百上千的黄伞与蓝伞在美国和日本的田野上散布逶迤开来；而细小的则有大卫·马克（David Mach）的《北极熊火柴头》，用无数细小的火柴制作出奇异的形象。

这种方法也被中国的艺术家所掌握，表现出一种消解个性的玩世态度，例如岳敏君的《战斗》，出现在画面上的六个人物长着一模一样的面孔，流露出一模一样的大笑，甚至服装和色彩都是一模一样的，只是动作不同而已。

艺术怎么都行

当我在某个旅馆上厕所的时候，我发现面前的小便盆似乎很像杜尚拿到纽约独立艺术家协会展览上去的那个小便盆，多喝了几杯水，尿液如泉，流入小便盆的孔眼中，汩汩声犹如流水湍急，自然的排泄被如此诗意化，杜尚有功。的确，在此之前，人们很少去考虑，艺术究竟是什么，或者要表达什么，现成品到底是实用品还是艺术。

不管怎么说，杜尚引起了一场艺术的革命。一件艺术品从根本上来说，是艺术家的思想，而不是有形的实物，并且这种有形物不仅仅是绘画和雕塑，一切物品都可以出自艺术的思想。不过，艺术怎么都行，但不是一切东西，有形物必须具有思想的品质。这就形成了观念艺术的特征：分析性的与综合性的。视觉性不再被视为一件艺术作品不可削减的条件。事后的文本代替了现场可观可感的物体。大部分观念艺术的宗旨是使旁观身份的条件和限制成为作品自身的一部分。也就是说，艺术评论、作品呈现、观众参与等都可能是观念艺术的一部分。意大利批评家吉尔马诺·切兰特（Germano Celant）说："观念艺术

表达的是这样一种艺术：它根本上是反商业的、独断的、平凡的和反形式的，它主要关心媒介的物理性质和材料的易变性。其重要性在于艺术家所遭遇的实际材料、全部现实以及他们理解该现实的企图。尽管他们解释那种现实的方式是不易明白的，但却是敏锐的、灰色的、个人的、激烈的。"

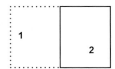

1　皮耶罗·曼佐尼　《魔幻基座》　1961
2　约瑟夫·孔苏斯　《一把椅子和三把椅子》　1965

这恐怕不如美国艺术家约瑟夫·孔苏斯（Joseph Kosuth）说得清楚："实际的艺术品不是后来配上框子挂在墙上的东西，而是艺术在创作时所从事的活动。"在他的《一把椅子和三把椅子》中出现了三个要素：一把真正的椅子摆在中央，左边挂着同样大小的这把椅子的照片，右边是展板上印刷着词典中对椅子的定义。三个要素共同构成了对椅子的说明——椅子是什么？我们怎样再现一把椅子？同样，"椅子"也可以被"艺术"二字所置换。由此，观念与思想重要到如此地步，以至于视觉表现退居到极为次要的位置，因为，艺术是为思想服务的，不是为视觉服务的。如同皮耶罗·曼佐尼（Piero Manzoni）的《魔幻基座》，只是把一个普通的梯形木制基座摆放在那里，上面放置两个剪贴如同鞋垫的脚印，显然作者的意思是明白的，每个人都可以站上去，然后成为艺术，并且成为基座所隐含的伟人和英雄；在《世界的基座》里，基座上的标签是倒着的，基座支撑的便是地面的整个世界。

用观念代替绘画，其中一个重要的理由就是戴维·阿尔法罗·西凯罗斯（David Alfaro Siqueiros）在智利奇廉市创作壁画的报告中所提及的："架子就是艺术的'法西斯'，这个怪兽一样的脏兮兮的小小方形画布，在腐朽的罩光漆的掩盖下膨胀繁衍着，直接地成为那些狡诈的掠夺者、博迪耶大道与第57街投机画商们的猎物。"甚至，曼佐尼为了讽刺艺术市场对耐久艺术品的狂热追捧，出售他自己吹起的气球，出售装有他的大便的罐头；在别人身上签名，作为自己的作品向他们出售作品证书；邀请朋友们来煮鸡蛋，并且让他们吃掉，却把蛋皮装进一个盒子里，按上手印签名，再卖给他的朋友。艺术家通过签名、手印、脚印将艺术彻底地概念化了。

所有被使用的个体都无关紧要，因为它遍地都是，存在于生活的每一个角落，属于"贫困"而平凡的材料，如同杜尚的小便盆，理查·阿特什瓦格（Richard Artschwager）的《有粉色桌布的桌子》，沃霍尔的《白色的布里洛盒子》。沃霍尔的盒子可能要"珍贵"些，因为这些盒子是沃霍尔的"工厂"仿制的。成批生产的一致性也在消除艺术品的价值，个体的、独一无二的商品珍贵性被消解。只是因为物品本身被赋予了哲学和观念上的意义，物品就成了艺术，那么，谁能够有权利赋予物品以意义呢？显然，这权利并不在大众本身，而在貌似艺术家的哲学家口中。物品因为具有哲学含义而成为艺术，哲学家因为有解释权而成为艺术家。

在我出生的那一年，罗兰·巴特出版了《神话
学》，指出神话学是一种语言，"我们必须将
历史的局限、使用的条件指派给这种形式，将
社会性重新引入神话"。一个神话是一个时期
意识形态的反映，不断地有新的神话出现，是
社会生活的一个显著特征。梦露是一个神话，
戴安娜是一个神话；所有行为艺术家也都是一
个神话，就像沃霍尔，就像博伊斯一样，他们
的出现使得艺术家的精神魅力几乎成了一切。
在他们之后，许多艺术家着力把自己的生存
神话化。这的确又让艺术家们"失望了"（或
许，恰恰相反，是得意），他们有意识无意识
地落入了自己挖掘的陷阱，甚至连他们所用的
物品，全都变成了收藏的商品。那么，观念艺
术想要破除的"艺术品"珍贵性仍然存在，就
像杜尚加了两撇胡子的《蒙娜丽莎》，我给蒙
娜丽莎加两撇胡子就不会有人收藏。这或许又
回到了题目：艺术是一切——日常用品、照
片、电视、图表、玩具、工业废品甚至语言
等，但不是所有东西。

第6章

审美与知行：
中华美育的社会实践

▶ 潘天寿艺术思想的当代意义

潘天寿，浙江宁海人，现代著名画家、美术教育家，在西风东渐的背景下，他提出著名的"两峰论"：中西绘画，要拉开距离；东西绘画各有成就，是欧亚两大高峰。他的绘画代表了20世纪中国绘画的高峰；其教育思想的特质与精神内核是围绕以人为本的中心，强调人格教育为主干，以学识修养为支撑，以创新精神为动力；其精神实质是民族人文精神的建构，与现代教育背景下的人文教育和美育本质相适应。美育实质上是人文化的教育，反映出在审美教育中重视陶冶人格以及与社会改革的关系，指出了美术教育向现代化发展的前进方向。因此，潘天寿的艺术思想不仅对当代美术教育，而且对当代设计教育的变革与发展具有重要的借鉴与指导意义。

习近平总书记在多次讲话中谈到中国传统文化，表达了自己对传统文化、传统思想以及价值体系的认同与尊崇。我们有博大精深的优秀传统文化，它是我们最深厚的文化软实力，是我们文化发展的母体，积淀着中华民族最深沉的精神追求。潘天寿真正自觉地从中国传统文化艺术内部发现问题，并提出解决问题的方案，让我们认识到，传统文化在当代艺术设计教育中的重要价值和作用。潘天寿对民族传统文化有着深刻的理解与把握，其确立的美术教育思想，注重全面修养教育，强调理论与实践相统一，其所选择的"借古开今"的变革途径，在开放文化视域下为不断发掘借鉴、发扬光大传统文化提供了成功的经验。

首先，我们从历史语境与当代语境两个维度审视潘天寿的艺术思想，厘清艺术与外部世界的复杂关系。任何艺术都需要将其放在历史语境下进行审视，方能发现其历史作用与意义。任何艺术也可以放在当代性语境中加以审视，借以探索其在当代所具有的延展性和阐释性。有的艺术流派和思想常常将意义局限于历史之中，而有的艺术流派和思想则能超越历史，在未来获得更多的发展可能。潘天寿的艺术与教育思想就是在历史的语境下显现出其可贵的精神，大多数研究都集中在这个方面，少数研究试图探索其现代性意义。而所有讨论都交织着关于传统与现代、民族与世界、政治与艺术、现实与想象、集体与个人、意义与趣味等关系问题的痛苦而深入的思考。中国画在于它对现代性和当代性有着与西方不尽相同的诠释，而本文则试图在历史语境的基础上，结合潘天寿的艺术思想和教育理念在当代的意义重估，探索中国画在当代语境中的新的可能。文化自信成为当代中国艺术发展的关键词，主要是因为文化自信是民族自信的基础和前提。文化自信来源于对数千年文化传统的觉醒和传承，更来源于对博大文化传统的现代性演化，因此中国画的现代性演化便成为一个重要命题。

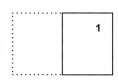

1 潘天寿在黄山 1962

本土性与当代性

潘天寿在《登莫干》中写道："直上最高顶，群峰眼底归。"要判断中国画的价值与发展必须考虑空间与时间这两个要素。空间是本土文化的生成空间和环境因素，时间则是从历史到当代的一个纵向脉络。因此，认知所产生的空间与时间两个维度关系，实际上就是本土性与当代性的问题，将中国画脱离时间和空间去谈，就会成为一个失去意义的抽象概念。

法国著名的文艺理论家和史学家丹纳主张，研究学问应当"从事实出发，不从主义出发；不是提出教训而是探求规律，证明规律"，认为物质文明与精神文明的性质面貌取决于种族、环境、时代三大因素。民族的性格和特性决定了艺术的某些特点，也构成了艺术发展的原始动力。对种族形成的原因，他更多地强调地理环境和自然气候。他认为种族的特征是由自然环境造就起来的，而种族的特征又体现在民族的精神文化上，成为民族精神文化原始动力的一部分。民族间的深刻差异往往源于所居住的地理环境，气候、地域的差异将影响居住于这里的种族的性格。一方水土养一方人，指出了艺术与地域环境的关系。同样，一方人养一方艺术，又表明了艺术与人、艺术与本土的本质关系。比较这一方人和这一方水土与那一方人和那一方水土，就可看出其中的差异，这种差异性就是文化差异的根基。

潘天寿的艺术观与艺术实践，是在西学东渐、中西文化交汇冲撞的大背景下展开的，而"生存环境的不同，使他对这样做的目的意义的自觉程度，自然大大超过了他的前辈"。在当代，需要从更深的层次理解和把握本土和外来之间的关系，找准不同价值体系的不同基点，从而确定自己的位置和前进方向，使传统精神文脉相传。潘天寿自己也谈到形成中国传统绘画的风格因素有地理气候、风俗习惯、历史传统、民族性格、工具材料等，因此强调艺术必须有独特的风格，指出中国传统绘画是东方绘画的代表，其中又有更为细致的小统系风格分析，统系之间，"尽可互取所长，以为两峰增加高度与阔度"。

如果不是完全套用西方当代艺术批评和艺术史学的叙事与修辞模式，而是着眼于20世纪中国文化总体上的现代转型，就会很自然地发现中国当代艺术是从中国文化自身的历史脉络和现实文化语境中生长出来的。潘天寿面临的不同境遇是中国画面临当代性的挑战，而当代性是中国画传统得以延展和弘扬的必经之路。传统中国画作为一个独立的东方艺术现象，具有庞大而复杂的独特体系，近年来文化虚无主义风气盛行，很少有人像潘天寿那样注意到这个体系的存在。这个体系形成了意象造像的原则机制，并由此决定和制约了中国画的题材选择、结构安排、技法和材料运用，然后才是作品的风格特征，这四个部分共同构成整个中国画的系统。

与艺术改革主张相对应的是艺术一体化与多元化的问题。实际上一体化与多元化并不对立，而是相互补益的一种客观存在。一体化与多元化均是建立在现代民主基础上的学术主张，而不是政治投机和临时起意。一体化是以西方一方作为参照的一体化，即"越有民族性就越有世界性"，与徐悲鸿"古法之佳者守之，垂绝者继之，不佳者改之，未足者增之，西画之可采者融之"是殊途同归的做法。

多元文化之间形成了中心与边缘的关系，所有的文化都是以自己为中心，但是这种中心在全球化格局下发生了变化。中心和边缘产生的位移是随着国际政治经济形势而变化的，是在20世纪中西文化交汇冲撞的大背景下展开的，是回应时代挑战的自觉选择和主动进取。而20世纪80年代，则是第二次中西文化交汇融通的时代，与前者不同的是，这两个时代一个是科技推动经济文化全球化的背景，一个是中国经济迅速发展，迫切需要文化支撑的背景，需要文化的中心话语权。

一些研究文章认为，中国20世纪初期艺术的发展有两条脉络：一条是由外及内的脉络，康有为即主张"合中西而为画学新纪元"；一条是自内于外的脉络，潘天寿等人都是属于这条线的。撇开由外及内的意义不谈，在当时的历史语境下，以潘天寿为代表，面对本土中国画的虚弱及西方绘画的影响，提出"两峰论"观点乃是处于一种守的姿态：从传统出发，在传统的根基上寻找新的生长点，寻找新的发展基因。只有在充分了解"五四"运动后西方思想的涌进，以及欧洲社会革命思潮的影响所形成的历史语境，才能充分理解潘天寿发展中国绘画主张的历史意义，这种历史的自觉也被艺术理论界充分肯定和认可，在现在看来则更为可贵。

中国画作为中华民族的文化瑰宝，在经济发展作为文化振兴的当下，是两种不同的时代语境对同样传统的坚守与呼唤。在当代，中国画的发展更是以一种攻的姿态张扬传统，与时俱进，一守一攻，历久弥新，历史和当代提出的使命被一脉相承地贯穿下来。没有当时的守，就没有现在更好的出击。在今天的变革中，依然思考同样的问题：何者变，何者不变；何者守，何者应废。真正从思想追求和认知方式上探寻中国画的审美方法和审美理念、表现形式和方法、表现语言和品评标准，对其全面梳理和探索新的可能，从而形成和完善中国画系统画学。在这个基础上，对当代变化、社会转型、文化动态，要不断进行体察、不断试验，才能如同潘天寿那样，契合时代精神的要求，创造中国画的新气象。

传统性与现代性

潘天寿在《登蓬莱高阁口号》里放言："振衣绝顶观沧海，我是蓬莱最上人。"在传统高度上进行现代性观照是必要的，批评家把"现代性"作为一个标尺，以衡量当前中国产生的艺术现象。中国需要的是什么样的现代性？从中国的实际情况出发，阐发现代性的理论，沿着自身传统的发展脉络步入现代。除了作为推动现代性产生的客观环境和给个人提供充足的自由创造精神外，还必须考虑中国的文化背景、20世纪中国走过的道路，以及中国社会的现实状况。

打倒与抢救、反叛与发扬，形成了"融合派"和"传统派"截然不同的两种态度。矫枉过正都是在历史语境下的一种选择。身处文化冲突和社会变革的风口浪尖，潘天寿坚决反对"中西合璧""以西代中"，也反对保守"国粹"，反对"素描是一切造型艺术的基础"，认为白描应成为中国画教学的内容，坚持"中国画要与西画拉开距离"，这种反对是基于对东西方艺术本质的思考。认为中西绘画各有其自身的社会背景与历史条件，不宜看作政治正确的选择。从历史脉络看，任何传统都是对当时世界的自然反应，因此传统意味着传承，更意味着发扬。

20世纪初期的文化启蒙时代，在当时的历史语境下，传统文化处于一种坠势，文化的革新被看作全面吸收西方文化并加以革新，而中国画也面临同样的问题，丢失了中国画的文化精神、审美理念和艺术特征，也就失去了自身存在的价值。因此，以现在的眼光来看，在那个时代，潘天寿对中国画融合及革新问题的积极回应，这种主动选择的文化立场，显示出对中国画发展的先知先觉的判断。然后从传统中蜕化出来，走出一条现代中国画的新路，体现出中国画观念的变迁与现代转型，使其思想、言论历久弥新，未曾随着时代的推移而失去以往的光泽，反而更显出其预见性的价值与意义。我们认识到现代化不是西方化，而是在自身文化发展基础上的现代化，这并不排除对一切好的文化的吸收，尤其是在全球化的互联网时代。

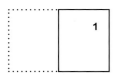

1 潘天寿 《松鹰》 1948

新世纪前后中国画的回归传统根性，体现出中国画家对传统绘画革新的自信，其中产生的一系列问题，都能够在自身自觉的基础上加以应对，例如中国画在全球化多元化文化格局中如何自处？面对迅速变化的外部世界如何发展？其主线又将会向什么方向延伸和演变？它将在世界性的文化格局中占据什么位置、扮演什么角色？在这个"传统演进"之路的现代定位问题的背景下思考潘天寿的主张，或许会给当代中国画艺术的发展带来启示。中西绘画及其关系的问题始终保持着一种研究的心态，坚守着一种独立审思的精神。

现代性是与现代社会物质环境相适应的一种精神追求，一种艺术的审美追求，是当今社会的时代性。历史上每个时代的人们都要求艺术和时代合拍，并反映时代的精神。要达到一种现代性的认知和表现，要求艺术家必须具备一种高度的自觉，在这样的语境下，个人的自觉性是重要的，所以潘天寿认为"民族精神不加振作，外来思想，实也无补"。拉开距离，"互助所长，以为两峰增加高度和阔度"，这表明了一种历史环境下对自身文化发展的自觉性，是在经济处在落后地位时的一种高度警惕。这种自觉被惠蓝概括为两个方面：一是向外的、时世层面上的向度，主要表现为应对现代突变和西方现代性植入的自觉。二是向内的、艺道层面上的向度，主要表现为对中国画自律性演进的自觉。潘公凯将自觉看作区分传统与现代的标示，主张西学中用的，不可抹杀自己的特点，主张坚守传统的，不可故步自封。坚守本质，最大限度地保持开放性是中国画发展的唯一途径。

个体性与时代性

如何平衡个人与时代的关系？潘天寿在《题梅》里表现出文人精神与气质："万花皆寂寞，独俏一枝春。"丹纳所谓的时代，内容较为广泛，包括精神文化、社会制度、政治经济状况等，这些因素影响当时的时代精神和风俗习惯，形成一个时代独有的"精神的气候"。风俗习惯与时代精神和自然界的气候起着同样的作用。作家的创作倾向，符合整个时代的"精神的气候"。审视中国画发展的历史脉络，在1949年以后的历次社会变动中，文化发展受到牵制，个人经验淹没于集体经验之中，而对于中国画艺术的发展而言，个人经验的表现对中国画当代化具有举足轻重的意义。

1 潘天寿 《山茶梅花》 1954

潘天寿是20世纪最杰出的中国画家之一，其作品沉雄阔大，苍古高华，在继承传统的基础上形成了独特的笔墨语言和图式，以线造型强其骨，构图奇险。以此看潘天寿绘画的艺术风格，最典型的"一味霸悍"充满摄人心魄的力量感，其作品中的构图线条有起有伏，有涨有落，有俯有仰，有欹有正，造成强烈鲜明的节奏感和现代结构美。这种艺术风格是个人和时代紧密结合的特征展现，达到了能量的饱和度，无疑是对中国画美学的一种个人拓展。其作品图像与形式具有写意表现的审美价值，也暗含西方表现主义的艺术主张。

苍松怪岩、栖鹰流泉、杂卉幽潭，笔笔指间都流露着一种"野气""霸气"，一反文人画的"书卷气"和文雅之风，也被吴昌硕称为"天惊地怪见落笔"。"潘天寿绘画的不入巧媚、灵动、优美而呈雄怪、静穆、博大，即源自他的气质、个性和学养的审美选择，然而这种选择又与时代审美思潮不无关涉。"强调个人的自然感悟与主观的强劲表达，也是其具有个体性和时代性的重要一点。从这一点讲，也对中国画画家们从事绘画革新具有深入的启示。因为时代变了，景观变了。在历史重大转折、社会巨大变迁的时代，中国画传统标准和传统机制已经失效。

文人画是画中带有文人情趣、画外流露文人思想的绘画，文人画具有的文学性、哲学性、抒情性都具有重要的意义。艺术作为独立创造的精神产物，离不开艺术家的才智、胸襟、创造力，"还须有时代风气之促合，方能有成"。基于个人经验的独特风格形成，"在今天看来，一要不同于西方绘画而有民族风格，二要不同于前人面目而有新的创获，三要经得起社会的评判和历史的考验而非一时哗众取宠"。古老的画笔有助于跟时代保持距离感。

很重要的一点，个人经验和集体经验协调的集中表现，是作为"士"的中国画画家。潘天寿是"内倾"型而兼具理性审思的画家，兼具传统"士"与现代知识分子的精神。潘天寿强调：画格，即人格之投影，故《传》云，"士先器识而后文艺"。画事须有高尚之品德，宏远之抱负，超越之见识，厚重渊博之学问，广阔深入之生活，然后才能登峰造极。"《易》曰：天行健，君子以自强不息"是做人之道，亦是治学作画之道。在当代，提升中国画的一个很重要的因素，就是中国画画家应当是真正的具有自觉的文化担当的知识分子，需要将个人与社会连接起来，敏感地反映时代的变化。中国画画家不乏集体经验的积累和表达，但是欠缺独特个人精神情感的鲜明表现，这种表现又指向了作为士的知识分子角色的变化。如今士风大坏，文人无行，潘天寿主张"要做一个画家，首先必须做一个堂堂正正、光明磊落的人。因为画品和人品是紧密相连而不可分割的"，仍然显示出其意义。

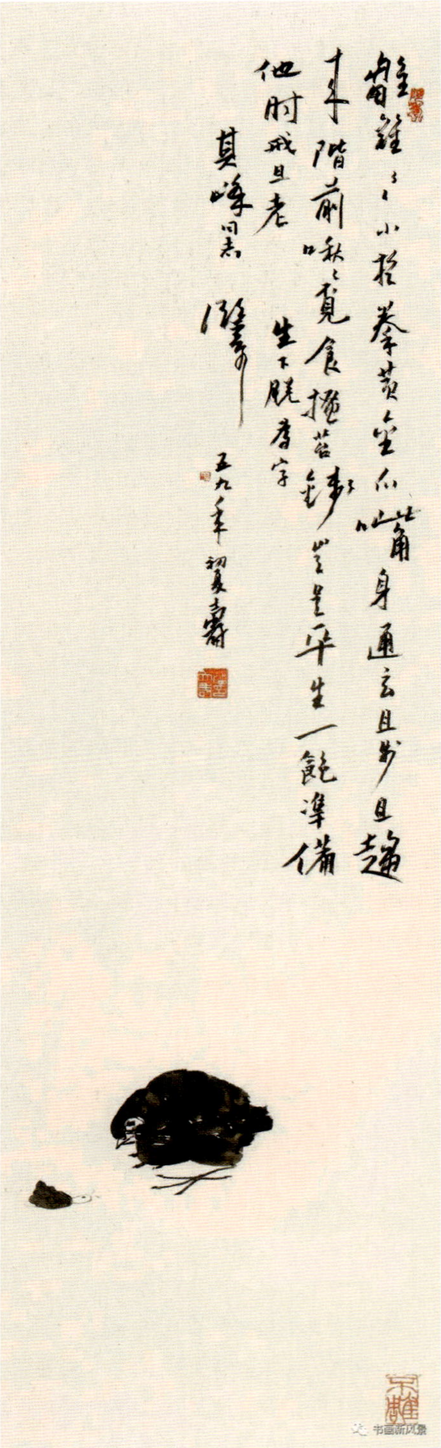
书画新风景

中国传统绘画艺术所追求的根本是"艺成而下，德成而上"的人生哲学。所以形成了对文人绘画的突破：对个体性的养成全在于品德胸襟及史论学养的全面修行，重视画家学问、思想、行为的三位一体，"画事须有天资、功力、学养、品德四者兼备，不可有高低先后"。"艺者，须求道德人格之建立。""移民组织艺术，即为一民族精神之结晶。故振兴民族艺术，与振兴民族精神有密切联系。"这一段话，现在读来也有振聋发聩之效。集体经验与国家和民族的独立自尊的高尚观念紧密联系。"小游漫衍将何从，定为亿万人民作霖雨。与龙四方上下为驱蛩。"独特的个性和生活体验十分必要，尽管在水墨画范畴中找到自己的和现实的语言非常艰难。

潘天寿认为中国画的精神一是"品德"，二是"抱负"，三是"识见"，四是"学问"，五是"生活"。重视精神生活，与自然合一，通过绘画言志，抒情写意。潘天寿的这种精神选择，是人文精神担当者的自觉，"必须追求思想意识之赶上或赶先于时代，不落后于时代"。这既是他的"抱负"，也是他的一种历史责任感和使命感。潘天寿以人品论艺术的意义放置在当下，揭示出在中国艺术中所缺失的重要一点，便是个体性与集体经验。在中国当代艺术表现中，缺乏具有震撼力的个体性的表现，就在于对个体性的忽视。从这一点说，不仅仅是文人画，其他绘画也同样如此。

当代艺术虽然在个性的表现上发挥得淋漓尽致，但是作为一个士的个人，即当代更高要求的知识分子是极为缺乏的，这造成当代艺术看似繁荣，却缺乏更多精神震撼和社会影响的艺术家与作品。而传统的中国画艺术，强调人品的重要性和诗书画合一的必要性，要求提升画家本人的全面素质和修养，也就是修身的要求："志于道，据于德，依于人，游于艺。""有至大、至刚、至中、至正之气"，最终是传统文化精神的守护者、传承者，是具有社会和历史责任感的时代精神美学创造者。正如潘天寿的一味霸悍与传统文人的清淡幽雅形成对照，以其鸿构巨制与小品斗方形成对比。在当代艺术解构崇高性，平庸艺术遍地的当前，潘天寿所说的"不论何时何地，崇高之艺术为崇高之精神，平庸之艺术为平庸精神之记录，此即艺术之历史价值"显示出对崇高艺术的追求。

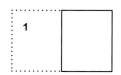

1 潘天寿 《雏鸡啾食图》 1959

写生性与意象性

潘天寿对中国画表现颇有见解："心源造化悟遵循，双管齐飞如有神。"徐悲鸿、蒋兆和借鉴西方写实绘画的造型手法，将光影、明暗、体积等"语汇"引入水墨人物画，进行中西融合之路的延续和拓展，这也是中华人民共和国成立初期美术界"改造中国画"、提倡"写生"、"走上现实主义"的大道。潘天寿在对当时东西方绘画的特点做了认真分析之后，认为"东方统系的绘画，最重视的是概括、明确、全面、变化以及动的神情气势等。中国绘画是东方统系中的主流统系，尤重视以上几点"。潘公凯认为中国画的自律性演进可以大致分为三个阶段：春秋战国至北宋是"神韵"追求，南宋至元代是"意境"追求，明清以后走向"格调"追求。在近现代之交的歧路口，"传统演进"之路中也不乏回归"神韵"或"意境"追求的现象。中国艺术是以道之心观看事物，描写不可见的事物。《传》曰："艺通乎道。"潘天寿说："天下有道，以道殉身，天下无道，以身殉道。"道乃人道、天道，道为万物产生之由来，道为万物万有存在之道理。而中国画的神与情则是道之表现，来源于心源，是体道、悟道、载道的工具，即"外师造化，中得心源"。将生命和艺术之道融为一体，注意气的起承转合，势的蓬勃灵动，追求感悟和体会，"因此中国画家必须去城市农村高山深谷名园僻壤，在霜晨雾晓风前雨后，极细致地体察人人物物形形色色的种种动态，以得山川人物的全有的神情与气趣"。尽意之像谓之意象，因此西方式样的视觉意义上的造型与中国绘画美学中的以意造像是有本质区别的。象征性、符号性成为中国画造型特征之一，是某种精神、情感、观念等主观要素的符号。

实际上，西方传统艺术总是将写实与写生紧密关联，而中国画画家的写生则有所不同。写生与临摹成为中国画教学的两大方式，潘天寿谈到写生时说："对物写生，要懂得神字。懂得神字，既能懂得形字，亦能懂得情字。神与情，画中之灵魂也，得之则活。"神与情，便是中国艺术之精髓。艺术最终要达到潘天寿主张的精神："文艺作品归根结底是在写自己。它不是江湖骗术，而是人的内心精神之结晶。""艺术不是素材的简单再现，而是通过艺人之思想、学养、天才与技法之艺术表现。"中国的传统就不是简单的"美"了，它是"道"，它是"情"，它是"趣"。

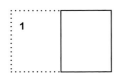

1 潘天寿 《小憩图》 1954

潘天寿的一些中国画，就是在现实生活的体验中，把写生转换为笔墨语言和富有中国画传统精神的艺术程式。其中，意象造像贯穿始终，表明了这一原则机制的恒定性。在对意象进行审美分析之后，可以发现其背后的中国哲学支撑，同时发现这种审美的共性和传播性，代表着一种文化的积淀和时代的发展。作为中国美学最精髓的体现，传统中国画审美元素和意象表达的提炼和应用仍是当代文化发展的强需求。

徐悲鸿和潘天寿两人提倡的中国画教育模式是两种不同的模式，也是20世纪最具影响力的、覆盖面最广的模式。徐悲鸿引进西方美术学院的写实主义教学模式，改编传统中国画陈陈相因的弊端，潘天寿则构建基于传统理念的中国画教学模式，提出临摹是中国画学习的前提。潘天寿在上海美术专科学校的自编教材《中国绘画史》，注重理论性、逻辑性和体系性，提出"中西绘画，要拉开距离"。潘天寿说："学习中国画，第一步就该临摹，深入去了，再结合写生，发展创新，这是一条线。学习离不开旧的东西，有旧才有新，'温故而知新'，是有道理的。"临摹曾经是两派之争的焦点，如果我们洞彻临摹的本质是观察古人认知与表现的方式，就不会一味反对临摹。中国画观察方法有客观的"卧游"方法——以大观小、以小观大、山前山后作一流动的观照；有主观的观察方法——"物以神游"，向外观山察水，向内体验心灵，从而形成以"游""记""悟""写"为程式的中国山水画写生法。传神、载道、写心、写意，用黑白韬略的笔墨形式结构。文化底蕴强调修身与完善自我，笔墨文化的培养意味着人格的培养，形成具体的个性的笔墨结构语言，这是最难的，也是中国画的核心之一。而写生对当代中国画的意义在于，通过已经大大异于农业社会的当代社会景观、自然景观、城市景观的写生观察来创造和形成中国画新的语言系统，开拓新的主题表现和情感抒发。如何把传统的东西和创造性的理念糅进写生，并赋予时代人文气息是其面临的主要问题。把临摹与写生相融合，在写生中融入临摹的教学理念，在创作中贯通临摹与写生的过程。

西方艺术是以可见的事物呈现不可见的情感和思想。"融合主义"与"传统主义"不再是对立的，而是最终殊途同归的两种策略。即融合不是丧失自我，传统不是泥古不化。潘天寿认为，"殊有迎受外来新要素之必要"。他也曾谈道："西画主眼见身临之实境，故重感觉，须热情；中画主空阔流动之意境，故重感悟，须静观。"但是在当前中国画创作中，人物画丰富的题材与人物形象、山水画传统文脉的回归和对写生的重视、笔墨语言的转换、工笔画现代生活题材的多样性，具有写意精神的花鸟画尚需进一步改革。总体而言，缺乏对当代形象表现匹配的抒发和笔墨韵味，也有一些写生代替创作的趋势。因此，重新回归意象本质，意象造像需要与制约、引申出象征性、符号性、抽象性、虚拟性、城市性、平面性、装饰性、综合性及阴阳辩证9种意象造像的基础思维机制或意象造像基本原则机制。

在当时西方艺术形成主要影响的背景下，中国画遭遇了前所未有的生存危机。潘天寿自成一派地形成了中国艺术教育的一种思想主张，由此在中国画教育中形成了两种学派的对立和交锋。潘天寿努力构建独立和完整的中国画教学体系，根据他的主张，在浙江美术学院的国画系教学中，中国画系人物、山水、花鸟三科分科教学，诗词、书法、篆刻等皆被列入正式课程，这种做法显示出潘天寿对画家全面修养的理性构建。构建独立的中国画教学体系，实质上就是在解决中国画的发展方向问题，经得起把教学与课程的改革放到文化与时代中去检验。发展至今，中国画教学传统课的核心是创造性地领悟中国意象美学的内涵；写生课的核心是以体验中国艺术的创造精神为基础；创作课的核心是传承中国文化的精神，立足时代，开拓中国人文美学的新境界。"通过各自不同的方式和途径，对中华民族绘画在近现代的发展做出了互相不可替代的贡献。"

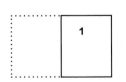

1 潘天寿 《春风吹放玉兰花》

春風吹放玉蘭苍寿者

持守性与变异性

传统中国画作为一个独立的东方文明艺术现象，自身具有一个庞大复杂的独特体系，而这个文化体系在综合性的历史格局下曾经被忽视、被扭曲，其中的问题也被当作整体问题加以对待。于是分支成为主流，现象被当作本质，导致中国画一直停滞不前。如今认真分析中国画系统，发现情志的内涵随时代的变化而不断变化，题材、结构、技法、材料层次、风格层次也不断变化，而意象造像的原则机制则相对恒定。因此，守其所当守，变其所当变，中国画才能寻求到新的变革之路。中国画的笔墨被认为是底线，宣纸水墨被认为是正宗，逸笔草草的大写意被认为是正脉，以书入画被当作正统。宗白华说："中国画以书法为骨干，以诗境为灵魂，诗书画同属一境界。"这句话把握住了中国画的灵魂，让中国画具有了抽象性、平面性、装饰性、综合性等特征。象征、符号、抽象、虚拟等性质导致中国画出现较为恒

定的有固定意味和固定形式的程式化倾向，中国画程式让《芥子园画谱》成为范本。程式呈现的意味，对程式的创造性运用是传达或获取特定文化意味的有效手段。当然，程式实际上也是对自然环境的一种归纳总结，自然环境变了，程式也必然发生变化。当代艺术不断地在拓展对人性的满足过程，传统必须在这个方面下足功夫才能有所改观。

对传统的担当便是"连接历史，注重当下，启示未来"。注重传统的独立性与自主性是重要的，坚守传统并不意味着不加变化，相反，变才是主动出击，才是坚守的本质。这种变主要是从传统内部寻找革新的因素，独立地推进中国画。"艺术之常源于人心之常，艺术之变发于人心之变"，指出了常与变二者的辩证关系，既合乎自己也合乎时代。凡事有常必有变，常，承也，变，革也。承易而变难，然常从非常来，变从有常起，非一朝一夕偶然得之，故历代出人头地之画家，每寥若晨星耳。而真正懂得传统的人，才能够进行变革，也就是"借古开今，即推陈出新也"。

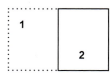

1 潘天寿 《无限风光》 1963
2 潘天寿 《雁荡山花图轴》 1963

潘天寿能于"笔墨"之外特别地完心于"章法"位置。西方绘画从印象派之后的塞尚开始，注重对画面的布局经营，从对现实事物的概括、归纳和重置，到立体派对视觉的完整物实现心像的拆解和重构，再到构成主义对画面点线面色彩的理性结构，将视觉艺术语言的元素和设计发挥到极致。而中国画的章法，则在潘天寿的认识中实现了新的可能，从而超越笔墨，让章法成为一种重要的"构成"原则，组织起画面的笔墨关系。山水与花鸟的结合，出入、开合、收放、张敛，注意取舍、叙事、主次、疏密、穿插、斜正、撑持、呼应种种构成画面的格局，最重要的是通过结构之美达到一种气势和境界。这又回到了中国画的美学原则上来。出于画外、注重气势都是基于中国画的境界和笔墨特点来说的，而潘天寿绘画中的化曲为直、化立体为平面，则表现出直、硬、平的置陈布势特点，也暗含了时代审美变化的特点，深刻扎实地呈现出笔墨的意趣而非雕虫小技的墨戏。潘天寿说，人类绘画的表现方法，不外乎点、线、面三者，"故线和空白的处理，就是中国画的明确因素"。

策略与战略的改变

在探寻中国画当代性问题上，遵从其文化逻辑与文化境遇的独特表现是重要的。对潘天寿艺术思想的延伸与探索，是揭示20世纪中国文化总体上现代转型的重要组成部分。"八五新潮"的现代水墨，20世纪90年代的实验水墨，都显示出"中国画"向"水墨画"概念演变，由"水墨画"再向"水墨艺术"转变。"水墨性""水墨精神""水墨方式"的批评标准及笔墨构图等，说明中国画重趣味。当代水墨反映的是时代趣味，也必须反映时代趣味。

如果我们摆脱西方概念，或许可以将当代艺术看作一个时空概念。它有别于传统模式，而是反映当代人的思想行为和时代气质，以当代人的思想观念和技巧创作艺术作品。因此，要做到这一点，就必须对传统进行认真的梳理，在此基础上展开创新性试验和探索，从策略上和战略上立足于创新，才有可能让濒危的中国画艺术获得生机。作为架上绘画的一种，并就以上的各点论述，中国画必然面临审美立意、笔墨构图等方面摧枯拉朽的彻底变革。从中国画的自然隐喻中继续发掘符号图像的象征性表现，把对媒介的掌握和对自我深刻的观照结合起来，把中国画继续作为对人性存在的一个推进，成为实现人道主义、人本主义的一个过程，对当代社会这种存在的推进具有深刻的意义。

传统古典是传统道德的外在表现，现当代应该是自由的外在形式的表现。综合融通是对文化层面的理解、消化后通过智慧、修养等进行吐纳，美术创作只是载体。潘天寿等人在策略上主张扬长避短，以中国画的特长取胜，具有历史的特别语境。在当今全球化时代背景下，这种策略发生了重大改变，艺术的融合不可避免，艺术的多峰现象成为普遍，因此吸纳成为高度自觉下的新策略。艺术的多元和多中心已经被文化学者所公认和接受。"中西融合"作为一种新的艺术主张和艺术策略，并不是传统的"全盘西化"，而是传统主义在当代的一种新的态度与策略。我们将在新的立场上创造未来所认识的新的传统。从"不能相越"到"拉开距离"，可以看到潘天寿面对中西文化格局主张中国画应主动"求异"的思想。传统危机的忧患意识、带有策略性与自觉性的主张，使潘天寿的思想在当时关于中国画前途的讨论中独树一帜，并在其后的中国画演进历程中越来越显示出重要的影响。

潘天寿在《艺术随笔》里写道，"美有如火之热情，美有冷静之头脑，美有冰雪之聪明，美有自由之规律，美有无边之真诚，美有极端之善意，美有至乐之领域"。以艺术重操美的大旗乃是中国画艺术振兴之道。在今天，这也是践行文化自信，加强审美教育，让中华文化艺术走向世界。习近平总书记指出，"提高国家文化软实力，要努力展示中华文化独特魅力"，要"把跨越时空、超越国度、富有永恒魅力、具有当代价值的文化精神弘扬起来，把继承传统优秀文化又弘扬时代精神、立足本国又面向世界的当代中国文化创新成果传播出去"，这是当代美术教育工作者和艺术家义不容辞的职责。

1 潘天寿 《花鸟》（局部） 1955

▶ 用同构态度对待中西方艺术

今天天气晴好，把身子在太阳底下一晒，仿佛寒气都出去了。到黑板前看自己昨天写的一行字："合上骨骼散失的史书，用一种思绪覆盖繁华落尽的冬天。"然后用黑板擦蘸了一下地上昨夜的雨水，把黑板上的字迹擦掉，写下另一行："你的前世一定是鸟，今世才如此想飞。"昨天在讲座中说出了这句话，是在谈论我的小说和展览时的信口而出。展览的好处就在于检阅自己，看自己到底画了怎样的东西，这画整齐地挂在墙上，清晰地解释着自己。我说了画画的时候是表现自己，写小说的时候是扮演上帝。但是我从不用做学术的方法解释自己的艺术，别人问起来，我都是不知道：不知道为什么非要用这个符号，或者是画了那个形象。一切视觉形象为第一要素，思想则深深地藏在不可见人的地方。绘画和小说都不是言说思想的地方。禅宗里有句话叫"若要人知，终不言说"，尤其是在喧嚣的时候，纷纷生长的是无言。但是，我提到对美的乡愁，便觉得美好是没有止境的，可以往任何东西的两头或者说四面八方无限延伸，而这一切都建立在一个基本的同构态度上。

陪几个朋友去美术馆看展览，朋友是非艺术专业出身，对非专业的人解释专业作品，从内容说到形式，从智者的观看说到普通人的观看和言说的权利。解释什么是偏重视觉直观的观看——只要看作品的美就可以了，另一种是体验的观看，就如同对着吊在空间里的几个沙包不断击打。这边是互动和体验的观看，待到走到一个符号化装置的时候，就是思考的观看了。因为对这个装置，必须了解作者在符号后隐藏的意义，才可以明白其在新的语境下产生的意义，就如同一个历史符号，在当今的语境下会有新的含义产生。

孟德斯鸠（Montesquieu）的"地理环境决定论"，认为气候对一个民族的性格、感情、道德、风俗等会产生巨大的影响，认为土壤同居民性格之间，尤其是同民族的政治制度之间有非常密切的联系，认为国家疆域的大小同国家政治制度有极密切的联系。全球化需要洞察到地域意义的本性和排除居高临下大一统的观点。强调地域，不是争辩地域背景比其他内容更为真实具体，亦非否定全球化的力量在文化方面的存在。地域概念并非凭空想象出来的一个残余文化空间。这个概念是视地域为一个相对独立的背景，全球化的力量在其中周旋。"当代性"所倡扬的"全球化"理念使"地域性"边缘化，地域性在当代艺术中的呈现是否仍具有意义，互融发展还是和而不同，这些都是需要不断深入思考的问题。

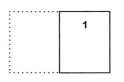

1 吕胜中 《大平安》 2000

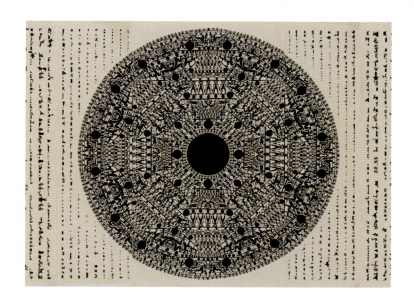

18世纪以来，美学基本上被划分到欧洲哲学领域，而美学这个概念在很大程度上受到康德式审美判断范式的影响，以先验哲学为基础，致力于探讨感知主题的美好体验。19世纪以来，欧洲美学这一基本范式已传播到非欧洲国家，并产生了深远的影响。在中国，审美现象主要被解释为"美"，因此，美学被称为美的学说。这样的诠释意味着美学的原初含义，将美学作为美的学说，可能导致一种情况：超越美的界限的审美现象，可能会很大程度上被忽视或排除。因此，在当代文化交互之中，首先和基本的问题便是：美这个词是否恰当地表述了每种文化中的核心审美现象？如果不是，那么，将审美诠释为美的危险将可能是掩盖或忽略实际的美学领域。另外，在一个全球化和文化殖民化的时代，美学家所面临的另一个重要问题是：如何根据各自的传统进一步发展美学的新主题和新议题？

传统文化中的儒释道也深深影响着各类艺术的美学思想，并不断拓展与更新，出现了与西方截然不同的艺术实现形式，显示出毫不逊色的品位和活力。托马斯·门罗（Thomas Munro）在《东方美学》中写道："西方美学对东方思想的忽视，……在我看来，这种忽视主要应归咎于西方美学本身的传统惯性，归咎于它过分依赖从对美的形而上假设中所做的演绎推理。"实际上，19世纪以来，东西方的艺术交流是双向的，很多欧洲艺术家例如印象派画家凡·高、莫奈都受到东亚美学思想的影响。凡·高曾经临过一些日本浮世绘木刻，而莫奈在吉维尼的家中挂了许多浮世绘版画，他们有意识地将一些美学要素融入自己的艺术实践。在全球化的背景下，任何文化结构都不再独立与闭塞，而是展现出积极的融合与借鉴，跨文化的联系处处可见，艺术的界限也变得模糊不定。如今许多当代艺术家都在通过科技手段营造意境和氛围。例如，埃利亚松（Eliasson）与中国建筑师马岩松合作，利用光、色、味、雾、声音、文化标志与象征物来营造和改变人们对周边环境和日常生活的感知氛围，在此探索基础上的美学实践为东西方之间的美学深入交流开辟了途径。

西方艺术教育于启蒙运动之后，到19世纪初形成了一套严格的以科学为基础的观念体系、知识体系和激发体系。20世纪初，徐悲鸿将这一体系引入中国，开始了中国近代的艺术教育，形成具有正统性和权威性的学院派艺术教育。20世纪80年代后，西方现代主义思潮席卷中国，学院派的教学体系根深蒂固，但是也在发生变革。如今，需要重新认识博大精深的中国传统文化，感受其具有的顽强生命力，在审视西方文化的源头和复杂多变的演化时，就会深切认识到各种文明都是因交流而诞生，也因交流而发展，因为文化和文明在本质上具有可传达性、可通译性、可吸纳性的内生性特点。文明与文化因此特点得以延续和扩展，形成文化的传与统。中国有强大的文化根基和强劲的文化发展势头，文以化人、文以载道，让中华民族的文化理念通过交流走出国门，使其成为不同语种、不同地域、不同国家和平交流沟通的媒介。

在地球同一时空中生存的人类其心理与生理结构的相似性和同一性决定了其和的基础，和而不同的同构不是简单地相加，同构是植根于本土，立足于主体，解构、结构，选择、吸纳、变异、融合一切异域文明和文化精粹的创造性重组。从历史可以看出，中华文化历来具有很强的融合同构能力。尤其是在当今文化冲突的背景下，秉持人类命运共同体的理念，就更应该强调文化之间的交流与对话。20世纪90年代早期，哈佛大学教授萨缪尔·亨廷顿（Samuel Huntington）提出了"文明冲突论"。他认为，冷战后的世界，冲突的基本根源不再是意识形态，而是文化方面的差异，主宰全球的将是"文明的冲突"。因此，在不同文明之间，跨越界限非常重要，尊重和承认相互的界限同样非常重要。

台北故宫博物院前副院长李霖灿先生在《艺术欣赏与人生》里谈到把罗丹的《思想者》与我国的北魏石雕《思维菩萨像》摆在一起来看，就会发现二者在思想方式上迥然不同，这种比较可以看出不同艺术背后的文化支撑，看到中西艺术思想底色之异。罗丹的《思想者》是用力地思考，而国人的思考仿佛禅宗的顿悟，脸上分明显现出悟的欣悦，令人着迷。

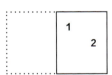

1 北魏石雕《思维菩萨像》 6世纪初
2 罗丹 《思想者》 1924

文化冲突在审美上也显现出来。例如，肤色与形象的不同审美，在各个文化形成的图案色彩上有着各自的特点。2019年时尚品牌ZARA发布了全新彩妆系列产品广告，广告里的中国模特是一张陌生脸孔，且貌似未经过精心打扮和底妆遮瑕，仅仅涂了口红，脸上雀斑暴露无遗。宣传广告图在微博一经发出，很多中国人认为这组图丑化了中国甚至亚洲女性形象，并因此对ZARA展开口诛笔伐。多元性的存在也会在一个文化之内引起争议。例如，清华大学在YouTube网站上传的一条视频，内容是关于清华美院2021年服装与服饰设计的毕业作品，从不同角度呈现出学生的新锐设计思想和敢于颠覆时尚规则的大胆尝试，包括从节令纹样、敦煌飞天、传统龙纹等历史文化底蕴中寻找灵感，以全新的风格复苏传统的命题，可是其中眯眯眼的模特也引起了网友的热议。不同文化中美的概念千差万别，同一文化内审美的差异与多元，让审美宽容成为一个重要的态度。随着信息全球化时代的到来，文化相互影响明显可见，一方面坚持吸取不同文化的精华，另一方面光大自身的文化精粹，两者都势在必行。

我们可以看到，大陆文明的地域和农耕性特点，决定了其文化所具有的本土性、多样性、稳定性、持续性、集群性、秩序性和融合性，儒释道佛多种文化长期互补、共荣共存，让"和""合"成为农耕文明基础上产生的中国文明最重要的文化基因，而与之相反的海洋文明，则具有流动性、变异性、冒险性、个体性、扩张性、掠夺性和排他性，不同的文化特性贯穿在文明史的形成过程中。在当代，这两种文明也在渐渐发生变化，在全球信息化经济化的时代，科技迅猛发展，推动着不同文明之间的交流，在冲突和融合中发展自身，人类的生活、生产方式发生了天翻地覆的变化，不同文化下的人们更加热爱土地家园，敬畏自然，保护自然生态，珍惜生命价值，而天人合一的东方文化与价值观，也形成了一种富于魅力的潮流。回归土地和自然，回归人性，才是后现代对现代化反思中最具积极意义的思想。

1 Zara 2019彩妆系列广告
2 《推门者》 清华美院2021年服装与服饰设计毕业作品

2012年党的十八大明确提出，"要倡导人类命运共同体意识，在追求本国利益时兼顾他国合理关切"。人类命运共同体，体现在文化和而不同的共同体的存在，和合思想是共同体形成的思想文化基础。坚持不同文化兼容并蓄、交流互鉴，而不是对抗与冲突，才能构建起人类命运共同体，其中文化构成命运共同体的一个部分。全球国家相互依存的视角为建设人类命运共同体提供了基本的价值观基础。"命运共同体"的提出呈现了和谐世界观的理念，其中包含了文化的多样性。

西方话语就其本来的意义是指西方人与西方人在进行思想、情感的交流活动中产生的各种不同的话语形式，是在自己的社会结构和文化结构内部的生存和发展所形成的一套符号和话语系统。中国话语从晚清到当代虽然经受了几次文化磨难，但从总体来说中国文化走的是一条从封闭到开放的道路。"西方话语"与"中国话语"是平行的两种话语，它们之间的关系是彼此独立的，而不是相互对立的；是各自独立发展的，而不是此消彼长、相互压迫乃至相互颠覆的。在艺术领域，需要注意避免以一种肤浅的西方接纳方式来框定当代中国艺术，中国艺术学界必须全面准确地向西方展示有力量的系统话语和方法，完全废除对艺术现代性的唯西方中心的思维与论述。无论西方话语和东方话语，从语言学角度讲都是用作交流的，是实现心灵沟通、进行自由交流的手段。而话语霸权则体现于人与人之间的政治、经济、伦理的权力关系之中，限制了人的表达和交流表现。霸权化使发话者不能传达自己独立的思想和感情，受话者只能表示赞佩、接受和顺从，经济和地位的不同导致话语权的不同。

时代经济与艺术发展有着密切的关系，新世纪金砖国家的崛起改变了全球经济政治秩序，也改变了文化秩序。同时，中国也有自身的历史与文化结构秩序，艺术需要放在文化结构和秩序下审视而不是孤立在视觉艺术的狭窄范畴，如此才能深度地解读艺术现象，对艺术的发生和生产方式有本质的理解。中国之当代不是对西方当代固有现场的模仿与翻译，其当代性来自中国自身的当代性传统，在特定的精神历史运动中生成，是面临自身切实处境而给出有针对性的创作。如何在全球化的艺术思潮中开辟一条属于中国所特有的艺术本土化之路应当引起思考。中国当代艺术初期，模仿，抄袭，复制，甚至直接"拿来"开始了艺术的本土化运作，缺少本体建构，精神性匮乏。提出中国当代艺术的本土文化精神回归问题，就是需要重新寻找文化身份和文化基因。全球化语境下，感受、理解西方和西方文化，感受、理解世界和世界文化，扩大了我们的文化视野，丰富了我们对自然世界、对人类社会、对人类文化以及对自我的感受、认识和理解，并进一步推动我们中国文化取得现代性的发展延续与移植，也是反思我们自身现代化进程及哲学前提的机会，从而以更为广阔的文化胸怀重新建立起新的中国文化价值体系，重新认识和解构中国传统文化精髓，从不同角度探讨现代社会面对共同的现代经验和价值观的问题。

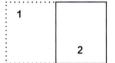

1 吴冠中 《塞纳河》 1989
2 赵无极 《15.01.82 三联作》 1982

对东西方思想的交流融汇，存在两种方式：一种是通过立场和态度，自觉进行全方位的文化努力，从更大的格局上进行思考与运作，明晰自己的文化身份与民族的定位；另一种是不自觉地在全球化信息化时代的自然融汇，趋势是在文明冲撞中进行同构和交汇，或许会带来同质化和扁平化的后果。我赞成前者的积极努力，也看到后者未来发展的可能趋势。人们当自问：东西方文化一定是对立的吗？各种文明如何建立规则避免冲突？虽然在现实，需要清醒地认识到自身的语境对自己认知和艺术的影响，身份永远是一个问题。弱者常常以对立防范的意识强调自身存在与对话，而强者则常常居高临下地强调融合与交流。而同构的态度，既意味着秉持平等与尊重的态度，又意味着从全球视野看人类文化发展，在东方与西方、传统与现代、民间与文人、主流与非主流等二元关系中寻找兼容并蓄的线索，在跨学科跨文化的更大领域实现多元同构的可能性。同构也使得文化保留生机和多向发展的可能性。

全球化已成大势，和平发展已成共识，文化则成为交流的桥梁。一个文明要善于总结伟大经验和沉痛教训，才能够形成传统在当代的强大优势。全力推进以构建大陆生态文明为基本国策的中国特色的现代化发展战略，才能更好地以内循环为基础推动双循环发展的经济格局。我们所言说的都是当下的、局限的，这也意味着观点和主张是非本质的。时间对人类的认识永远是一个严酷的考验。由此再回到当下，也不仅仅局限于艺术圈，要把艺术放到文化现象里，把文化放到社会现象里，就如同芝加哥大学艺术史系和英语语言文学系教授米歇尔（Mitchell）把艺术图像引入社会图像里来观看一样。我撰写的《艺术的好与坏》，其中的好坏当然不是简单的判断，而是将其视为艺术的策略，以此进行分析，更重要的是通过当代艺术现象认识人类。
"天人合一"构成中国传统文化的基本原型，其核心仍然是同构。"天人合一"大致包括两个层面：一是指实体意义上的，即人与大自然的和谐；二是指境界意义上的，即自然而然同人为性的一致。和而不同是不同基础上的和，也就是同构。同构理论既可以是小而又小的形式同构，也可以是一种对待万物的态度，是在一切混沌之中找到有序，以融合吸纳的态度对待万物，而不是二元对立和对抗。就如同理解对比也是一种事物之间的关系，关系决定一切。作为人而言，这体现出一种虚怀若谷的态度，便是大，便是平和，便是放下和不介意，便是海纳百川。

1	2
3	4
5	6

1-6 徐冰 《桃花源的理想一定要实现》 2013

"当代性"并不意味着对传统的排斥甚至是与之隔绝艺术的历史继承性，表现为对本民族艺术遗产的吸收和接受，以及对世界优秀文化和艺术成果的吸纳。艺术的历史继承性，还体现在对艺术形式与技巧、内容、审美观念和创作方法等方面的继承和转化。中国的当代性文化是中国通过历史对自身进行解放的实践中所发掘的资源之一。中国当代艺术需要解脱由当代性引发的身份焦虑，传习自身多元的当代性传统，发自内心的需求汲取一切营养，包括古今和东西方艺术精华，真诚地于坚实而赤裸的当下迎接至善至美，忠实于自己对当代社会的深切感受，保持清醒的现实感，把握现实的针对性，运用全方位的体验观看拓展作品的呈现。艺术家需要在外延上体现一种人类文化的建设和人的生存状况的视觉概括和把握，明晰视觉陈述的特定社会针对性和文化针对性，通过艺术创作鲜明有力地激起人们的道德感知和伦理期待的生存转化，形成自身的艺术观念和理论结构，探寻新的艺术形式语言，而形成自己独有的艺术结晶，当代艺术如此，架上绘画如此，中国画亦如此。

视觉艺术语言就是线条色彩及其同构关系，克罗齐说，美学就是艺术语言分析学，是艺术品的一切功能、一切价值。艺术家的心灵情感、人格精神、审美取向、观念意志都是通过艺术语言来表现和传达的，从而导致对艺术语言的深切关注和研究，形成了形式主义的艺术表现。好的当代艺术，呈现出个人态度、观念、形式三位一体的和谐创造，而对艺术形式的研究，则可能从形式拓展出富于创造性的表现。形式本身可以是内容，也可以先是形式的发现和探索，再延伸出理念、态度，甚至内容和意义，在现有艺术认知的临界点上革命。传统注重对精神性如写意精神、平淡美学的研究，而艺术则注重形式研究。

与西方当代艺术主要生发在社会不同，中国的当代艺术大多产生于学院。在20世纪学院主义体制教育的背景下，中国培养出了一批艺术家。他们既工作在教育第一线，又在艺术创作中成为精英式人物。他们超越了学院概念，既接受传统教育，又跨越多学科进入当代艺术领域。21世纪后，新媒体艺术教育开始在中国展开，并成功培养出一批优秀的青年艺术家，他们共同活跃在国际及国内艺术第一线。后来，这一趋势慢慢在改变。如徐冰、宋冬、张培力、邱志杰、管怀宾、杨福东、刘韧、马秋莎、辛云鹏等人，他们的创作范围跨越了装置艺术、影像艺术、交互艺术、声音艺术等领域，为中国当代艺术开辟了新的话语方式，拓展了艺术的语境。1988年张培力创作的中国第一部实验录像作品《30×30》，体验的、感知的、实验性的突破为这一领域的发展起到了决定性的作用。邱志杰在体验与交互的方式中跨领域、跨媒介，将他的艺术和艺术教育推向了最前沿。

《30×30》是张培力的第一部录像作品，被人们称为绝对的历史先驱。这部时长一个多小时的影片记录了张培力本人盘腿坐下，双手戴着他"符号化"的乳胶手套，重复着摔镜子、黏合镜子、再摔碎镜子的动作，直至3个小时的录像带全部用完。

1-2 张培力 《30×30》 1988

1　朱德群　《化学容器》　2005
2　朱德群　《隐藏的生命》　1992

从当代艺术史来看，星星画展、"八五新潮"、中国现代艺术展、2000年上海双年展，演示着中国当代艺术按照本土—国外—本土的节奏前行。中央美院2004年筹备实验艺术专业，2005年成立实验艺术工作室，2007年发展成为实验艺术系，并于2014年9月正式挂牌。2010年9月，中国美术学院跨媒体学院挂牌成立。2011年，中国美协实验艺术委员会成立。2014年，实验艺术以独立展区进入全国美展。随后，被教育部公布为新增艺术专业。2015年6月，中国美术家协会实验艺术委员会首届学术论坛在西安美院举办……当代艺术现象说明，中国当代艺术语境是在与西方甚至全球范围内的艺术潮流的不断交流、碰撞和影响下产生的。

今天，每个艺术家都应秉承民族性的东西，中国艺术家需要思考在全球化语境中中国当代艺术的本土化问题。因为西方文化和中国文化是两个根本不同的语境，即使是共同的社会问题，例如人类的生存环境问题、性别问题、种族问题、宗教冲突问题等，感受的方式和解读的方式也有差别。因此，应该用中国话语对中国的社会和人从人文关怀的角度予以关怀，而不是用西方话语解剖中国的文化产品。中国语境对身在其中的当代画家提出了更深一层的要求：即作品中当代精神思想痕迹的表达。敏感的诗般哲思和绘画作品中的理性处理，合理地构建个人表达方式。中国当代艺术需要本土文化精神的支撑，但不是"回归"，是在适应全球化发展趋势下的"重建"。从精神上而非形式上关注自身的传统与现实，中国文化的精神符合自然宇宙的变化规律，需要从中汲取、重建本土价值，重新寻找自己的文化精神，并在世界现代文化的脉络里形成自己的一支。

实际上，全球化语境是中国当代艺术的生长语境，因此也决定了当代艺术具有一定的世界性。但中国之当代不是对西方当代固有现场的模仿与翻译，其当代性来自中国自身的当代性传统，在特定的精神历史运动中生成，是面临自身处境而给出有针对性的创作。如何在全球化的艺术思潮中开辟一条属于中国所特有的艺术本土化之路，应当引起思考。艺术需要放在大的文化结构下审视，而不是孤立地在视觉艺术的狭窄范畴才能深度地解读，对艺术的发生和生产方式有本质的理解。在中国，常常有一种态度：以抵抗和拒斥来表明自身的存在，又期待着西方的回应以至认同。更合理的态度是以更广阔的视野和文化中心主义的态度吸纳与融合。最终是平等对话，共享文明。

如今，更重要的问题是，审美现实如何在各自的文化氛围中被构建，不同文化的审美如何构建交流的氛围并相互作用，从而产生跨文化的审美文化语境，并借此得以构成一种更大的人类文化结构，在文化同构基础上相融共生。

▶ 中国当代油画多元化的发展

20世纪中期到下半叶，西方油画一直是中国油画的蓝本与参照物，改革开放以来，西方当代艺术对中国油画产生了重要影响。在这个发展过程中，将西方文化融入中国油画之中是一个不由自主的行为，西方的油画传统始终在近现代西学东渐的风潮中充当重要的角色，为中国文化的现代化进程做出了积极的贡献。基于近代西方美术教育的模式，相对标准化的写实油画体系也普遍贯穿于美术学院的教学之中。在当代，油画技法的学习逐渐从过去的"目的"转为"手段"，中国油画也逐渐开始像中国画一样具有中国自身的文化特点，以写实为普遍基础的油画创作出现了多元化的特征。这种多元性也是一种现代主义的眼神，具象油画明显地在当下的文化系统中发挥作用。任重而道远，中国油画仍然需要注重原则性与本体性，以适应当下人文背景的艺术形态参与到中国当代文化的整体建构之中。

在中国的主流画院和美术学院以及美协系统中，从教育到展览，写实绘画仍然是主流，出现了基于写实基础的多元表现，以此特点进入当代艺术的生态之中，这也是由中国近现代美术教育发展的特殊性决定的。中华人民共和国成立以来，中国美术学院的教学，既有早期留学欧洲的艺术大家在教育方面的间接影响，也有20世纪50年代留学苏联，接受苏联社会主义现实主义的影响。在这个基础上，迎来了改革开放之后的西方当代艺术的重大影响，检视中国当代艺术的发展，不能忽略这些影响所产生的作用。

中国油画的当代性延展与历史的关系，决定了其特殊性，并在此基础上获得了自主性。美术理论家巫鸿说：中国油画的当代性并不是指所有于此时此刻创作的作品，而必须被理解为一种具有特殊意图的艺术和理论的建构，其意图是艺术家或理论家通过这种建构宣示作品本身独特的历史性和时间性。如果将当代油画放在大的油画范围内，其多元性就更加明显。在写实范畴内，多元性指的并不是当代油画从写实到表现再到抽象等各种表现的多元性，而仅仅是在写实传统基础上出现的多元性。另外，当代性并不是将写实排除在外。中国油画发展有着自身的特殊空间和语境，非西方艺术当代性理论可以涵盖，因此，中国写实油画的当代性其定义并不是西方话语的当代性概念，而是基于中国自身传统与革新的当代性特征。如尚辉所言：中国油画的当代性"不仅意味着油画深刻地切入当下的现实社会，而且意味着作为西方传统绘画媒介的油画如何体现当代视觉文化的审美经验，如何在塑造当下的中国人文形象的过程中推进本土化。

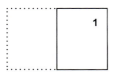

在写实范围内观看当代油画艺术，传统的写实逻辑包含三个方面的关系：建立在解剖学基础上的形体比例和块面立体关系；建立在透视学基础上的物象远近和固定视角；建立在色彩学基础上的色度、明度和色相关系。这种基于视觉科学的理论与当代艺术本体和中国艺术精神格格不入。写实油画的当代性意味着必须在这三个方面进行突破，当代性自然还意味着并不把仍然作为架上绘画的油画从形式上看作陈旧的，而进入行为、装置、概念等艺术形式中，只是把形式看作当代艺术的表面问题，将时代内容和审美精神看作当代性的本质问题，从而将时代的关键凸显出来。传统的形式不会被摒弃，仍然可以作为表现当代性的一种方式，这意味着传统的形式也可探索更为丰富的表现形式，其途径就是与中国传统文化融合，拓展写实的疆界，从写实到具象，将油画变成现代表达情感的重要途径之一。这是中国当代油画发展的根本路径，让当代中国油画蕴含中国传统文化的意蕴，由此，油画这一外来画种便具有了西方传统和东方传统的发酵与融合，方能使中国当代从写实到具象发展的油画创作具有鲜活的生命力，从而丰富多元地在油画本体意义上找到新的延伸可能。

审美多元和流派主张促成油画创作的多元呈现。新时代新科技的不断发展，多元绘画形式不断呈现，也促使人们试图以多元主义和后现代主义的思想阐释当代油画艺术现象。在当代，出现了消除艺术与非艺术界限，摒弃了对艺术本质性探究的现象。注重于"再现"抑或"表现"的绘画形式，都需建立在审美对象的审美体验之上，仍然具有主体与客体的两者关系。当代写实油画创作只是对客体提炼变化进行艺术概括和表达，而非艺术家完全自我内心、主观精神的绝对外化，否则就脱离了现实生活的基础，背离了美学唯物主义意识与存在的关系。因此，艺术以审美的方式反映现实社会生活，又通过人的审美意识反作用于经济基础、上层建筑，影响其他意识形态。归根结底，艺术是现实世界在艺术家头脑中的反映，通常以审美符号来表现。

只不过，基于写实的审美，应在传统审美上继续推进和发展，才符合这个时代的文化生态，故丹托所说的艺术的终结，便是传统写实艺术的终结，而当代写实油画正是借由这种审美的多元变化得以重生。正是这种多元审美的变化，古典的写实，有浪漫主义、现实主义、自然主义、理想主义等倾向，而当代油画让写实成为一种技术塑造层面的含义，而不是客观再现的艺术表现，从而从写实手段趋向了多元变化的风格与主题表现，例如照相写实主义、表现主义、超现实主义、具象画派等，在中国，20世纪八九十年代接受写实美术教育的一代现在已然在写实方面开拓出新的个人风格，写实已然拓展到各种具象表现的艺术范畴。

社会现实和丰富思想是油画创作多元的基础。从各种流派主张和流变过程可以看出，作为精神生产的艺术，当代具象油画的多元性，均是建立在艺术观念多元性的基础上，才使得写实摆脱了客观再现的局限。从社会学角度分析，艺术是社会意识形态的一种呈现形式，可以说是当今复杂丰富的社会意识形态形成了艺术的多元性语境。因此，如何让油画家直面当代中国现实的社会问题和诸多现象，让当今油画创作更加贴近现实生活，才是让写实油画具备时代性、当代性的关键之处。所以是这个时代社会的多元丰富形成了油画创作的丰富多元，是现代审美与当代文化赋予了油画创作的多元，为油画创作提供了强大的创造力和生命力。但是细细审视，还需要艺术家更多的努力，让油画表达现实生活更具时代意蕴。

1	2
3	4

1　靳尚谊　《延安老农》　2001
2　靳尚谊　《塔吉克新娘》　1984
3　靳尚谊　《捻毛线的老人》　1978
4　靳尚谊　《晚年黄宾虹》　1996

现实世界是每一个艺术家都无法逃避的社会背景，生活的丰富性、认知的多元性、艺术的开放性，形成了油画艺术从写实到具象的多元表现。因此，写实油画必须加强与现实生活的密切关系。一切艺术源于现实生活，是一种特殊的社会表述和自觉的社会行为，也对历史的发展进程产生推动作用。因此这意味着艺术家必须具有思想家、哲学家的思考能力，借助感性丰富感知和表达，借助理性进行思考和分析，绘画艺术的多样性是由艺术的本质特性所决定的，艺术的伟大之处就在于如何超越生活，创造出既源于生活又高于生活的艺术真实。艺术也逐渐被看作一种人类所特有的认识世界（区别于现实世界的一种"观念的世界"）的方式。艺术家的思维方式，构成了艺术创作所特有的想象力和创造力。借用现存文化符号的方式涉及一些敏感的文化问题，加上这样的做法很容易消除艺术与生活的壁垒，以至促使观者将自己生存经验带入解读。

文化自觉和个人意识是创作多元的本质需求。建构高层次的文化意识是油画创作多元发展的根本。回观近现代中国油画艺术的发展可以明显看出，历经近百年的中国油画发展，开始走向自觉自主的表现，相对于西方，油画创作从内容到语言，开始呈现自身特有的面貌，从早期俄罗斯艺术和西方艺术的影响中摆脱出来，在20世纪80年代受西方绘画影响。例如，以美国当代新写实画家安德鲁·怀斯（Andrew Wyeth）、美国照相写实主义画家查克·克洛斯（Chuck Close）、英国表现主义画家卢西安·弗洛伊德为代表的当代油画大师们，对中国写实画家的影响相当深刻，这也是最容易从写实基础转向当代的一种路径。

在主题上，针对"文化大革命"时期的革命现实主义或者矫饰主义的模式，一开始就有两个基本的自觉意识体现出来：一个主体意识是对所谓革命现实主义的反叛，一个是对所谓革命现实主义的校正，这两种态度更多地反映在题材上而不是技法上。到90年代和新世纪，油画创作经过向不自觉的西方学习过程，开始从民族自信延伸到艺术自信的多元表达，在一个经济迅速发展繁荣的语境中，与传统绘画技艺相比较的当代油画，在题材、内容、表现手法以及情感表达上都愈加丰富，具备了一种中国式的集体审美特征，而在个人性方面也逐渐独特丰满起来。90年代接受美术教育的画家虽然仍是接受写实基础的教育，但是更为自觉地从写实开始逐渐位移，在借鉴变化之后，从再现到表现、从具象到抽象、从单纯到多元、从平面到立体、从结果到过程，油画创作出现了综合性、多元性的当代特点，证实了文化自觉和个人意识是创作多元的本质需求，集体和个人的自觉意识凸显出来。

1 朝戈 《敏感者》 1990

基于古典回归的多种写实风格倾向

与古典主义的写实相联系，又与当代情感紧密结合，是某些写实画家的自觉追求；古典写实的技法特点仍被沿用，但是在题材和表现样式上又保持了一定的推进态度，形成了某些个人的写实绘画风格，这在80年代接受教育成长起来的那一批画家身上更为典型。看到写实油画仍然受到普遍的欢迎，这的确反映出一个普遍的现实：在中国，基于写实的油画在大众接受度和市场接受度仍然具有普遍广泛的特点，这一点也决定了基于古典的写实绘画存在的基础，而问题在于，这类绘画如何凸显时代性和个人性。写实在中国土地上有深厚性，需要艺术家精进深研，在技术、创意和审美等方面来研究时代性和当代性，一步步确立自己的特点和学术水平。

例如，央美教授朝戈主张：艺术是人性、思想与这个社会发生关系之后的综合思考，是来源于对人类的爱、对世界的爱，在受到创伤后对社会正向的理解。在"人性也开始变得复杂甚至多元"的时候，追求和强调真善美的"永恒"，所以他的油画创作带有一种古希腊和文艺复兴色彩的理想风格，而又在"瞬间"性上达到了个人的情感表现。而杨飞云则是在古典写实技术的基础上，追求另古典主义的复兴：他的油画以西方写实技术表达东方情调和内容，时刻传达出一种非常纯净的美，展现出极为真实的人性魅力。而将写实技术精进推进到超级写实主义表现的冷军，则是在技术上突破了古典的写实，而达到一种令人难以企及的逼真写实。这种写实让观者无法将油画和照片分辨开来，以至于将一幅带霜柿子的照片误认为是冷军的作品。

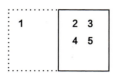

基于写实基础上的表现主义和象征主义

写实主义与表现主义有紧密的联系，现代主义的路径就是经由写实走向表现主义，之后当代油画风格日渐增多，利用夸张、变形、抽象、扭曲等手法对现实形象加入主观个人色彩进行描绘，从而产生了方位广泛的具象造型，其形象不是来自对现实自然的客观模拟，而是通过对现实的观察和体悟，将现实之物的表象升华内心的意象，因此形成了各种当代风格的艺术形象，并具有象征表达的意味。从根本上而言，思想是形成风格的主要因素，民族特色和时代特征才是风格的本质。这意味着艺术家必须更加关注画面背后的各种现实问题，深入探索思考，努力坚守心灵自由和独立的创造精神，立意传承精华，善于吸纳新知，在深厚的文化意蕴中体验时代生活，思考当代性问题，并且在绘画语言上进行大胆探索，才会生发出多元的表现手法，在造型、笔触和色彩上突出情感性和思想性，在当代油画创作中树立自己的风格。当代油画家张晓刚通过表现革命时代的脸谱化肖像，象征性地传达出具有时代意义的集体心理记忆与情绪。这种对社会、集体以及家庭、血缘的典型呈现，对艺术、情感以及人生角度的展示和演绎，合影的黑白与色彩，典型的无表情肖像造型具有强烈的当代意义。

一个时期的家庭照片对张晓刚的创作产生了巨大影响，《血缘系列——大家庭》成为中国当代艺术的"象征符号"，由此也形成了其主题风格。借助照片是写实油画的一个重要手段，照片也成为许多流派最好的创作素材和手段。借用照片资源进行艺术创作的做法早已有之，并出现照相写实主义、超现实主义等风格。在当代，借用照片效果时，在很大程度上修正与偏离了传统写实的手法。在本质上，他们采取了一种超越客观的主观再现。但是，油画表现的照片化和"去照片化"形成了写实的两极表现，如20世纪80年代获得全国美展金奖的罗中立的《父亲》。广挺渤的《钢铁工人》，借用照片，努力超越照片的超级写实主义油画，利用大幅面的精致描绘，试图展现精湛的技巧，并通过视觉形象的精微塑造，使得形象成为一种类型化象征，暗喻一个时代和类型的内在本质和意义。也有为表现普通人的超级写实主义肖像，借用改变语境和组合构成，形成艺术形象的真实与虚拟的对比，从而让形象成为具有寓意的象征。

以写实技术作为手段的超现实表现

毕业于写实主义技术教育统治学院的这一代艺术家，驾轻就熟地把学到的写实主要技术运用到超现实主义的油画创作中，就如同西方早期超现实主义画家也是以写实技术为手段一样，这是一条从写实主义到现代主义的语言捷径。从客观模拟的真实到幻想和虚拟的真实，其间有着巨大的空间，写实技术也让超现实主义的某类表现形成特点。例如，同样是央美78级的刘溢，其创作的油画具有精湛的写实技巧，描绘出一个个令人印象深刻的白日梦，荒诞又真实，用故事、政治、性构成了其象征和寓言风格的幻想表达，也被誉为魔幻现实主义的先行者。刘溢利用现代绘画材料，完善出一套新型的和欧洲古典写实技巧渊源甚深的方法，首先提出"冥灰"的概念和操作方法，即通过诸如衔接、罩染等传统手段，还有毛笔等的具体操作，简洁得达到一种微妙动人的效果。

另有一种对现实的折射反映，则是写实油画用混杂多变的风格技巧将各种各样的意象组合在一起，其中主要有写实主义技巧，再混合表现主义技巧，从而针对古典写实的深刻、庄重、崇高、理想与神圣，凸显这个时代文化的轻佻、谐趣、调侃、夸张与通俗，有意偏离传统经典艺术的图像系统与技法系统，从当代大众文化艺术和数字科技形成的漫画艺术中汲取图像，将对现实生活的批判与反思转换到对现实生活具体感受的表达上，是一种以虚构的方式进行的叙事。新动漫卡通艺术作为创作新转向多元中的一元，以其扁平化的视觉样式，青年亚文化的价值取向，大规模地来自日常生活的经验和环境视觉资源，区别于以往的实践。例如，毕业于中央美院的刘野，以儿童卡通般的形象、热烈的舞台色彩效果，致敬大师一般的画中画形式，展示出无忧快乐表象下的忧伤。画作标志性的娃娃脸形象，童话风格与幽默感和谐谑色彩并存，展现出刘野一贯隐秘而感性的想象力，同时植根于传统东西方智慧和当代艺术潮流。把寓言作为放弃唯一答案的一种叙事方法，选择用具象来解决抽象的问题，完成对抽象的理解，更强调在传统现实主义、表现主义、超现实主义等范畴内解决当代艺术问题。

1 刘野 《大旗舰》 1997
2 刘野 《齐白石知道蒙德里安》 1996

反叛古典写实美学的当代审美表达

当代艺术对美的追求逐渐被真的表现所替代，超越了古典唯美的层面，进入以20世纪哲学发展为背景的个性化的表达层面。具有时代性的审美观念、审美情趣、审美理想等内在特征成为基于写实基础绘画的外部印记，其中，受大众文化影响的波普艺术风格最为突出。在美学方面，艳俗、荒诞、边缘的风格表现，以及基于感官刺激的各种视觉美学纷纷而生，有时，艳俗的形象符号与手法被当成反讽与模仿的借口加以运用，在新的文化背景、文化坐标和文化向度上提出了更适时、更有力度的人文精神问题。例如，川美毕业的当代画家周春芽，兼有留学德国的受教育背景，致力探索把中国式的表达方式和西方绘画的反思、反叛精神结合，主题从绿狗到妖冶绚烂盛开的桃花，基于现场观看和写生，在鲜艳流动的色彩情绪中放纵着直觉本能的幻想，用自己特殊的色彩观和谱系，书写性的表现主义笔触，颠覆当下的油画理念而体现出多元化的特点，形成从色彩与主题的非传统美学的个人表现。例如，央美画家刘小东对时代变迁具有非常敏锐的嗅觉，通过直觉牢牢把握时代变化的特质，通过作品竭力展示当下处境的现实，从而直接"呈现出真实的伤口，和一个艺术家无言的立场"。他善于从平凡的日常生活中取材，以及描绘普通人日常生活的瞬间，以写生的名义，直面多角度、多维度的真实社会现场，由此完成的画面不修饰，不概念，新鲜而生猛。其展示整个绘画写生的过程，也让油画在展览方面表现出当代的综合性、过程性，形成另一种多元性态势。

基于传统的写实再现的一种写生方式，真正的新现实主义从基于所见的社会直观来生成当代中国美学的新特点。某些当代油画力图在写生方面探索出新，但这种写生是非古典式美化的，而是基于当代现实和以当代美学重新审视的，就如同当代英国画家卢西安·弗洛伊德的人体写生和霍克尼的风景写生，都是当代写实不同路径的美学推进。在当代，艺术家以上帝的眼睛审视人的肉身，无数普通人最深刻地从形象到肌肤"丑陋"成为油画努力刻画的东西。这种丑陋因此具有一种深刻真实的当代性，确乎对比出古典美的矫饰和理想，同时获得了一种新的美学身份，描写丑陋成为一种风气。例如，忻东旺式样的当代写实肖像，他创造的普通人物都是直接面对对象、在对客体的直观感受中完成。这种面对客体的直接体验，不仅使他的艺术具有了真正"写实"的品格，也使他准确把握到当代人的内在精神超越了丑陋和美好的简单定义，具有一种让人怦然心动的穿透力、过目难忘的震撼力而成为新现实主义的代表性画家和领军人物。忻东旺一方面以中国现实的直接观照确立中国新现实主义的写实特点，一方面以"立象以达意"的"意象"造型手法转化为写实油画的独特语言，创造具有本土特征的中国风格。

```
          1 2 3
```

1 周春芽 《绿狗No.2》 2005
2 周春芽 《等待中的绿狗》 2002
3 周春芽 《绿狗》 1998

1　周春芽　《桃花与绿狗》　2008
2　周春芽　《春桃》　2011
3　周春芽　《江南桃花源》　2007

1　刘小东　《妈妈哥哥和我》　2021
2　刘小东　《小豆在台球厅闲着》　2010
3　刘小东　《庄伟和他的问号大拐》　2018

538

1 忻东旺 《早点》 2004
2 忻东旺 《诚城》 1995

中国式的传统写实与写意创新

自20世纪中叶以来，艺术的工具性作用让油画创作具有一定的政治色彩，主题和内容成为艺术家考虑的首要问题。例如，改革开放后的"伤痕美术"和"乡土现实主义"都有这种明显的特点，由此形成了中国油画的主题特性，甚至在当今主流绘画展览中依旧保持着这种主题先行的特点。政治性便是多元的一种特定性，但是随后反政治性的艺术态度，逐渐让多元性体现在风格的多元。艺术创作是一种带有强烈个人色彩的精神活动，艺术的无尽魅力就存在于其作品的独特风格之中。在互联网时代，艺术家的素养、天赋、经历、学识、性格、思想、情趣、理想的多样性，形成了当代油画多元的格局，但是从内容到形式，多元革新才能促成真正当代艺术的多元发展。这种发展特别看重两种因素的建立：一是坚持从传统中继承发扬本土艺术的精华；二是倡导个人独立思考表现的重要性。

基于写实的主流艺术意识呈现出这样一个诉求特征：在中国油画发展的每一时期，都体现出对油画民族化的诉求，民族化和本土化成为中国油画革新的中心内容。民族化和本土化都呈现出一种带有政治倾向的集体意识，以至于让这个问题成为一个非艺术的问题。实际上，中国油画的民族化和本土化问题是一个综合性的问题，这个问题也是一个艺术完善的自觉意识。重要的是，本土化的审美特点和文化基因构成油画与时代、社会、创新等紧密相连的因素，美学传统的张扬也在促生油画的民族风格。而这种民族风格自然地形成于一个集体自觉的对油画意象化的审美追求，让民族化真正成为一个艺术问题。可以看出，从古典写实主义到中国传统艺术观的演进路程，意味着从写实模仿到心理意象的转向升华，意味着目之所瞩到意之所游，摆脱客体的依赖和约束，形从意。主体意识的自觉觉醒，建立在科学时空观基础上的各种形式法则也随之动摇，转而以气韵、境界、意味的物我交融、天人合一为核心的中国宇宙观所替代，这个转变才是从西方古典写实观到中国意象审美观的真正转变。

东方美学观照下所折射出的诗性文心，独到的富有特色的艺术见解和创作个性，成为心象美学的重要依据。中国画论中的形神、气韵、气势、空白、骨法用笔也在中国学派的风格中体现出来。主客互渗、物我相融的"意境"是中国绘画表现的最高境界。写实油画如何融入中国的写意精神和笔墨意趣，写对象象内与象外之意，写艺术家心中文意，进一步发展成为写意油画，需要在造型、笔触、色彩等方面进一步探索与尝试，研究以西洋油画媒介承载民族文化精神，在实践中探索如何取舍、如何融合、如何生发的问题。这是一个持续面对的学术命题，也意味着把个体风格面貌的追求与中国油画的整体面貌与格局的形成相联系，借以营造相得益彰、相映成趣的多样化格局。各个时期有如李铁夫、陈抱一、徐悲鸿、潘玉良、刘海粟、卫天霖、林风眠、常玉、常书鸿、吴作人、董希文、罗工柳、吴冠中、朱德群、赵无极、朱乃正等的代表人物对这一命题进行解读和探索，以各自的方式进行自觉的富有成效的尝试。

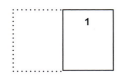

1 常玉 《原野之马》 1950

当代油画家更是明确自信地进行艺术探索，如央美画家洪凌以传统水墨的观念和隐约的山水画图谱形成自己的东方气象和山水精神。他将油画色彩的厚重感与中国绘画讲求气韵心性的流动结合，用油画媒材再现中国山水精神，在东方与西方、传统与现代间建立起关联，营造出超然纯净而又生机蓬勃的景象。但是，东西方语境的转换，不仅需要深厚的文化与艺术积淀，更需要过人的勇气与情感；除了勉力深入东方传统的精髓，还要有勇气突破西方技巧的限制，要做到这一点，就必须耐住寂寞，长期实践。中国油画发展中的意象化现象就是油画的中国化、民族化的集中体现，它成为油画中独特的审美意蕴，其抒情性、平面性、装饰性、抽象性、单纯性等特征作用在一起，共同形成我们对中国式油画的整体认知和基本视觉印象，构成中国油画的精神性因素。

基于写实基础的风格与图像多元性

中国美术学院设有以写实为基础的基本训练,大凡油画家都有长期写实绘画训练的凝练与积淀,形成了从古典主义到现代主义不同风格的尝试路径,艺术作品在内容与形式的统一中体现出整体特征。一些艺术家在图像的运用上大胆地将来自西方的、东方的、传统的、当代的、经典的、民间的、大众的多种图像组合在一起。在这些沟通符码与混搭的图像和极具辨识性的视觉图像中,可以读到关于社会、个人的相关命题和思考,并由此衍生出更多有意义的对话与交流。大多数新兴绘画在图像的呈现方式与处理手法上完全不同于传统"现实主义"绘画。例如,前卫艺术家张晓刚从"文化大革命"期间在中国各地普遍流行的爱国式的全家福照获得启发,通过描绘一家人目光呆滞、不苟言笑的表情,寻觅到一条可以捕捉中国集体身份特征的途径。而曾梵志则以假面具、红领巾、荒草等符号,在单纯而平静的背景衬托下,用隐喻和象征的表现主义手法,演绎着当下人们的精神状态。

大多数新绘画重视对影像、各类现存公共图像或卡通、网络与电脑游戏资源的借鉴,利用当代艺术形式赋予图像新的内容,或者解构图像原有的意义,从而超越写实图像的具体性、叙事性,将绘画导向多元表现的层面。岳敏君的作品,就反映了一位艺术家在面对这样的混乱时代中的一种自我在镜像中的状态。方力钧自1988年以来一系列作品所创造的"光头泼皮"形象,成为一种经典的语符,标志了20世纪80年代末至90年代上半期中国普遍存在的无聊情绪和泼皮幽默的生存感觉,注意发挥图像潜在的力量或某种不确定性效果,挪用,反讽,叠加,扭曲,增删,强调在用绘画与影像的对话过程中创造自己的独特表现方式,建立各自的图像来源和图像风格,以及处理图像的方法。主张类型化、符号化图像表达,对各类现存公共图像资源加以借鉴,流行图像也被借鉴。为了采用一种新的文化观照方式,进而反讽消费至上的物质化精神状态,用大众化的图像与手法把其带入一种超现实、荒谬的艺术语境中,体现前主流意识形态的图像符号创作。

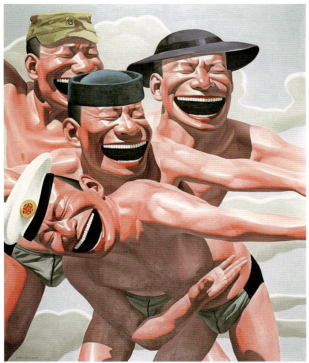

1　方力钧　《打哈欠的人》　1992
2　岳敏君　《阿拉伯马》　2007
3　岳敏君　《帽子系列之邀请》　2005

基于写实的语言创新性

当代油画注重本体性语言的革新，是当代性的最后一个问题，油画在表现中追求油画材料特性本身的意味，加强表现性因素，借以凸显油画材料自身在色彩、笔触、节奏、韵律、视觉张力等方面的独特韵味，借用材料本身所具有的肌理表现语言，在发挥不同材料自身属性的综合运用里，寻求种种不确定因素的确定表达。中国当代油画艺术在语言样式上表现出多样化，色彩运用方面更加注重主观感受和象征意义，在油色溶解渗化的流淌中，注重色彩的美学和心理学意义，在某些方面呈现中国传统色彩体系的质朴纯真，自觉运用丰富的色彩关系以更好地表达情感，呈现出当代性多维度的发展。例如，夏俊娜迅速地越过写实对表达的约束，快速展现对本质生活的热爱，贴近想要表达的那种本能，用一种非常具体的方式自然地将中国画的精髓融入，如流畅、顺畅、生动、贯气，使油画具有一种国画的品性，从而找到自己的一种语言。

绘画语言的呈现不仅是创作表达的基石，更是观者感悟作品的途径。中国油画在早期学习苏联，现代则大胆借鉴西方纯铜艺术与现代艺术，经由"八五新潮"对西方现代艺术的人士和学习，并为20世纪90年代对西方现代艺术的批判性吸纳提供了宝贵经验，再到新世纪油画艺术自给自足的发展，建立了不以西方当代艺术体系为评价标准，从而让后话本体语言的探索成为一种自觉行为，也开拓了在语言方面的中国疆界。各种形式与风格交相辉映，以写实为基础的油画丰富了自己的表现手段和方法，也展现出各种可能，让当代油画进入一种多元共生的和谐局面。

油画创作需要敏锐地关注现代人的生活与情感，从自身的生命体验与文化经验出发，构筑属于自己的且能与表达内容相契合的形式语言，为这个时代的艺术增添新的视觉样式；或者在叙事方式上紧密结合当下社会的文化语境。例如，四川油画家何多苓油画艺术的个人探索，注重个人经验和体会，也从中国绘画理论中汲取影响，努力追求通过笔法实现人画合一，就是脑手合一的至高境界。如他自己所说："我后来发现在国画里很重要的一点就是它的用笔。运用流动的笔触来表达自己，进入一种有点类似于中国画大写意那个状态。在技术上追求一种人画合一，就是想法跟画法合一。所以说这种境界我觉得是绘画的一种至高境界。"

艺术创作应该是多元的，油画艺术的多元性是时代发展的必然趋势。经济全球化、信息全球化使得世界范围的油画艺术出现多元共生的大环境，不仅不同艺术形式成为相互辉映的共生局面，而且在具象油画创作中也形成了丰富多元的艺术景观。真正寻找自身的文化传统和当代经验，从自身的视觉资源和观念资源寻找创作的动机和图像，以此克服"去中国化"的问题，形成全球多元化的艺术局面，注重"中国性"建构的本土价值，努力回到自身的语境。继承和守卫写实油画的传统，更重要的是，吸收和借鉴当代艺术观念和更为多样的表现技法，同构和融合一切好的东西，让艺术之间的相互借鉴、吸收、渗透、融合变成一种自然的合道之事，才会导致油画艺术的多样化、多元化，探索具象油画的现代之路，使中国当代油画产生质的飞跃。

新，不仅新在艺术语言上，还要新在思想观念和艺术表现上，只有这样的新，才是新的需求、新的必要、新的立足点。要注意当代艺术面临的困境，正视语言任意挪用、对切身境遇的漠视、视觉资源的枯竭、个人经验的缺失等问题，艺术家必须在文化素养、思想境界、技能技巧、生活感受、传统学习、时代精神、艺术理想等方面扩充个性容量，争取形成一个最大限度的创作自由和表达范围，积极营造自由广阔的精神空间，提升开阔辽远的艺术境界，才能够适应中国当代油画艺术的发展需要，符合融入多极化艺术的趋势。中国写实油画更需对当下现实社会深度切入，注重体现当代视觉文化的审美经验，在发展中不断追求本土化的特点和个人风格，才会更好地呈现中国当代写实油画的时空意义，并构成世界艺术多元中的一元，成为全球当代艺术的重要组成部分。

1 何多苓 《惜春》 2012

▶ 在飞驰的高铁上谈中国艺术

在开往南京的高铁上，窗外铁路旁景色一掠而过，更远的景色则渐渐移动，距离与空间构成了快与慢的一对共时关系，我因此想起早年乘坐绿色铁皮火车的时刻。中国高速铁路营业里程居全球第一，截至2020年底，全国铁路营业里程14.6万公里，其中高铁营业里程3.8万公里。高铁对中国工业化和城镇化的发展起到了非常重要的促进作用，推进和平衡了沿线地区经济发展，促进了沿线城市经济发展和国土开发，沿线企业数量增加使国税和地税相应增加，有利于节约能源和减少环境污染。现在中国拥有最强大的高铁网络、最成熟的高铁技术、最丰富的运营管理经验，形成了具有中国特色的高铁技术体系，进入世界先进行列，中国高铁成为一张"黄金名片"，正在引领世界高铁发展。

一起出行的还有另外一位老师，我们便从速度谈起未来主义画派，谈到古代秀才的赴京赶考，最后谈到木心的诗句：

从前的日色变得慢
车，马，邮件都慢
一生只够爱一个人

行的速度，是工业革命以后我们人类面临的一个巨大美学课题。快了，沿途的风景就模糊了，让我们失去了欣赏的凝视。蒋勋说，"悠闲"两个字变成非常值得我们重新反省的一个美学品质。我也提起2014年挪威国家广播电视台制作的一档慢电视，展现把柴火放进壁炉里燃烧的全过程，整个电视节目没有配乐，没有广告，没有解说，一个单一的画面贯穿节目首尾。此外还有类似的节目《织毛衣》《钓鱼》等，收视率颇高。这档慢电视受到挪威人的喜爱，因为它给人们提供了一个坐下来放松、沉思的机会。慢，还真是一剂治疗精神焦虑的良药。

安静了一下，很快又扯到士人精神，从古代文人说到当代，说士人在古代面临的两种命运，谈春秋战国时的孔子游走列国，再从秦始皇的焚书坑儒一直谈下来，说古代士人不是被科举规范成统治谋士，就是归隐寻求洁身自好，议论着古代文人的各种态度与生活方式，从中窥探士人的文化和品行特征，如竹林七贤，如陶渊明之归隐南山，如王维之与禅佛结合，到李渔谈明清的生活审美化的隐逸态度，到郑板桥的难得糊涂。历数士人的人生哲学的变化，一一议来，体悟独特的生存环境如何决定士人的平淡、隐逸的特性，而又追问当今士人的精神何在，士人精神的存在语境又如何。探索士人精神与精英艺术的关系，认识到士人从归隐山林到大隐隐于市，再到隐于庙堂，再到外在无处可隐，而只能在内心里归隐，无非是"心远地自偏"的意思。

1	**2**
3	**4**
	5

1　苏州博物馆　贝聿铭设计
2　绍兴饭店　浙江建筑设计研究院设计
3　杭州富阳东梓关回迁农居　GAD建筑事务所
4　哈尔滨大剧院　马岩松设计
5　大兴国际机场　扎哈哈迪德

然后就谈到中国画的笔墨结构，谈到中国文人画面临的问题所在，笔墨结构必然蕴含着中国文人的文化结构，但是笔墨结构如何蕴含，便是具体的形而下的视觉问题。显然，笔墨和水墨是两个不同的问题，一方面感慨当代文人的失落、稀少，一方面也认为当代文人缺乏整体的文化修养和社会责任感。当今的问题不是隐逸地逃避问题，而是趋媚与堕落，与流行性、世俗性的大众文化同流合污，而无法确立勇于担当的新时代知识分子形象。因此我提及了一些范例来说明，这些所谓的文人以近乎颓废的笔调来回避对社会问题的反映。从这一点又谈及在近代也就是20世纪30年代所产生的"为艺术的艺术"和"为人生的艺术"两派之争，谈到了新月派和创造社。再谈左翼文联到重庆和延安艺术的变化，而推及艺术的视觉化表达的魅力与题材的关系。

又谈到当代艺术的中国身份。中国艺术家要关心传统文化如何在现代形式中发扬光大的问题，有一些艺术家在不断潜心做这方面的艺术探索，比如中国台湾的林怀民早在20世纪70年代就创办了云门舞集。20世纪末，我在国外的电视台上偶然看到了播放云门舞集的现代舞蹈，这让我十分惊讶，立刻就被吸引住了，一直看完，并产生了浓厚的兴趣。后来查资料，才知道林怀民的云门舞集是台湾的一个舞蹈团，运用中国传统文化元素，在现代舞蹈里有非常好的体现。使用现代舞蹈的各种语汇表达中国人自己的审美感情，展现的是一种自然的艺术。这一点的成功，让我十分感动。中国要成为一个文化强国，有赖于这方面更多的建树。

后来收集到云门舞集的光盘，就放给学生观看，算是艺术范例讲座的一部分。在放映的时候，偌大的教室十分安静，学生们都沉醉于舞蹈所营造的强烈审美意象中。舞蹈并不是要靠叙事感人，也不像西方舞蹈充分显示人体的健美强劲，而是在优雅的节奏中展示一种收发自如的节律，就好像藏头去尾的书法，的确，林怀民就曾从书法中寻求舞蹈的表现。如果古代书法家张旭从公孙大娘的舞剑中悟出书法的道理，同时在自己行云流水的书法中得以体现，那么舞蹈从书法中获得启发也是很自然的事情。富于韵律和收放含蓄的特点，犹如书法的运笔欲擒故纵地起头收尾，在太极拳等传统武功中也有体现，这一点还要从更高的层面去理解。例如，高境界的圆活之美，超越舞蹈和太极的皮相，指的是艺术上达到一种出神入化的"圆满""圆通"境界。推崇自然格调和用意出神入化是中国古代艺术审美的最高理想。

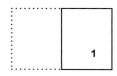

1 林怀民的云门舞集

谈到舞蹈《行草》的创意，林怀民讲，在舞蹈中"运用很多字帖，很多名家的手迹。我们从台北故宫博物院里调出帖子，经过特殊处理后，放大到顶天立地，感觉王羲之的智慧，立刻铺到了观众身上。千字文铺天盖地打满整个剧场，舞者一动，字就活过来了"。"已经不是字本意，它变成视觉的东西。有趣的是，在一个对的场子里，我的头发都会竖起来。在某个节点上，因为舞者带动观众的呼吸，然后又回到舞者身上，安静得让你非常感动。"这里说到的静，是一种传统文化所独有的美学，类似于禅宗，在静观和冥想中达到一种境界。林怀民在舞蹈里实现了它，毛发竖起来，是在气场中自然的反应，这个说给不懂的人，自然是不懂。

说到"不想"，我曾经在一篇文章中提到，一个西方大指挥家在演出之前提示自己的乐团演奏员，头脑要空白，忘记一切再开始演奏，这一点和林怀民强调的舞蹈前的不想，也算是异曲同工。"如果你还在舞台上想，那是思想，不是舞蹈。"艺术最直觉的体现，最具有打动视觉的地方，我们就看那一抬足一伸手，已经有无限的意味在。这意味着不是京剧中的程式化动作，所谓事先设计好的，因此表演在云门舞集的舞蹈中有着即兴的发挥，身体是随着情绪和感觉，在某一个时刻和空间，做最下意识的动作，这动作感动了当下观看的我们。林怀民说："云门的舞者，不是单纯地学跳舞，而是非常个人的修炼。"这一种修炼，是舞蹈的最高境界，在音乐家刘索拉那里，也得到最好的证明。刘索拉的乐队和舞蹈家高艳津子联合做即兴的表演，也显示出高度的生理性艺术直觉。刘索拉2015年创作的《直线》，谱上并没有标注所有的音，而是启发性地标注重要的乐句和音型、结构和走向，为了训练年轻演奏家的即兴思维和即兴演奏而设计。在乐队成员个性化的互相较量中，"大家总是奏得乐不思蜀"。

不知不觉谈起20世纪50年代以来中国艺术的重要变化，如果局限在中国画类，则以推崇齐白石为例来谈日常生活的介入。或许日常与神性便可成为谈论的主题，日常常常和平庸相联系，神性则与崇高密不可分。然而这个时代是解构崇高性的时代，社会在打倒伪理想的乌托邦的时候，也在推翻人类对美好的神性追求，当今的一切平庸世俗都是这种消解崇高的结果，追求更伊壁鸠鲁式的俗世生活快乐，但绝不是静态的，而是张扬的享受和表现。我以为，神性是人类认知中最好的理念追求，在回归为人的时候，要认识到人的本性的复杂和所有，但并不是为本能和低劣人性平反，张扬人性的恶。或许在当今艺术之神亦可隐匿于日常，投身于日常生活，着眼于感人的细节与人情味，通过日复一日的劳作、休憩、烹调、阅读、宴客、饮酒……也可在日常对象中发掘一种沉静的诗性与神性。

然后又说到艺术圈火爆的当代艺术家们，说现在哪里是出污泥而不染，而是污泥中打滚，出名的都是打滚的人。大家都急着当官，急着卖画，急着争名夺利。出污泥而不染，强调了不染，但是从另一个角度来想，污泥其实是相当丰厚的艺术营养，相反，水质清则无鱼。我也以我深刻了解的艺术家案例来说明，他们的作品在某个时期的当代意义，而被商业化之后则失去了当代性特征。当代社会要求艺术家开放、多元、明朗和独立，实际上现在有多少当代艺术家做到了？

大家都认为，如果没有诗书画的修养，再加上当代所必需的哲学等其他领域的思想滋养，就不可能有纯粹的知识分子，而是一些侧重于笔墨小趣味的画匠而已。笔墨最直接地反映情，可是这情并不是肤浅苍白之情，而是深厚的、真实的、有修养的、赋予情怀的。笔墨必然和书写联系起来，也意味着线条占据了主要因素，这又可以和抽象表现主义联系与比较来谈。如果舍弃了笔，则更多倾向于墨和水的营造，再走远一点，很可能就是墨水的特定晕染趣味的美学追求，也会减少文人画独有的特征。而最终，笔墨如能自由传达情感，也可以不在乎所谓的文人画艺术规则、结构、图式等，更加自由放松地进入独特的个人体验中，脱离泛化的集体经验，才可能有独特的表现。

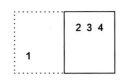

1 潘公凯　《拟八大意荷花》　2011
2 潘公凯　《晨趣》　2021
3 潘公凯　《酣春图》　2021
4 潘公凯　《仲秋》　2021

这世界需要好艺术家致力于最高级标准的文明创造，我习惯于从文化的角度理解一切艺术的变化，把艺术家纳入整个时代的文化体系中去看待。这种变化有小语境的影响，也有大语境的影响。我以为，文明是由好的精英文化所组成，但是由于当代艺术没有标准，由于市场横行，流行文化占据主流地位，实际上当代艺术史是驳杂混乱的，标准也混乱不清。整个时代的文明文化和大众文化、精英文化密切相关，但是这个时代不是精英的时代，甚至西方也少有大师，这是一个流行文化泛滥的时代，艺术现在成了一门职业，而不是人生的寄托。虽然对于某些人来说，艺术也没有那么重要，只是生活的一小部分。

前几日是一年级的大课开始，我在开课寄语中希望同学们摒除杂念，进入专注学习的状态中，因此说到当年包豪斯的基础课教师伊顿带领学生在楼顶做早操，然后再进入教室学习，就是要让学生忘却外界干扰，身心合一，投入到对宇宙韵律节奏的感受中来，用抽象的线条加以表现。这让我想起南朝梁文学理论批评家刘勰的虚静学说。刘勰在《文心雕龙·神思》中提出了"虚静"说："陶钧文思，贵在虚静，疏瀹五藏，澡雪精神。"也就是说，如果要高度的感知和敏捷的思维，就需要摆脱一切私心杂念的羁绊，才能够达到清澈自由的审美状态。可以看出，刘勰的"虚静"说受道佛思想的影响，这恰恰说明中国美学很大一部分都受到道佛的影响，从而形成中国美学的特点。就是不讲究动而追求静，追求平淡，追求缓慢，就如同太极一样。

那么道佛为什么会有如此的主张呢？也许这又与社会和人生的背景关联起来。当社会充满动乱和苦难时，道家提出的解决方法就是化有为无，减少乃至消除个人的价值关怀，从而使个体心智进入一种清虚无碍的意象心态中，享受无我的自由。佛家以阻断对尘世的关怀为前提，这一点和西方哲学宗教的解决方法不一样。虽然西方的宗教也讲约束人的欲望，但是宗教将人降到原罪的地位，从而产生强烈的卑下感。西方现代哲学则极为重视对个人价值关怀的思考和判断，因此叔本华（Schopenhauer）和尼采都强调超人的学说和来自个人价值判断的"积极的虚无主义"，萨特（Sartre）强调"存在先于本质"，自在的存在和自为的存在难以统一，这些都和中国哲学的主张不同。

终生无娶，身居定林寺的刘勰常年整理佛教经典，亦深受道家思想影响，精神上与庄子暗通。《文心雕龙·神思》开篇说"古人云：形在江海之上，心存魏阙之下"，以此来说明"神思（心）"是可以离开、超越"形"骸而自由活动，颇得道家真传。"知道"原本就来自道家的"知—道"，刘勰用来自道佛的"虚静"来阐释艺术观念，主要在于要求和外在俗物拉开距离，而我之前在讲课中也谈到"距离"在现代艺术中成为一种表达的要素与节点（那么，保持距离是否能更好地移情而达到自我体验，这一点还要再思考），但是刘勰的虚静，则是要清除庸鄙之情，物欲之志，这样才能"窥天巧而尽物情"，故朱熹也在《清邃阁论诗》中说："不虚不静，故不明，不明，故不识，若虚静而明，便识好物事。"其次，静心才能虚怀若谷，寥廓心胸，接纳和感受万物之情，这样才能够"神与物游"。苏轼也说："欲令得语妙，无厌空且静。静故了群动，空故纳万境。"再次，虚静最终是一种大的胸怀和自我，最高的境界是"天人合一"，是一种无我的状态，这一点和西方哲学强调个人的存在有明显区别（或许与叔本华所说的"纯粹的客观性"有一点暗通款曲）。当方法成为主体时，我们可以看到古诗中充斥了关于虚静的诗句：王惟一的"洞观物我皆空。寂然安静到鸿蒙"，柳宗元的"道人庭宇静，苔色连深竹"，白居易的"身心转恬泰，烟景弥淡泊"……"虚静"便由一种体验方式，逐渐成为中国古代诗歌和绘画的美学追求。

天仍旧是阴的。但是艺术的谈话多少抵消了阴天的灰暗。这便是艺术之好，我把它称作美的轰炸机，美的暴风雨。我宁可在轰炸中体无完肤，却感觉到无限幸福，我宁可在暴风雨中淋得像落汤鸡，却仍然像孔雀一样想要开屏，这便是艺术的力量了。列车在谈话中快速地前进，一站站停开，一群群人上下，都在专注的谈话中不知不觉过去，那个和我们搭话的男子也不知道什么时候下车了。散漫的谈话最后的结论是，士人精神，不仅仅可以在文人画中得以表现，也可以在其他艺术方式中加以体现。我们可以说，文人画已经积累了一套独特的符号和图示系统，而在其他媒介则需要形成和积累。我们又在当今那些画家中具有当代新因素这一问题上做了一番交流。渐渐目的地就要到了，广播正在播送列车将要到达，窗外变成了城市高楼的景象，列车里开始骚动起来。

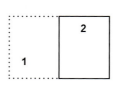

1 徐仲偶 《独傲》 2020
2 徐仲偶 《生命之歌》 2020

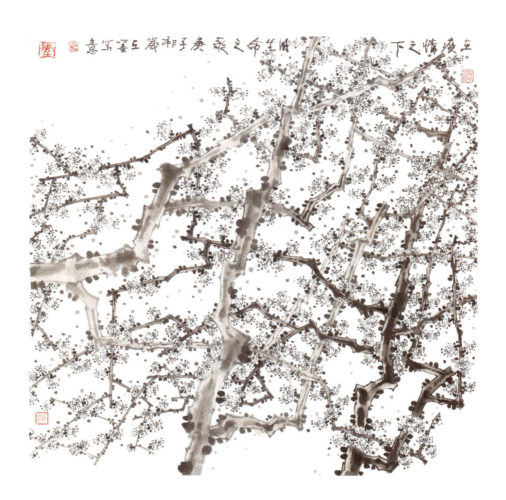

553

实践绿水青山就是金山银山

2015年8月15日，习近平总书记在浙江省安吉县余村考察调研：在村里简陋的会议室里，听取当地镇委书记和村党支部书记的汇报。天荒坪镇余村村党支部书记鲍新民在做工作汇报时，习近平总书记给予他谆谆教诲。习近平总书记说："一定不要说再想着走老路，还是迷恋着过去的那种发展模式。所以刚才你们讲了下决心停掉一些矿山，这个都是高明之举，绿水青山就是金山银山。我们过去讲了，既要绿水青山又要金山银山，实际上绿水青山就是金山银山……要坚定不移地走这条路，有所得有所失，熊掌和鱼不可兼得的时候，要知道放弃，要知道选择。"2005年，时任浙江省委书记的习近平在安吉考察时以哲欣为笔名在《浙江日报》发表文章，文章指出：如果能够把这些生态环境优势转化为生态农业、生态工业、生态旅游等生态经济的优势，那么绿水青山也就变成了金山银山。绿水青山可带来金山银山，但金山银山却买不到绿水青山，绿水青山与金山银山既会产生矛盾，又可辩证统一。

伴随现代化建设取得巨大成就而出现的环境污染问题，成为中国的发展之痛。生态环境是关系民生的重大社会问题，也是关系党的使命宗旨的重大政治问题。一个14亿多人口的发展中大国，如何实现更高质量、更有效率、更加公平、更可持续的发展？人与自然、经济与环境，如何兼得？这个时代之问摆在了中国面前。"绿水青山就是金山银山"，清楚地表达了生态环境优先的态度，为经济发展划定了生态保护的红线，亮出了中国绿色发展的决心，显现出对自然的高度尊重。100多年前，恩格斯曾向全人类提出："我们不要过分陶醉于我们人类对自然界的胜利，对每一次这样的胜利，自然界都对我们进行报复。"余村境内多山，有着优质的石灰岩资源。1986年前后，余村水泥厂生意兴隆，整日烟尘滚滚。那时余村靠开山采石成为当地远近闻名的富裕村。但伴随而来的，却是青山被毁，河流被污，村民身体健康受到伤害。从2003年起，余村人痛下决心，3年间相继关停了矿山和水泥厂，开始发展休闲旅游，从"卖石头"转为"卖风景"。余村集体经济转型的"小切口"投射出时代发展的"大问题"。只有不负绿水青山，才能创造更多的金山银山，这是余村制胜的法宝，永久的信条。余村人把它永远刻在石碑上，他们希望来自各地的参观者学习它、领悟它、拿走它，让更多的山村也走出一条持续健康的绿色发展之路。余村遂成为全国上下学习体会的典范。

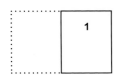

1 绿水青山就是金山银山

乘车进入山中，一路竹山清幽，乘坐游览车在山路上一路行进，一边看一边感受自然之美，身为余村人的女导游也一路解说，可以感受到她言语中作为余村人的自豪。然后车子盘旋下山，进入礼堂观看影片。生态资源是最宝贵的资源，绿水青山就是金山银山。走人与自然和谐发展之路，让绿水青山源源不断地带来金山银山。在经济发展中，方向和速度哪一个更重要呢？长久看，方向的选择其实是最明智的选择。对绿水青山与金山银山关系的深刻认识，源自习近平同志长期对生态文明建设的实践与思考。2013年，习近平总书记在哈萨克斯坦纳扎尔巴耶夫大学发表演讲时再次强调："我们既要绿水青山，也要金山银山。宁要绿水青山，不要金山银山，而且绿水青山就是金山银山。"2015年，"坚持绿水青山就是金山银山"被写进了《关于加快推进生态文明建设的意见》。2017年，"必须树立和践行绿水青山就是金山银山的理念"被写进党的十九大报告，"增强绿水青山就是金山银山的意识"被写进新修订的《中国共产党章程》，成为中国生态文明建设的指导思想，引领中国走向绿色发展之路。建设美丽中国是人民心向往之的奋斗目标。这个目标有明确的时间表，到2035年美丽中国目标基本实现，到21世纪中叶建成美丽中国。

现代化是人与自然和谐共生的现代化。美丽和绿色成为关键词，也凸显出人类把自然之美予以珍惜和保留，也把自然作为艺术品呈现于我们的生活之中。之后我们又去参观了被改造的水泥厂。水泥厂也是人类破坏自然的遗迹，作为教训陈列在那里，让人警醒和反省。一方面，大地可以作为劳作的对象，供我们辛勤开垦与耕种，从中获取我们赖以生存的粮食；另一方面，大地也可以作为艺术品，我们精心修葺和维护，从中获得愉悦和放松。二者的结合也是可以的，比如景观农业，土地及土地上的空间和物质所构成的综合体可以形成景观艺术，通过种植着力打造村景、山景、水景、田园景，观光生态农业则建立农林牧渔土地综合利用的生态模式，强化生产过程的生态性、趣味性、艺术性，生产丰富多彩的绿色保洁食品，为游人提供观赏和研究良好生产环境的场所。观光种植业利用现代农业技术，开发具有较高观赏价值的作物品种园地，组建多姿多趣的农业观光园、自摘水果园、农俗园、果蔬品尝中心。观光林业则开发人工林场、天然林地、林果园、绿色造型公园等，利用人工森林与自然森林所具有的多种旅游功能和观光价值，为游客观光、野营、探险、避暑、科考、森林浴等提供空间场所。观光牧业则开发观光性牧场、养殖场、狩猎场、森林动物园等，为游人提供观光和参与牧业生活的风趣和乐趣。观光渔业则利用滩涂、湖面、水库、池塘等水体，开展具有观光、参与功能的旅游项目。除此之外还有观光副业，开发具有地方特色的工艺品，展示其加工制作过程并加以销售。所有这些，形成了农业生产建设消费的审美化，满足了大众日常生活审美化的需求。

在当今城市扩大化的进程中，农村中的年轻人流向城市，农村逐渐破败和凋零。乡村振兴成为一个重要的命题。艺术是实现乡村美的方式之一，农村美是乡村振兴追求的境界，主要体现在文化、艺术、景观等方面。艺术设计过程中要遵循统一、均衡、韵律、比例等美学原则，乡村景观要符合地域文化特性。中国大地文化性景观非常多，在用艺术打造乡村方面具有天然的资源优势。乡村是中华文明的重要载体，而艺术是最好的发展乡村文明的手段，把艺术设计融入美丽乡村建设和传统村落保护中。艺术不是目的，而只是表达自然、文明和人类关系的一种方法。"艺术乡建"，在我国乡村建设中越来越受到社会各界的重视。社会学家、艺术家、建筑师、景观设计师等都积极参与到活动中来，一方面是以建筑—景观—整村营造为建设策略的乡村建设，另一方面则是让文创项目落地乡村，开发乡村特色，结合文创类的项目，以硬建设结合软文化创新传播。硬建设即公共艺术形式介入乡村建设，带动乡村的旅游经济发展；软文化创新即根据乡村特色开发的各类艺术展馆、文创品牌开发、艺术家驻地计划、大地艺术季等公共艺术活动的开展等。

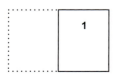

1 中国乡村振兴风貌

2000年，一批来自世界各地的艺术家发起了以"人类属于大自然"为主题的艺术节，日本越后妻有"大地艺术祭"的创始人北川富朗（Fram Kitagawa）通过调研发现，"每一个村庄都不一样，各有各的风俗习惯，如果把多元性的现代艺术放进这些村庄里，或许会很有意思"。为了拯救衰败中的越后妻有，让艺术家们把过去人们会聚的公共场所，或者包含着一家人喜怒哀乐的居住空间变成作品，并尽量让当地人参与进来，重新唤起他们对家乡的自豪感。来自世界各地的艺术家们源源不断地进入社区，融入当地环境，与当地留守老人以及来自世界各地的年轻义工一起，以山野、天空、森林为创作舞台，创造出大量既充满当地风土人情，又与大自然及社区共生的艺术作品。美是一种看不见却最有效的竞争力，它能于无声处感化人群，散发力量。自2000年开始，大地艺术祭每三年举办一届，它的成功给越后妻有重新注入了活力，正是因为大地艺术祭所传达出的美吸引了一批又一批渴望逃离城市生活、回归自然的人来到这里。这实际上就是一场传播美的运动，在传播过程中又同时促进了当地住宿、餐饮、旅游等行业的发展，让越来越多的年轻人回到故地，让越后妻有再次焕发出生机，让乡村与城市在这里完美交会。

在浙江安吉余村，也是游人如织，铭刻着"绿水青山就是金山银山"的石碑就立在村头，参观者排队在碑前合影。四点半结束参观活动，离坐车还有半小时时间。我从车上拿下画夹子，快步走到一片荷塘前。荷塘内的荷叶已经残破，形成一片枝干错落的美感。我在旁边的石台上坐下，开始画西南的青山，用木炭快速地铺涂山体。天上无云，但是天色渐渐朦胧起来，中景有大路，路边有几棵黑色的树木，右边是草棚，前景有荷塘。不到20分钟画完，同行者围绕在旁边观看。画完喷了，还有一点时间，就地转向正西方向迅速换了张纸画起来。远山有层次，前景荷塘残荷一片。我总结的写生经验再次充分发挥：感，敢，赶。感受，敢画，赶紧。同行者和游人围了一圈，都默不作声地看着我画。有一个母亲带着孩子看了一会儿，给孩子说这是炭画，我朝她竖起大拇指，然后又埋头画起来，用一种富于韵律节奏的线条运动快速地画着残荷枝条给我的感觉，画完也就10分钟的样子。快速表达常常让准确成为表现。重要的并不是写生，写生不仅仅是帮助我们掌握技术的一种手段，重要的是人和自然的接触，每一次写生都是我和自然的一次对话。我让自己直接地感受对象，这个过程是迅速的，不假思索的，某种自然元素进入了我，我成了自然，这就是所谓的天人合一的感觉吧？我平日所有积累起来的文学修养，都真正成为诗情画意的自然流露。只有一种个人的现实才是艺术创造中的真实。我所拥有的只有真诚。

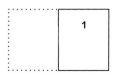

1 周至禹 《余村素描》 2020

大家一起上车，在夜色降下来时离开余村，一路上想着自然之美的意义所在。我喜欢自然，在风景中我的灵魂得到了自由的释放。我描绘风景，风景中的草木山河和色彩感动着我。我阅读黑塞（Hesse），我阅读梭罗，感受到发自内心深处的一种共鸣，一种寄情自然的愿望。这种心愿我只有在古典主义绘画中才发现，在卡拉奇的笔下，在鲁本斯的笔下，风景中的自然有无限的神圣性，神秘，和谐，有力量。在普桑的笔下，在克劳德·洛兰（Claude Lorrain）的笔下，风景是理想的，并且是田园的，静止，水平，扩展，有无限的深远与空旷。一直到19世纪的柯罗，风景依然还有古典的浪漫诗意，有《宁芙在晨光中舞蹈》。

欧洲艺术家以极其浓厚的兴趣真实生动地描绘大自然——树林、山谷、水泉、天空与海洋。但是在印象派以后，自然的神圣性消失了，代之的是视觉的愉悦，主观情感的释放，夸大，最后成为借自然表达自我的方式。为什么印象派以后，这些东西就消失了呢？难道是尼采说了上帝死后，自然就不再具有神圣性？的确，荷兰哲学家斯宾诺莎（Spinoza）把上帝与自然看成是一回事，这种观点造成的联想，在荷兰与法兰德斯绘画中发挥了强有力的作用，世间万物是整体的一部分，而这个整体就是自然。或许，古典绘画中的风景，其实表现了人类对失去的伊甸园的缅怀。如今风景只是表达诗意的一种方式，而自然美是人类自古至今无法释怀的一种乡愁。这也凸显出工业时代的一种精神失落，更彰显出绿水青山对人类重要的精神意义。

中西早期不同的自然观和终极关怀理念，使中国山水画和西方风景画形成了不同的审美风格和绘画体系。中国人对自然有独具亲和力的文化认知和心理体验，衍生出中国山水画这一艺术形式。人与自然之间如何得以和谐共存、相互辉映历来是山水画家所关注和表现的中心。中国山水画在描绘自然的过程中，创作者的审美情感与自然物象的交融，体现出中国山水画的审美精神具有"善"的艺术本质，充盈着"道法自然""天人合一"的中国哲学意识。"山水以形媚道""圣人含道映物"。所画的山水可卧可游，表现出文人归隐田园山林的生活理想，充满清静、安逸、超脱，通过自然山水风光寄托他们的情感。在这种对玄妙、玄远境界的追求中，他们获得一种善于捕捉外在世界的美的审美胸怀，对自然产生一种特殊的亲和感。如今，现实的绿水青山成为日常生活卧游的目标，而不仅仅是在绘画中实现。绿水青山的理念就是让自然如其所是。古人说，仁者乐山，智者乐水。便是从自然山水中体悟人生之道和完美人格的高尚追求。与大自然对话，与大自然相谐，以大自然作比，人的品质就会受自然山水、自然万物的无形影响，自然山水的品质与特点也会反映在人的气质、修养之中。这已然成为当今人们普遍的审美生活目标。

1　周至禹　《余村素描》1　2020
2　周至禹　《余村素描》2　2020

▶ 审美与教育是一个永恒课题

夜里我梦到在一所国外大学里徘徊，醒来后还记得清晰的画面，其中有某处建筑顶部三角门楣有些残损，像符号般地预示了什么。在教学楼通往消费区的路上，学生们来来往往，一路欢笑打闹，有人喝着啤酒，这一点分明是不真实的。我对一些人说我不去玩了，还有很多的作业要做。我似乎也是这个学校里的一员，对此我似乎没有丝毫的怀疑。天空有的时候阳光明媚，有的时候则是黑白得晦暗不已，带有强烈的超现实感。在校园的一个角落，所有的门窗都被铁条严密封闭着，我以为是保护里面的重要设备不被偷盗，却原来是关押严重过错的学生，里面没有灯光，但是据说有老鼠。我没有怀疑这种惩罚场所的不当性，而是有点为自己担心。当我醒来的时候，我意识到梦境有一些是可以被加以解释的。天刚刚亮，当我坐在电脑前，我已经忘记了关于梦境的一切。重读了残雪的《审美与自然》。

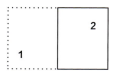

1　参观卢浮宫
2　参观艺术展　周至禹摄　2021

残雪的美学思考是建立在自己的实践哲学基础上，并且她自己也以此为荣，因为可以用自己的实践体会来印证和发展自己对当代文学理论的思考，进而认识到康德的某些理论是过时了。残雪的思考一如她的小说特征，偏向于内心的反向性思考，并认识到内心实际上是一个很大的世界，有可能成为当代哲学探索的重要对象。从来自我和自然是人类分析认识的两大对象，在当今对二者的科学态度鲜明起来，对人的精神进行生物性研究是一门显学。对残雪则相反，在残雪的认识中，她扩大了审美认识的重要性，不仅把它看作人类的认识机制，进而认为有替代理性哲学认识的可能，比如抽象的审美理念代替黑格尔的理想概念等。认为这样"才能适应我们今天所面对的人性之谜和自然之谜，使我们有可能将已经破碎的世界重新整合起来，使生命的活动重新成为有目的的活动"。在我直接引用的文字中，人性之谜用了繁体，而自然之谜用了简体，这一时引起了我的好奇和想象。在这个想象过程中有着审美的愉悦。

残雪已经意识到当代审美与传统审美的区别，在传统审美功能更多地依靠直觉和感性，而当代审美思维机制中反思是不可缺少的，当代艺术的哲学性、思辨性造成了仅仅依靠直觉是难以判断的，这个审美活动充满了内向性的过程。"现代艺术的创造和欣赏都已经将人与人之间的交流经验内在化、深度反思化了。在审美活动中经验已不再是作为感性直观的运用，而是上升到了知性直观的运用。"并且，残雪发展出关于自我的两种意志：一种是自我的客观意志（客观性被植入内部的意志，残雪把其名之小自然，以对应外部的大自然），一种是自我的主观意志。这两种意志交织着通过感性直觉和知性直觉在审美经验中发生着作用。但是，对知性直觉还需要更好地进行分析和阐释，尤其是直觉与直观的关系。但残雪已经在强调它的重要性："一切从生活中获得的经验都须深化和再造，让其变成知性直观，用这种知性直观来建构理性之美、自由之美。"对这种审美心理，残雪的思考又带有唯心和先验的玄学色彩，认为其"绝对不是用心理学解释得了的"。这种知性直觉并非天赋，而是"只有那些天性敏感，对精神事物充满好奇心和探索的热情的人，经过长年累月、千辛万苦的操练，才有可能获得知性直观的能力"。

正是基于此种观点，残雪认为艺术家必须深深介入世俗生活，但是又必须具备将其抽象化的能力，就是体现于知性直观的能力。残雪用"操练"一词来显示实践的重要性。我记得我曾经反复向学生强调，一个高层次的艺术家必须具备极端理性和极端感性的两个方面，这使得一个人能够进行深入清晰的理性思考但又不失敏感直觉的审美判断。之所以这样提出要求，也是和当代艺术的特征相对应。现在在残雪这里得到呼应："只有理性与情感二者都俱备，审美才有可能发生。"只有如此，也就不再落入模仿自然的窠臼，自然的重新建构才有可能。残雪描述这种审美活动的语句让我发生共鸣：一名艺术家在创作之际被他的日常情感经验所包围，但他在凝视这些经验的同时却又独立于这些经验。他那处在冥想中的目光看到的不是经验的表层意义，而是他内心的那个深层机制如何在经验中活动。他要运用那个机制将杂乱的经验变成有序的本质之美的结构图案。我在写作时有着相似的经验：从现实生活中积郁的情感经验，通过内心的创造，升华为更加具有超现实的象征意象。

基于这种主观能动性的审美理论，残雪强调了在欣赏自然和艺术作品中的互动性，也就是只有欣赏者调动内心的审美机制，才能使审美对象的美和意义加以显现。这恰是知性直觉内心的"看"，和感性直觉的"眼看"拉开了距离。但是，当我开始质疑在鉴赏时知性直觉和感性直觉之间的关系作用时，残雪补充道：对于鉴赏者来说，他担负着双重义务——既要再现作者的自我和自然，也要将自己的自我转化成自然，用这个自然来重构作者的自然。所以成功的鉴赏是复合性的再造。于是将阐释的传统性和现代性结合起来，虽然不过是用"自然"的字眼代替了"意图"。

最终，我感觉残雪的美学阐释有意无意和西方的康德、黑格尔拉开距离，回复到中国传统美学的基点上来，这就是强调自然的作用。基于人是自然的一部分，把人的审美活动等同于自然赋予的能力，但是必须经过人的有意识的开放和熟练操作，最终实现将自我和自然打通，"在这种纯精神的创造活动中，人类最有可能达到和大自然的一体化"。这种自然主义的观点也就是"天人合一"认识的潜在反应。由此，"从人的角度说，艺术具有主观的客观性；从自然的角度说，艺术是客观的主观发挥"。而无论这个主观怎样发挥和创造，也都是客观的一部分，依我看，这又是离开审美的实践经验，上升到抽象的哲学认识了。

1 博物馆教育1　周至禹摄　2020
2 博物馆教育2　周至禹摄　2020

长期以来，对美一直存在着误读，也形成了艺术与受众的最大隔膜。在人类长期的审美活动中，形成了丰富的审美层次和审美范畴。美感是对社会性的情感关系的个人体验，它既是个人的、相对的，又是社会的、包含普遍性的。在这个意义上主观个人的美感有普遍性、社会性的标准。要认识到美不只是漂亮和悦目，这仅仅是美的最低层次。更具精神深度的美常常是壮美和具有悲剧感的美，豪迈旷达、苍茫雄浑都是美，苦涩扭曲也是美。这昭示了大致两类艺术的存在，一类刺激感官，一类触及灵魂。刺激感官者得肉身愉悦和快感，触及灵魂者得天地精神之往复。这显示出审美品质的高下，而审美品质需要通过美育来提升。因此重视美育成为一项国家大事，这也是前所未有的。

习近平总书记2018年8月30日给中央美术学院8位老教授回信，指出"美术教育是美育的重要组成部分，对塑造美好心灵具有重要作用"，并就做好美育工作、弘扬中华美育精神提出殷切期望。他提出，"做好美育工作，要坚持立德树人，扎根时代生活，遵循美育特点，弘扬中华美育精神，让祖国青年一代身心都健康成长"。写信的8位老教授分别是周令钊、戴泽、伍必端、詹建俊、闻立鹏、靳尚谊、邵大箴、薛永年，其中伍必端和詹建俊是直接教过我的先生，而靳尚谊、邵大箴、薛永年先生在我后来在央美的学术和教学工作中多有指导。他们写信表达了老一辈艺术家和艺术教育家对中华民族伟大复兴的坚定决心，发出了培养德智体美全面发展的社会主义建设者和接班人的心声。

这一辈先生德高望重，绘画艺术有高度的审美和民族精神表现。我记得曾经带着学生参观央美老教授捐赠作品展。原美协主席、中央美院院长吴作人的油画，展示出对油画、国画两种中西语言的各自表达；美协主席、原中央美院院长靳尚谊先生，其优美古典的人物肖像，对形有准确的研究及表现；原中央美院副院长艾中信的写生油画，其地道的油画色彩语言令人回味；雕塑家滑田友先生，在自己作品中有生动的对中西雕塑语言的体会与呈现，如《躲避轰炸》；王临乙先生同样，也在《人民英雄纪念碑》创作稿中探求民族风格的表现；中国籍法国女雕塑家王合内，王临乙先生的夫人，将对中国古代动物雕塑造型研究的心得在自己作品中优雅地体现；曾任中国画研究院副院长、国画家叶浅予，对舞蹈人物的动态与神韵的把握，以及漫画速写对生活世象的反映都是颇具神采；曾任美协副主席、国画家李可染先生，如诗的牧牛儿童和苍苍的山林晚霞浸染，这红霞不仅有时代的象征，也有视觉语言的精致配置，是入世厚生的现代山水，改萧索荒寒为深秀壮丽；李桦先生，曾任版画家协会主席，我本科生时期的导师，曾经和鲁迅通过多封信，蒙受教诲，其代表作《怒吼》

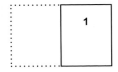

呈现的民族性和精神张力令人动容；王琦先生，曾任美协常务副主席，我研究生时期的导师，其注重木刻刀法精致的表现对我影响极大；彦涵先生，我研究生时期的另一位导师，对版画语言和形式极其敏感，作品充满了创造性的生机勃发；伍必端先生，我本科生时期的版画系主任，其后期作品呈现出对版画语言和内容的关注……我一一给研究生加以介绍，包括他们的艺术人生。比如来自国统区和解放区的不同艺术家的命运转换，艺术创作的变化，让我们看到了由一个个案形成的中国美术历史的条条痕迹，而他们都是美育的卓识者和实践者。

参观的过程也是审美教育的过程。"美育"是美感教育或审美教育的简称，审美是一个人对具有美感的自然或人造审美对象进行感知、享受、判断和评价的行为过程，美育就是培养审美的敏锐感受力，启发丰富的想象力和创造力，以达

567

到情理相融、人格统整和精神自由的全人教育。蔡元培先生在中国最早提倡美育，提出了"以美育代宗教"的著名观点，上升到了"美育救国"的高度，写下《文化运动不要忘了美育》。他就任中华民国第一任教育总长时，公布新教育宗旨为"注重道德教育，以实利教育、军国民教育辅之，更以美感教育完成其道德"。中国近代一些思想家如王国维、鲁迅等也极力倡导美育。王国维将美育和智育、德育并举，鲁迅写就《拟播布美术意见书》。

但是，艺术教育与美育有所区别，艺术教育属学科分类，学习艺术技巧，运用技巧表达，追求美的价值，而美育以各种艺术创作与欣赏为主要内涵，是不分学科的全人教育，在全人教育性质的美感教育中，不必强调艺术教育对基本技巧的训练。在西方，从古希腊的柏拉图到18世纪德国哲学家席勒，将美育视为全人教育，通过美感陶冶达到健全人格的目的。而"美育"名称正式出现于席勒1793年所作的《美育书简》。席勒认为，以美为对象的游戏冲动可以成为沟通诸多对立因素的桥梁。

美育是提高生活品质、获得幸福感的重要途径，社会对美育的重视程度逐步提高。可以说，党和国家对美育工作给予的高度重视，正是应和了当代中国社会和经济发展的大背景。教育作为中华民族伟大复兴的基础工程的一个重要方面，就是每一位受教育者能够通过美育的熏陶，发现美，欣赏美，并且能够创造美，让日常生活得到美化。日常生活进一步发展，审美态度就会影响我们如何生活，会成为我们价值观的一部分，并从符合社会规范通往道德高度的要求，形成美育的最高境界。在美育里，如何让接受教育者通过绘画、音乐、舞蹈、器乐、影视作品、文学作品等，潜移默化地感受到中国历史观、国家观、民族观、文化观等精神，并由此凝聚成中国文化的向心力，正是美育工作者应该认真去践行的一个标准。

美育是文化自信与文化繁荣的基础性工程。满足人民在经济、政治、文化、社会、生态等方面日益增长的需要，美育是其中的一个环节。人的素质提高与全面发展，社会文化振兴繁荣和全面进步，需要美育来加持。通过美育教育，让国人提高自己的审美和人文素养，以审美的态度去生活，是以人民为中心的发展理念在美育中的具体体现。从民族的文化自信到社会的健康发展，美育都起到非常重要的基础性作用。因此，十八届三中全会决议明确要求：要改进美育教育，提高学生的审美与人文素养。这就是美育要实现的目标和内容。

2020年10月15日，中共中央办公厅、国务院办公厅联合印发了《关于全面加强和改进新时代学校美育工作的意见》（以下简称《意见》）。《意见》指出："美是纯洁道德、丰富精神的重要源泉。美育是审美教育、情操教育、心灵教育，也是丰富想象力和培养创新意识的教育，能提升审美素养、陶冶情操、温润心灵、激发创新创造活力。"具有开拓性、创造性地阐释了美育的价值：美育是情操教育、心灵教育、丰富想象力和培养创新意识的教育。同时也有具体的要求：义务教育阶段注重激发学生艺术兴趣和创新意识，培养学生健康向上的审美趣味、审美格调，高等教育阶段将公共艺术课程与艺术实践纳入学校人才培养方案。而各地博物馆所藏的文化艺术遗产成为学校美育的丰厚资源，可以让广大学生在艺术学习过程中了解中华文化变迁，触摸中华文化脉络，汲取中华文化艺术精髓。

幸福感是由人的视、听、味、嗅、触外感系统与情绪、情感内感系统具体的愉悦感构成的，而美育则是以提升感性素质为核心目标，培养人的感性思维能力的教育。一个人具有审美能力，这意味着不仅仅需要拥有获得幸福生活条件的素质，还要拥有体验幸福生活感受的素质。"审美力"——感性素质、感性智慧的重要性自不待言。美育的核心任务就是培养人的感性素质和智慧，并在美育的过程中兼顾承担培养人的道德情操等综合素质的任务。精神生活中充满对美的需要，同时具备欣赏美的能力，就会因为美带来快乐，充满与美相关的幸福体验，并在这个过程中让高品位文化艺术填充精神空间，减少对低级感官刺激的需要，求真、向善、尚美，在高雅的艺术欣赏中释放生命的能量。

美育是以美育人、以文化人，让中华美育为文化自信筑基。高校美育课程目前主要有音乐、美术、书法、舞蹈、戏剧、戏曲、影视等，应进一步增强美育课程的广义性、多样性、兼容性、时代性，兼顾学生兴趣、提供更多选择，充分利用资源丰富教学内涵。结合地方特色，拓展美育教学外延，在审美教育过程中注重引导学生的感知能力与审美情趣，继承中华民族的文化基因、汲取人类文明的优秀成果。保护好学生的想象力与创造力，通过艺术技能、情感态度、审美能力、创新精神等对学生进行全方位评价考核。

在物资供应日益丰沛、精神问题愈显突出的现代社会，审美能力将发挥越来越重要甚至不可替代的作用。没有美育的教育是不完整的教育。当每一个公民都拥有发掘美好的眼睛与心灵，拥有完善的性格、更富情趣的人生和更高的精神境界，不仅是个人之福，也是国家之幸。缺乏足够的审美能力和对美的内在追求，国民很难在内心深处真正树立文化自信，也很难在继承历史的基础上再进一步，不断提升现代文明的水平。美育让人得到艺术陶冶和精神升华，艺术与生活的方方面面都有关。美学是关于美的学问，也就是关于人的学问。因为美是人的本质力量一个方面的体现，而且是最完整、最现实的一个方面的体现。最高的人生境界就是把人生当成一种艺术去创作。如何擦亮发现美的眼睛是一个需要全社会回答的课题。

一切文明形态无论如何变化，求真、求美、求善永远是人类的目的，教育便由此而生。审美教育是培养人的感性素质，培养人的创造力、想象力的教育，美育有利于陶冶人的情操和完善人格。艺术赋予人们发现美、感受美、体验美的能力，深刻认知生活中真挚的爱、关心、理解、渴求、希望乃至创造的真正含义，体验生命至高无上的价值，审美教育铸魂、立心、造梦，让人身心同时发展，理性和感性双翼齐飞，健全人格，增长智慧。智慧才是真正的力量。从知识时代转向智慧时代，审美教育是培养智慧型人才的重要举措，培养学生欣赏美、感受美，通过对自然美、社会美、艺术美的欣赏，以美引德，能够辨是非、识善恶、懂美丑，也是全民接受终身美育的需要。习近平总书记指出，美育是广大人民应该享受的权利。2021年4月19日，习近平总书记在清华大学考察时说："美术、艺术、科学、技术相辅相成，相互促进，相得益彰。要发挥美术在服务经济社会发展中的重要作用，把更多美术元素、艺术元素应用到城乡规划建设中，增强城乡审美韵味、文化品位，把美术成果更好服务于人民群众的高品质生活需求。"

关于审美与教育的文章写到这里，站起身来走到窗前，窗前景象宛若一幅中国画的"远山如黛、近水含烟"，近水有莲花，让人想起"江南可采莲，莲叶何田田"的诗句。美是无处不在却又难以捕捉的东西。风景里隐含着，表现起来却又是难。可是缺乏美的风景太多了，就只剩下了表皮，让风景成为乏味的表象。那什么是美呢？这是我写生后才会细加思考的东西，让我更能体会为什么会被风景打动。当我走到江上时，看到的是开阔的江面，开阔的视野会让心情疏朗起来，但是过于开阔而无关注的点，或许也让人产生苍茫的心情。我喜欢风景的大，减去地域特征的风景，或许会更具象征性。而有的人，则乐于表现风景的地域性之美。古希腊哲学家朗基努斯（Longinus）说，壮美才是美。或许，在这天水一色的风景中，灵魂之船正破浪驶来。

参考文献

［1］维特根斯坦.哲学研究［M］.汤潮，范光棣，译.北京：生活·读书·新知三联书店，1992.

［2］赫伯特·里德.现代绘画简史［M］.刘萍君，译.上海：上海人民美术出版社，1979.

［3］蒋孔阳.二十世纪西方美学名著选：上、下［M］.上海：复旦大学出版社，1987.

［4］李斯托威尔.近代美学史评述［M］.蒋孔阳，译.上海：上海译文出版社，1980.

［5］贝尼季托·克罗齐.作为表现的科学和一般语言学的美学的历史［M］.王天清，译.北京：中国社会科学出版社，1984.

［6］黑格尔.美学：第一卷［M］.朱光潜，译.北京：商务印书馆，1979.

［7］鲍桑葵.美学史［M］.张今，译.北京：商务印书馆，1985.

［8］朱光潜.谈美［M］.合肥：安徽教育出版社，1997.

［9］弗里德里希·席勒.审美教育书简［M］.冯至，范大灿，译.北京：北京大学出版社，1985.

［10］苏珊·朗格.情感与形式［M］.刘大基，傅志强，周发祥，译.北京：中国社会科学出版社，1986.

［11］范毅舜.走进一座大教堂［M］.长沙：湖南美术出版，2018.

［12］杜宇，陈沛榆.行走的博物馆指南：漫游 133 所世界级博物馆［M］.杭州：
　　　浙江人民美术出版社，2020.

［13］布莱恩·沃利斯.现代主义之后的艺术：对表现的反思［M］.宋晓霞，等，译.
　　　北京：北京大学出版社，2012.

［14］王瑞芸.西方当代艺术审美性十六讲［M］.北京：人民美术出版社，2013.

［15］理查德·舒斯特曼.生活即审美：审美经验和生活艺术［M］.彭锋，等，译.北
　　　京：北京大学出版社，2007.

［16］徐复观.中国艺术精神［M］.上海：华东师范大学出版社，2001.

［17］刘悦笛.生活中的美学［M］.北京：清华大学出版社，2011.

［18］简·罗伯森，克雷格·迈克丹尼尔.当代艺术的主题：1980 年以后的视觉艺
　　　术［M］.匡骁，译.南京：江苏美术出版社，2013.

［19］亨德里克·房龙.西方美术简史［M］.丁伟，译.西安：陕西师范大学出版社，
　　　2010.

［20］丁宁.西方美术史［M］.北京：北京大学出版社，2015.

图书在版编目（CIP）数据

中西美学与艺术 / 周至禹著. -- 重庆： 重庆大学
出版社，2023.2
（名师大讲堂）
ISBN 978-7-5689-2998-1

Ⅰ.①中… Ⅱ.①周… Ⅲ.①美学思想—对比研究—
中国、西方国家②艺术—对比研究—中国、西方国家
Ⅳ.①B83②J05

中国版本图书馆CIP数据核字（2021）第220121号

名师大讲堂

中西美学与艺术

ZHONGXI MEIXUE YU YISU

周至禹　著
策划编辑：张菱芷
责任编辑：张菱芷

责任校对：邹　忌　　责任印刷：赵　晟
*
重庆大学出版社出版发行
出版人：饶帮华
社址：重庆市沙坪坝区大学城西路21号
邮编：401331
电话：（023）88617190　88617185（中小学）
传真：（023）88617186　88617166
网址：http://www.cqup.com.cn
邮箱：fxk@cqup.com.cn（营销中心）
全国新华书店经销
重庆升光电力印务有限公司印刷
*
开本：787mm×1092mm　1/16　印张：37　字数：1094千
2023年2月第1版　　2023年2月第1次印刷
ISBN 978-7-5689-2998-1　定价：288.00元

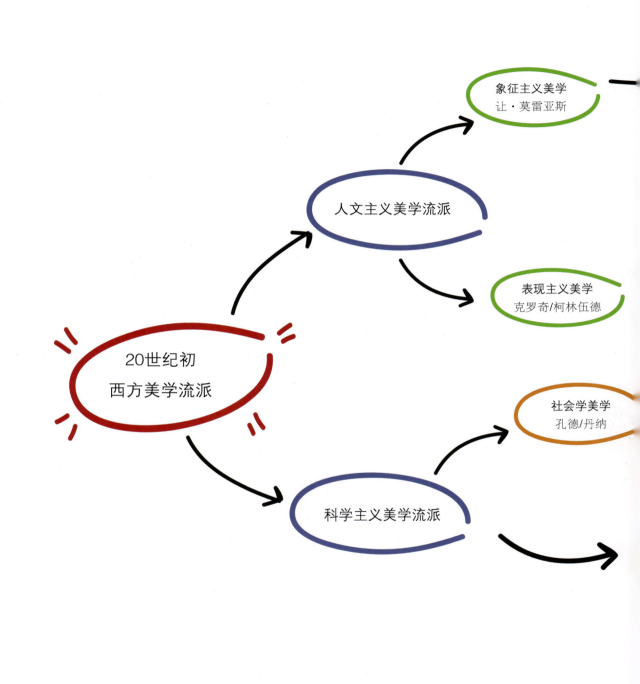

20世纪初
西方美学流派

人文主义美学流派

象征主义美学
让·莫雷亚斯

表现主义美学
克罗奇/柯林伍德

科学主义美学流派

社会学美学
孔德/丹纳

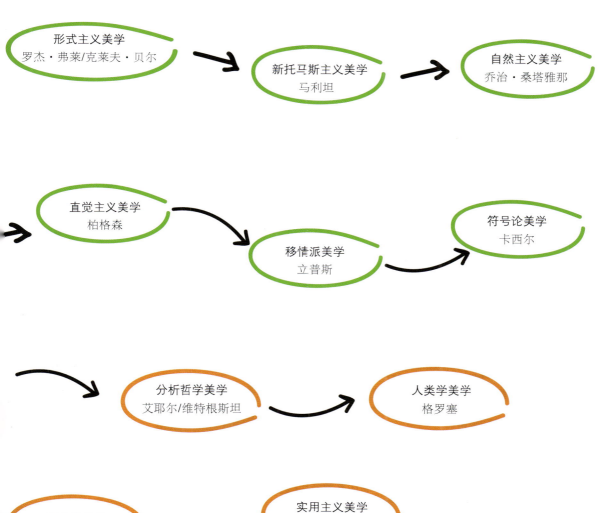

形式主义美学
罗杰·弗莱/克莱夫·贝尔 → 新托马斯主义美学
马利坦 → 自然主义美学
乔治·桑塔雅那

→ 直觉主义美学
柏格森 → 移情派美学
立普斯 → 符号论美学
卡西尔

→ 分析哲学美学
艾耶尔/维特根斯坦 → 人类学美学
格罗塞

语义学美学
瑞恰兹 → 实用主义美学
约翰·杜威